관계의 영성

IVP(InterVarsity Press)는
캠퍼스와 세상 속의 하나님 나라 운동을 지향하는
IVF(InterVarsity Christian Fellowship)의 출판부로
생각하는 그리스도인을 위한 문서 운동을 실천합니다.

What Matters Most
Copyright © 2004 by Leonard L. Sweet
Previously published in hardcover as *Out of the Question...Into the Mystery*.
by WaterBrook Press, 12265 Oracle Boulevard, Suite 200,
Colorado Springs, Colorado 80921, USA
All Rights reserved.

This translation is published by arrangement with WaterBrook,
an imprint of the Crown Publishing Group,
a division of Penguin Random House LLC
through the rMaeng2, Seoul, Republic of Korea

This Korean edition copyright © 2007, 2011, 2019 by Korea InterVarsity Press
156-10 Donggyo-Ro, Mapo-Gu, Seoul 04031, Republic of Korea

본 저작물의 한국어판 저작권은 알맹2 에이전시를 통하여
WaterBrook Press와 독점 계약한 IVP에 있습니다.
신 저작권법에 의하여 한국 내에서 보호받는 저작물이므로
무단 전재와 무단 복제를 금합니다.

What
Matters
Most

레너드 스윗
윤종석 옮김

관계의 영성

예수를 믿는 것에서 예수와 관계 맺는 삶으로

IVP

린과 "피카소"에게.
그 충절과 웃음과 사랑에 대한 영원한 감사를 담아.

차례

감사의 글 ___ 9
머리말 어쩌다 우리는 요점만 남기고 사람을 놓쳤을까? ___ 15

1부
믿음은 관계다
1장 신념 너머의 삶 ___ 33
2장 헌신에 대한 진리 ___ 47

2부
하나님과의 관계
3장 하나님과 크게 틀어진 아브라함 ___ 67
4장 관계의 진짜 시험 ___ 85

3부
하나님의 이야기와의 관계
5장 본문 속의 진리 ___ 109
6장 하나님의 이야기에 자신을 열라 ___ 126

4부
믿는 사람들과의 관계
7장 '서로' 사랑하기 ___ 145
8장 바른 관계의 의식들 ___ 154

5부 믿지 않는 사람들, 우리와 다른 사람들과의 관계
9장 '타인'을 사랑하기 ___ 191
10장 예수님과 밑바닥 인생들 ___ 212

6부 하나님의 피조 세계와의 관계
11장 하나님의 작품과의 화해 ___ 235

7부 상징물, 예술품, 인공물, '사물'과의 관계
12장 우리를 하나님과 가까워지게 해주는 '사물'들 ___ 257

8부 영적 세계와의 관계
13장 보이지 않는 세계의 분명한 징후들 ___ 287

상호 작용 개인 묵상과 그룹 대화를 위한 질문 ___ 305

주 ___ 325

일러두기
이 책은 「관계의 영성」의 표지와 본문을 새로 디자인 해서 출간한 책입니다.

감사의 글

바나나 껍질 위에 한 발을 딛고서 이 책을 쓴다. 나는 관계라는 주제로 책을 쓰기에는 가장 부적절한 사람 중 하나다. 솔직히 나는 감정을 분해하고 표출하는 일이라면 거의 구석기 시대 크로마뇽인 수준이다. 변장과 분장도 가려 낼 줄 모른다. 관계라는 늪지대를 선사 시대의 야만인처럼 그저 절벽절벽 걸어갈 줄밖에 모르는 사람이 나다. 옛 흑인 격언을 빌리자면 나는 "휘어진 방망이로 직선 타구를 치려는" 사람이다.

 이 문제를 논하기에 나보다 적임자인 사람들이 많다. 그러나 대체로 최고 적임자들일수록 자칫 오도하거나 오도당할까 두려워 해당 주제를 다룰 가능성은 가장 낮다. 다시 말해 그들은 너무 똑똑하다. 반면에 나는 너무 무식하고 힘이 없으니 실수를 겁낼 것도 없다. 그래서 치유를 희망하며 용감히 열탕熱湯에 뛰어든다. 게다가 나에게는 선택의 여지도 없다. 이러지 않을 재간이 없다. 관계란 단순한 기분 전환 이상의 일이다. 관계는 인간이 인간다워지고 하나님이 하나님다워지는 작업 그 자체다.

 이 책의 제목은 바다에서 해적 행위를 한 결과물이다. 포크 가수 데이비드 윌콕스David Wilcox는 "의문을 벗고"Out of the Question라는 노래를 썼는데, 그 중 한 소절이 2002년에 나온 그의 환상적인 음반 "신비 속으로"Into the Mystery의 제목이 되었다. 본 주제를 수백 면의 책으로 읽고 싶지 않은 사람들은 곧장 그 음반을 들으면 된다. 백 단어도 안 되는 가사 속에 모든 내용이 다 들어 있다. 그런 의미에서 데이비드와 나를 서로 통하게 만들어 준 앨버타 캘거리 소재 웨스트사이드 킹Westside King 교회의 분위기 있는 건축가 톰 모리스Tom Morris에게 감사한다.

    내 삶은 예수님에 대해 글을 쓰고 있거나 아니면 예수님에 대해 글을 쓰지 **않으려** 발버둥치고 있거나 둘 중 하나이지 싶다. 이 책 내용을 박사 과정 강의로 들어 준 내 학생들만큼 그것을 잘 아는 사람은 없다. 그들의George Fox University 기여는 본문에도 들어 있고 주註에도 들어 있다. 조지 폭스 대학교에서는 1반의 피터 밸러번, 그레그 볼튼, 에릭 브라운, 드와이트 프리즌, 크레이그 헤닝필드, 채드 존슨, 도나 킹, 레이먼드 리치, 테리 오케이시, 레이 피콕, 얼 피어슨, 셰인 로버슨, 랍 로빈슨, 워런 섀츠, 마티 윌리엄스 그리고 2반의 릭 바틀렛, 토니 블레어, 더그 브라이언, 제이슨 클락, 윈 그리핀, 릭 한스, 조지 헤밍웨이, 닉 하워드, 토드 헌터, 랜디 점퍼, 에릭 케크, 마이크 맥니콜스, 켄 나일스, 크레이그 올든버그, 케빈 레인스, 랍 시월드, 릭 슈라우트, 드와이트 스파츠, 데이비드 울른버그에게 감사한다. 드류 대학교Drew University에서는 토마스 바이어텍, 윌리엄 브라운, 케네스 해링턴, 토드 해링턴, 앨런 라이크, 대니얼 마이스터, 레이첼 슈메이커에게 감사한다.

    이 책을 쓰는 동안 나의 주요 멘토인 윈스롭 허드슨Winthrop S. Hudson이 세상을 떠났다. 다행히 몇몇 사람들이 계속해서 내 멘토가 되어 주었는데, 그 중에는 이 원고를 읽은 사람들도 있고 그렇지 못한 사람들도 있다. 철학자 스탠 그렌츠Stan Grenz는 **고전 정통**과 **포스트모던**이 모순어법이 아님을 우리 모두에게 보여 주었다. 브라이언 맥클라렌Brian McLaren의 초능력적인 두뇌와 선구자 정신은 내게 믿음의 숨은 깊이와 높이를 탐색할 영감을 불어넣어 주었다. 내게 없는 것들을 두루 갖춘―우정이라는 예술의 달인―판사 제시 콜드웰 3세Jesse Caldwell III는 꺾일 줄 모르는 정신과 지칠 줄 모르는 창의력을 통해 지속적으로 나를 격려해 왔다. 몇몇 성경 본문에 대한 나의 예스럽고도 독특한 묵상은 분명 성경학자 로이 위더스푼Loy Witherspoon의 탓이 아니다. 그래도 그 중 더러는 "그리스도 교회" 교단 총회의 피아노만큼이나 반가운 존재가 되도록, 빈틈없이 살펴 준 그에게 감사한다. 조 마이어스Joe Myers는 후원이 취미인 사람이다. 도서출판 워터브룩WaterBrook에서 일하는 내 책의 편집자 론 리Ron Lee는 가장 요긴할 때 나를 격려해 주었고, 욥이 경고한(멋있게 오역된) "내 대적이 기록한 고소장"(참고. 31:35)이 나오지 않도록 최대한 혼신을 다했다. 그는 모든 저자가 오매불망 바라는 그런 편집자다. 이번 작업에 워터브룩 발행인 돈 페이프Don Pape가 보인 열의와 헌신 덕에 나는 삶이 무채색으로 변할 때도 컴퓨터 화면 앞을 지킬 수 있었다.

사랑이 그렇듯이 스승에도 종류가 많다. 우리 가족은 살아 있는 사람 중에서 내게 가장 훌륭한 멘토일 것이다. 엘리자베스Elizabeth, 데인Thane, 소렌Soren, 에질Egil은 마치 이 책 본문에 중간중간 들어가 있는 인용문들과 같다. 그들은 내 이야기에 동의할 때도 있고 그렇지 않을 때도 있었다. 그러나 내 스승인 그들의 이의는 내게 고화질의 지혜와 일상의 애정이라는 신기한 축복을 가져다준다. 내 연구 조수 베티 오브라이언Betty O'Brien은 이 책을 쓰는 동안 여러 번 눈 수술을 받았다. 시력이 심하게 나빠졌는데도 그녀는 이 작업의 완성을 고집했다. 우리의 우정은 내 평생 가장 값진 보배 중 하나다.

내 사역은 이제 10주년을 바라보고 있다. 내 스케줄을 관리하고 날짜를 조정하는 악몽 같은 일을 지금까지 한 사람이 맡아 주었는데, 지난 10년 간 보여 준 그녀의 우정과 동역에 깊이 감사하는 뜻에서 이 책을 린 스턴트벡Lyn Stuntebeck과 그녀의 단짝 친구 "피카소"Picasso에게 바친다.

이 책이 오랜 시간이 지난 후에야 나온 것은, 내가 지난 20년 간 아브라함과 이삭 이야기에 대한 내 생각을 재검토해 온 탓이 크다. 내 믿음이 고전적 기독교 정통을 떠나는 것은 내게 최악의 악몽이다. 내가 성경에서 가장 해석하기 난감해하는 대목인 그 본문으로 씨름을 시작했을 때, 나는 레위기의 난해한 본문의 의미를 놓고 고민했던 사막의 교부 앤서니Anthony, 251-312의 작전을 취했다. 그는 기도와 침묵 속으로 물러나 하나님께 간구하기를, 자기한테 직접 모세를 보내셔서 이 거룩한 본문의 뜻을 가르쳐 달라고, 그러기 전에는 절대 입을 열지 않겠다고 했다.[1] 앤서니 이전에 신학자 오리게네스Origen, 185-254도 그같이 했다. 그는 스스로 유예 기간을 선언한 뒤, 제자들에게 자신이 어려운 본문으로 씨름하는 동안 '영적으로 세움 받기'를 위해서 자신과 함께 기도해 달라고 당부했다.[2]

이 이야기에 대한 내 접근이 독창적인 것이 아니라 생생히 살아 있는 유대교 주해 전통의 일부임을 깨닫고 나서야 나는 감히 내 생각을 풀어 낼 수 있었다. 만약 내 주해에 무리가 있다면 용서와 관용을 바란다. 최초 변론을 시도한다든지 제기된 견해에 반박하는 사람들이 다 그렇듯이 나도 푸딩에 계란을 너무 많이 넣었을 수 있다. 그러나 당신이 나와 함께 식탁에 남아 있거든, 다음과 같은 아이작 왓츠 Isaac Watts의 고전적인 찬송을 전보다 더 깊은 의미로 부르게 되지 않나 보라.

> 유대교 제단에 죽임당한
> 그 모든 짐승의 피도
> 죄 지은 양심에 평화 주거나
> 얼룩을 씻을 수 없네.
>
> 하늘의 어린양 그리스도
> 우리의 모든 죄 사하시니
> 짐승보다 귀하신 이름의 제물
> 그 피 더욱 진하도다.
>
> 저주가 사라졌으니
> 우리 믿고 기뻐하네.
> 목소리 높여 어린양 찬양,
> 피 흘리신 그 사랑 노래하네.[3]

레너드 스윗

머리말 어쩌다 우리는 요점만 남기고 사람을 놓쳤을까?

우리는 세상을 구원하는 방법을 안다. 다만 우리가 그것을 알고 있다는 것을 모를 뿐이다.

세상을 구원하는 방법은 더 많은 규칙을 지키는 것이 아니라 바른 관계를 위해 사는 것이다. 사람들은 서로 어울리는 기술을 빠른 속도로 잃어 가고 있다. 그러니 세상의 근본 문제가 사람들의 단절된 삶임은 당연하다. 그들은 하나님과 타인과 피조 세계로부터 소외되어 있다. 사람들은 서로 함께 사는 기술을 잃어 가고 있다.

관계는 우주의 영혼이다. 그런데 영혼이 병들었다.

얼마나 병들었을까? "바른 관계가 모든 것"[1]이라는, 교회가 잃어버린 성경 진리를 기업계와 금융계가 선포하고 있을 정도로 병들었다. 우리는 고품격 고객 관리가 경쟁력의 열쇠로 작용하는 관계 경제에 이미 진입했다. 당신이 휴대전화를 살 때 휴대전화 회사는 손해를 본다. 이유는? 그들은 휴대전화를 파는 것이 아니라 당신을 장기적 관계로 끌어들이는 데 관심이 있기 때문이다(혹, 그 '헌신 관계'에서 **빠져나오려** 해 본 적이 있는가?).

부동산 개발업자들은 더 이상 집을 팔지 않고 관계를 판다.[2] 신축 주택을 복고풍으로 설계하는 도시와 교외가 점차 늘고 있는데, 그런 주택의 가장 두드러진 특징은 널따란 현관이다. 그리고 이웃들끼리 서로 알고 지내도록 주택들을 오순도순 묶어서 배열하는 신규 분양지도 갈수록 늘고 있다. 산책로와 역내 그린벨트, 동네 놀이터, 게다가 공동 정원까지, 이 모두가 다른 사람들과 함께 보내는 시간의 중요성을 강조해 준다. 필요한 것은 집일지 모르지만 우리가 원하는 것은 관계다.

내가 서너 집 건너의 이웃집 식구들보다 두 신용카드 회사—아메리칸 익스프레스American Express와 스타벅스Starbucks—와 더 친한 사이인 것을 보면, 이제 관계를 재고할 때가 되었다. 아메리칸 익스프레스 사가 고객들과의 모든 대화 내역을 일일이 보관한다는 것을 혹 아는가? 나는 청구서 지불용으로 끊었던 내 수표가 부도 처리되었을 때 그 사실을 알게 되었다. 은행측의 어음 초과 발행 통지를 받자마자 나는 아메리칸 익스프레스 사에 전화를 걸어 상황을 설명한 다음 내가 어떻게 해야 되는지 물었다. 그들은 수표를 다시 청구할 테니 걱정하지 말라고 했다. 나는 수표가 은행에서 처리될 때까지 내 아메리칸 익스프레스 계좌가 동결되느냐고 물었다. 그들은 전혀 아니라고 했다. 내가 그들과 대화하고 있는 한, 내 신용카드는 아무 문제 없다는 것이었다.

일주일 후에도 내 당좌예금 계좌에서 신용카드 회사로 돈이 지불되지 않은 것으로 나왔다. 그래서 아메리칸 익스프레스 사에 다시 전화했더니 이번에도 그들은 걱정하지 않고 있었다. 그들은 내가 걸었던 모든 전화가 녹음되어 있다며, 그냥 내 불안을 덜어 주기 위해 마치 청구서가 이미 지불된 것처럼 내 계좌를 갱신해 주겠다고 했다. 아메리칸 익스프레스 사 직원은 "우리는 대화를 나누고 있으며, 이 관계가 아직 돈독한 한 당신은 변함없이 우리 고객이고, 우리는 이 관계를 최대한 편하게 해 드리는"것이 중요하다고 했다.

부도 수표로 아메리칸 익스프레스 사와 상의하고 있던 그 시기에 하필 나는 우리 두 아이가 다니고 있는 기독교 학교에 미납한 월 등록금 건을 처리하고 있었다. 이 학교는 우리 아이들에게 어디에도 뒤지지 않는 좋은 교육을 제공해 왔다. 학교가 처음 생길 때부터 우리는 그 학교의 일원이었고, 설립을 돕기 위해 수업료와는 별도로 상당량의 기부금도 쭉 냈었다. 마침 그때 견적을 두 배나 웃도는 건축 작업으로 집에 돈이 쪼들리던 터라 나는 학교에 전화를 걸어, 이번 달 등록금 납부가 늦어질 것 같으니 다음 달에 함께 내겠다고 미리 알려 주었다.

그들은 못마땅해했다. 등록금이 전액 납부되지 않으면 우리 아이들의 성적표를 발급할 수 없다는 것이었다. 나는 학교의 현금 사정에 어려움을 얹어 주게 되어 미안하다는 말과 함께 그 동안 내 납부 실적이 좋았음을 상기시켰다. 연체 금액에 대해 이자를 내겠다는 말까지 했다. 불이익을 우리 아이들한테 주지 말고 나한테 달라는 말이었다.

그들은 정중하게 반응했으나 원칙만 내세웠다. 규칙은 규칙이므로 전액 납부가 안 되면 성적표도 내줄 수 없다는 것이었다.

"바른 관계가 모든 것"이라는 체이스 뱅크Chase Bank의 말에 나도 공감할 수밖에 없다. 그러나 그 관계의 대상이 은행은 아니다. 스타벅스나 아메리칸 익스프레스도 아니다. 내 일상 생활이 그 둘에 많이 의존하고 있긴 하지만 말이다. 이제 그리스도인 개개인과 교회는 일부 유수한 다국적 기업들처럼 관계를 중시할 때가 되었다.

세상을 흔드는 꼬리

세상을 구원하려면 '한 차원 높은 서비스'보다 더 성경적인 것이 필요하다. 한 차원 높은 관계가 그것이다. 우리는 '원칙에 충실한' 부분은 좀 줄이고 대신 관계에 훨씬 더 충실해야 한다. 세상의 구원에 필요한 것은 소신의 용기가 아니라 관계의 용기, 특히 창조주, 피조 세계, 동료 피조물인 인간과 바른 관계를 맺는 용기다. 세상을 대하는 우리 태도의 문제는 관계보다 규칙을 더 중시해 왔다는 것이다.

규칙과 관계 사이에 존재하는 고유의 긴장은 비단 그리스도인의 증거를 논할 때만 중요한 것이 아니다. 점차 적대적으로 변해 가는 문화 속에서 교회의 정체성 고민의 핵심에도 동일한 긴장이 있다. 또 관계보다 규칙을 앞세운 잘못된 충절은 우리 각자가 추구하는 믿음 생활도 피폐하게 만들었다. 이 책은 그러한 것들을 바로잡기 위한 첫 번째 시도다. 우리는 기독교의 '조종간'을 재발견해야 한다. 이는 그리스도인 개개인의 삶은 물론 교회 전체의 방향을 잡아 주는 작지만 결정적인 요인이다. 사실 이 조종간이 삶 전체의 방향을 잡아 준다 해도 과장이 아니다. 우리가 찾는 조종간은 관계의 진리, 관계의 구원 능력이다.

철학자이자 발명가인 벅민스터 풀러Buckminster Fuller는 자기 학생들에게 쾌속선 갑판에 1천 명이 서 있다고 상상해 보라고 했다. 앞에 암초가 다가오고 있어, 승객들은 배를 안전하게 조종할 길을 찾아야 한다. 한 사람이 뱃머리에 서서 암초를 가리키자 승객들이 떼지어 체중을 이동하여 배의 방향을 틀려고 한다. 그들은 길잡이의 지시에 따라

갑판 이쪽에서 저쪽으로 뛴다.

> 다른 사람들에게 권위 있게 말하려면 먼저 하나님께 친밀하게 말해야 한다.
> – 목사이자 신학자 존 베이커-배첼

그러나 과학과 철학의 지렛대 같은 인물인 풀러는 배의 방향을 안전하게 트는 훨씬 좋은 길이 있다고 말한다. 쾌속선의 조종 장치에는 조종간이라고 하는 15cm 길이의 사각형 금속 조각이 있다.[3] 1천 명이 갑판 위를 뛰어다니는 것보다 한 사람이 조종간을 움직임으로 큰 배를 훨씬 쉽게 조종할 수 있다. 조종간이라는 자리에 서서 행동을 취하면 인간 역사의 노선에 대한 당신의 영향력은 극대화된다.

세상이 복잡해질수록 이 작고 단순한 조종간을 찾는 것—세상을 안전하게 조종해 줄 한 가지 전략적인 일에 집중하는 것—이 그만큼 더 중요해진다. 일이 잘 풀리지 않을 때 모든 코치가 이구동성으로 하는 말은 기본으로 돌아가라는 것이다.

예수님에 관해 대충 생략하고도 기독교 역사를 쓸 수 있는 이 때,[4] 눈이 뜨인 코치라면 누구나 "블로킹과 태클의 기본기를 다질 때"라고 말할 것이다.

색인에 예수님 이름이 단 한 번도 나오지 않는 복음서 연구 논문이 가능한 이 때, 드리블과 패스와 진로 방해를 숙달해야 한다.[5]

거꾸로, "자세히 살펴볼 필요가 없는 대상에게 공간이 할애되었다"는 이유로 평론가가 철학 교과서를 비판하되 특히 예수님을 포함시킨 것을 첫 불만으로 꼽는 이 때,[6] 턱을 낮추고 스윙을 잘 마무리해야 한다.

미국 교회가 하루 평균 12-15개씩 문을 닫는 이 때가 바로 조종간을 찾아야 할 때다.

무신론자 마이클 마틴Michael Martin이 "저들(그리스도인들)처럼 되고 싶은 사람이 누구냐?"고 반문하며, 그리스도를 따르면 "징벌을 좋아하고, 용서하지 않고, 과격하고, 비열하고, 위선적이고, 표리부동하고, 은연중에 노예 제도를 찬성하고, 이성理性을 유기하고, 오늘의 핵심 이슈들을 별로 탐탁지 않게 여기게 된다"는 주장으로 사람들에게 무신론을 전도할 수 있는 이 때,[7] 정녕 조종간을 찾아야 할 때다.

모든 고등학생의 절반이 성생활을 하고 있고 교회 중고등부에 다니는 보수 그리스도인 십대들의 성적 습관(43%)도 비그리스도인 십대들과 7%밖에 차이가 없는 이 때, 조종간이 필요한 때다.[8]

밀레니엄 특집판 "이코노미스트"*Economist*가 지난 1천 년에 대한 진단을 "한때 유럽과 거의 동의어였던 기독교라는 신앙은 이미 그 본산지들에서 쇠하고 있으나 그 라이벌인 이슬람교는 그렇지 않다"는 말로 시작하는 이 때,[9] 조종간이 필요한 때일 수 있다.

한 침례교인 인터넷 사업가가 경험을 바탕으로 "명함에 물고기가 그려진 사람과는 절대 거래하지 말라"고 충고하는 이 때, 범퍼에 물고기 스티커를 붙인 차들이 가장 시끄럽게 빵빵거리고 가장 치사하게 끼어들기를 하는 이 때, 바로 조종간이 필요한 때다.

어쩌다 우리는 여기까지 왔나?

어쩌다 우리는 그리스도를 알지 못하게 **막는** 최강의 반론거리들을 그리스도인 스스로 제공하는 지경에 이르렀나? 한 그리스도인 지도자의 말을 빌리자면, "우리 그리스도인들은 시의성이 거의 없다 보니… 설령 삶을 변화시키는 메시지가 있어도 그것을 듣는 사람과는 무관한 문맥에 담아 고리타분하게 내놓는다."[10]

기독교 신앙에 생명을 불어넣는 토양은 예수 그리스도를 통해 맺는 하나님과의 정직한 관계다. 지난 2천 년 동안, 그 중에서도 특히 최근 2백 년 동안 우리는 기독교 신앙을 그 토양에서 홱 잡아 뽑았다. 그렇게 뿌리를 뽑아 낸 다음, 일련의 신념들을 신봉한다는 선언과 함께 그 신앙을 매장해 버렸다. 십자가는 십자 퍼즐 속에나 넣어둔 채 우리는 속죄에 대한 복잡한 이론들을 도해하느라 바빴다. 그 결과 우리에겐 삶의 변화와는 거리가 멀고 그저 가볍기만 한 교리적 동의가 남았을 뿐이다. 예수님의 아름다운 속죄 사역이 어쩌다 하나님과 인류의 진정한 관계 회복이라는 놀라운 기적으로부터 분리되었단 말인가?

이제 기독교 신앙을 그것이 처음 자라던 땅에 다시 심을 때다. 헨리 데이비드 소로우Henry David Thoreau는, 제대로 파생된 단어는 그 뿌리(어근)에 흙이 그대로 달라붙어 따라온다고 지적한 바 있다. 기독교 신앙의 경우, 뿌리의 흙이 계속 벗겨져 결국 그리스도인의 삶의 열매가 다분히 그 즙을 잃고 말았다. 말라붙고 시어져 맛을 잃은 것이다.

요즘 일반 문화가 기독교를 초라하고 고루하게 보는 이유를 달리 무엇으로 설명할 수 있을까? 기독교 신앙이 이토록 은혜 없고 멋없고 기쁨 없고 지적으로 빈곤하고 미래를 두려워하게 된 것을 달리 어떻게 설명할까? 목사이자 신학자 존 베이커-배첼John Baker-Batsel의 말처럼, 왜 그리스도인들은 동산에서 재미있게 노는 대신 선악을 알게 하는 나무 주변을 맴돌며 뱀에게 미끼를 주고 서로 싸움을 일삼는 것인가?[11]

교회는 예수님을 옆에 잡아 둘지는 모르나 더 이상 안에 붙들어 두지는 않는다. 유대인들의 경우, 하나님이 인간을 만나 주시던 고유한 장소는 성전과 그 이전의 장막 내지 회막이었다. 예수님의 경우, 하나님이 인간을 만나 주시는 고유한 장소는 인간의 마음이다. 그러나 교회는 예수님을 규칙과 법전과 정관과 전통 속에 매장했다. 그런 것들은 교회를 구원하는 교회와만 상관있을 뿐 세상을 구원하는 교회와는 무관하다. 때로는 그리스도인들에게 예수님의 권위보다 불교도들에게 부처의 권위가 더 커 보인다. 오히려 비그리스도인들이 예수님을 삶의 길잡이로 차용하고 나설 정도로 예수님은 기독교에서 한참 밀려났다. 요즘은 예수 세미나(소위 교리적 의미가 부여되기 이전의 역사적 예수를 연구하는 학회-역주)의 일부 회원들까지도 "예수가 빠져 있다, 우리는 예수가 그립다"고 말하고 있다.[13]

> 이제 우리는 종교에서 규칙 이상의 것을 원한다. 모든 규칙이 의미를 잃고 모든 낡은 체제가 무너지거나 시들해질 때, 삶의 의미를 찾아 줄 그것을 원한다. 우리는 희미하게나마 지금 여기서 하나님을 보기 원한다.
> — 신학자 조앤 치티스터[12]

교회가 다분히 오만하고 배타적인 기관으로 전락하여 그 비대한 그림자로 그리스도에 대한 사람들의 시각을 흐려 놓는 이 때는 예수님이라는 조종간으로 돌아가야 할 때일 수 있다. 아니, 돌아가야 할 때다.

언제 어디서 우리는 예수님을 잃었나?

관계에 대한 굶주림은 인류 보편적인 것인데도 교회는 관계를 버스 뒷좌석으로 밀쳐 두고 있다. 여기서 우리가 답해야 할 질문이 있다. 우리는 어쩌다 예수님이라는 조종간을 잃었나? 관계에서 객체로 초점이 옮겨지는 사이에 잃었다는 것이 간단한—그러나 정확한—답이다.

초대 그리스도인들은 신조 내지 신앙 진술을 선포하지 않았다. 그들은 열거된 지식에 대한 동의를 요구하지 않았다. 그들은 십자가를 선포했다. 부활을 선포했다. 다가오는 그리스도의 나라를 선포했다.[14] 예수님을 선포했다. 믿음이란 신조나 강령의 옷을 입고 있는 것이 아니라 관계로 확인되는 것이다.

서구 기독교는 다분히 신념에 기초하고 교회에 중점을 둔다. 그들의 관심사는 바른 신학과 교리에 도달하여 모든 사람이 그에 따르게 하는 것이다. 이와는 반대로, 예수님이라는 조종간은 관계에 기초하고 세상에 중점을 둔다. 그분의 관심은 당신이 무엇을 믿느냐보다는 누구를 따르느냐에 있다. 기관의 유지와 성장보다는 세상을 구원하려는 그분 자신의 열정에 있다.

> 믿기 어려울 정도로 놀라운 사실은 하나님이 세상과 인간과 사회를 변화시키는 통로로 만인에게 열려 있는 우정을 택하신다는 것이다.
> – 마이클 E. 윌리엄스,
> "산파들의 이야기"[15]

우리는 깔끔한 정리 작업을 위해 하나님과의 관계라는 토양에서 스스로 뽑혀 나왔다. 그 결과 깨끗하고 옳고 사실적이고 정확해질 수 있었는지 모르지만 안타깝게도 관계는 잃어버리고 말았다. 근원과 단절

되어 불모지가 되고 말았다. 교리적으로는 옳을지 모르나 영적 시체가 된 것이다.

묵상하고 협의하고 재고할 시간이 더 필요한 것이 아니다. 교회에 대한 새로운 해답이나 혁신적인 비전을 찾을 필요도 없다. 답은 이미 우리에게 있다. 다만 우리가 그것을 잠재우려 무던히 애쓸 뿐이다. 다행히도 예수님은 우리가 잠재울 수 없는 분이다. 그러니 우리는 입 다물고 배우는 편이 낫다.

우리는 성경의 비옥한 땅으로부터 뿌리 뽑힌 신앙을 원래 자리에 다시 심어야 한다.[16] 그러기 위해 이 책에서 성경의 가장 유명한 두 부자 관계 이야기를 살펴볼 터인데, 하나는 '믿음으로' 산다는 것에 대한 **고전적 본문**인 아브라함과 이삭의 이야기이고, 또 하나는 성경 전체에 나오는 성부 하나님과 성자 하나님의 이야기다. 곁들여 탕자의 비유를 비롯한 다른 부자 관계 이야기들도 살펴볼 것이다.

우리가 그 땅에 다시 뿌리내리려면 다음과 같은 조종간 질문을 던지고 답해야 한다. 하나님은 왜 우리를 지으셨나? 하나님이 우리에게 요구하시는 것은 무엇인가? '하나님을 믿는 믿음'의 본질은 무엇인가?

고대 히브리인들의 결론적 기준은? 역시 간단한—그러나 정확한—답이다. "정의를 행하며 인자仁慈를 사랑하며 겸손하게 네 하나님과 함께 행하는 것"이다.[17]

예수라 하는 팔레스틴 유대인의 답은? "하나님이 세상을 이처럼 사랑하사…."[18]

다시 말해, 구약을 읽든 신약을 읽든 답은 '관계'다.

새벽에 우리는 잠들었나?

지난 10년간, 우리가 '새로운 종교개혁' 시대에 살고 있다고 주장한 여러 목소리들이 있었다. 혹자는 그것을 포스트모던 종교개혁이니 2차 종교개혁이니 심지어 3차 종교개혁이라고도 했다.[19]

하나님이 과연 큰 일을 하시려는 것 같고, 솔직히 나도 개혁이란 용어를 사용해 왔다. 그러나 나는 '개혁'이란 말이 갈수록 불편하게 느껴져, 현재 교회가 겪고 있는 일을 바라보는 다른 시각을 제시하려 한다. 하나님이 하고 계신 일을 기술할 새로운 어휘가 필요한 이유는 다음과 같다.

첫째, 개신교 종교개혁에 대한 지칭은 복수로 바뀌어야 한다. 16세기에는 많은 개혁이 있었다. 바젤의 카를슈타트Karlstadt, 네덜란드의 메노 시몬즈Menno Simons, 취리히의 츠빙글리Zwingli, 제네바의 칼뱅Calvin, 독일의 루터Luther와 멜랑히톤Melancthon 등 그 밖에도 많다. 오늘날 일어나고 있는 일을 개혁이란 단어로 기술하려면 우리는 최소한 새로운 개혁들에 대해서라도 복수로 말해야 한다. 이전과 마찬가지로 오늘도 하나님은 다양한(심지어 서로 싸우는) 사역 기관들을 통하여 지구촌의 여러 일선에서 일하고 계시기 때문이다.

둘째, 개혁이란 말을 사용하면 답보다 질문이 더 많아진다. 개혁 패러다임은 개혁을 암시하거니와 무엇의 개혁이란 말인가? 지난 5백 년간 우리는 다음과 같은 개혁의 질문들로 씨름해 왔다. 참된 교회는 어떠해야 하는가? 순전한 교회나 혁신된 교회를 어떻게 이룰 것인가?

개혁 패러다임은 **오라**는 단어를 중심으로 내부 문제에 천착한다. 이런 패러다임에는 외부인들에게 신앙인들의 집안 싸움에 관심을 가지라고 요구하는 암시가 들어 있다.

게다가 5백 년이나 해 보았는데도 개혁의 '이슈들'을 정리하지 못했다면, 지금 새로운 개혁 용어며 목록이며 요건들을 만들어 내 또다시 해 본대도 도움이 되지 않을 것이다.

오늘날 하나님이 하시는 일을 지켜보노라면 개혁 패러다임보다는 선교 패러다임을 시사하시는 것 같다. 다시 말해, 하나님은 5백 년이나 시도해 온 우리에게 또다시 집안일을 맡기시기보다는 이제 세계를 돌보라고 부르시는 것 같다. 여기서 다음과 같은 외부 지향적 질문이 생겨난다. 우리는 기독교 시대 이후의 반反기독교 문화와 어떻게 소통할 것인가? 어떻게 **오라**는 단어를 내려놓고 대신 예수님의 **가라**는 명령에 순종할 것인가? 개혁 패러다임이 모든 제자를 사역자로 선포했다면('만인제사장직' 사상), 선교 패러다임은 모든 제자가 사역자뿐 아니라 선교사임을 선포한다.

선교는 개혁이 아니므로 나는 하나님의 이 새로운 움직임을 동향東向 회복re-Orientation이라 부르고 싶다. 이렇게 하는 것은 오리엔트라는 낱말의 의미 때문이기도 한데, '오리엔트'는 동쪽을 뜻한다. 그리스도인들이 교회들을 짓기 시작할 때 맨 먼저 한 일은 신앙 공동체가 '동쪽을 바라보게' 한 것이다. 이런 동향의 전통을 이슬람교 같은 다른 종교들은 잘 지켜온 반면 기독교는 다분히 잃어버렸다. 이슬람교 고객들이 동쪽의 메카를 향해 기도할 수 있도록 창틀에 작은 화살표를 표시하는 호텔들이 갈수록 늘고 있다. 이런 동향이 얼마나 중요했던지, 사우디아라비아 칼리드 왕이 보유했던 보잉 747기에는 항상 동쪽의 메카를 향하도록 되어 있는 회전 기도실이 있었다.[20]

우리 기독교 조상들이 교회들을 동향하게 한 데는 신학적인 이유들이 있었다. 첫째, 예루살렘을 바라본 것이다.[21] 둘째, 그리스도께서 다시 오실 방향을 바라본 것이다. 그러나 무엇보다 중요한 것은, 세 가지 시제로 우리에게 오시는 그리스도의 인격, 즉 전에도 계셨고 이제도 계시며 장차 오실 그분을 바라본 것이다. 동향eastward의 정신은 오늘도 세상 속에서 활동하며 일하시는 살아 계신 그리스도를 향한 부활의Eastering 신앙이다. **가라**는 지상 명령은 우리에게 추억의 그리스도나 장차 오실 그리스도만이 아니라 지금 살아 계신 그리스도와 연합하라고 요구한다. 예수님이 지금 이 순간 세상 속에서 하고 계신 일에 우리도 합류해야 한다.

부활절 신앙은 부활 신념이 아니라 '그리스도께서 우리 가운데 살아 계시다'라는 부활의 실체다. 부활의 사람들은 그분의 메시지나 그분에 대한 기억과만이 아니라 그리스도 자신과 관계를 맺는다. 관계의 대상은 역사가 아니라 인격이다. 무덤 앞의 마리아처럼 우리도 예수님이 이름을 불러주셔야 그분을 알아볼지 모른다. 엠마오의 두 제자처럼 우리도 함께 식사를 해야 예수님을 알아볼지 모른다. 그럴지라도 부활절은 우리 가운데 계신 부활하신 그리스도를 알아보고 그분과 한 길을 걷는 일이다.

지구촌 기독교의 무게 중심은 북쪽과 서쪽에서 남쪽과 동쪽으로 옮겨가고 있다. 그리스와 로마의 교습을 받았던 서구 기독교는 이제 아시아에서 배우게 될 것이다. 기독교가 그레코로만 문화(스토아 철학, 신플라톤주의)에서 배운 것은 수사법과 이성으로 자신을 표현하는 방법이었다. 그러나 아시아에서 그리고 인도와 티베트와 중국 문화에서 배우기 시작할 때 우리는 이성을 넘어 신비로 나아갈 것이다. 앞으로 차차 살펴보겠지만, 하나님은 석사 논문이 아니라 신비다. 우리는 관계를 통해서만 계시되는 하나님의 진리에 대해 배워야 할 것이 많다.

하나님은 교회의 창시자가 의도했던 대로 동향을 회복중이시다. 예수님은 그리스인도 아니었고 고전적 사상가도 아니었다. 그분은 히브리인으로서, 사상과 문화는 동양적이고 실생활은 관계적이며 영성은 신비적인 분이셨다. 우리는 서구 사상에 의해 정립된 구주의 삶을 따르는 것이 아니다. 어쩌면 지금 하나님은 극단으로 치달은 교회의 서구적 전제들(합리주의, 개인적 자유, '대중' 문화를 얕보는 '고급' 문화의 특권화)을 처리하시는 중인지도 모른다. 우리는 이 동향 회복을 통해 하나님이 교회를 체험과 참여와 풍성한 심상과 소통이라는, 본연의 그러나 잊혀진 모드로 되돌리시는 것을 본다.[23] 본디 서구 기독교가 성육신하신 하나님께 받았던 계시는 합리주의로, 일종의 신성한 개념 내지 거룩한 논의로, 관계가 아닌 수사법으로 전락했다. 그렇다면 기독교의 이러한 '동향 회복'으로 우리는 본연의 그리스도인

> 우리의 부활절 신앙은 우리가 정말 예수님 자신을 만나는 것이다.
> 그분의 메시지나 그분의 영감을 받은 교리나 사랑의 윤리나 인간 정체에 대한 신개념이나 그분의 이미지가 아니라 예수님 자신 말이다.
> — 도미니크회 허버트 맥케이브[22]

다움을 되찾을 수 있을 것인가?

관계를 이성으로 대치하는 종교개혁 패러다임의 특징은 **신념**이라는 단어로 집약된다. 그 관심사는 바르게 생각하는 데 있고, 성경의 가르침을 표현하는 특정한 방식을 고수하는 데 있다. 그것은 체제를 만들어 놓고 거기에 동의하게 하며, 현 방식으로 표현된 신조에 온전히 동의하지 않는 사람들은 배척한다. 신념은 생기가 없다. 그것은 지식적이고 방어적이며 대체로 시의성이 없다.

반면 선교 패러다임은 삶의 방식, 곧 **믿음**의 삶이다. 발견을 향한 탐구의 여정이다. 이는 하나님삶GodLife 관계의 추구와 다름이 없다. 믿음은 동적이며 변화를 낳는다. 성경은 믿음을, 찾고 따르고 용서하고 기뻐하고 나누는 것이라 했다. 이는 하나님, 타인, 하나님의 피조 세계와 관계를 맺는 삶이다. 서구인에게는 이것이 두루뭉술하고 종잡을 수 없고 두서없어 보일 수 있다. 맞다, 다 맞고 그 훨씬 이상이다!

신념은 플라톤이고 믿음은 예수님이다.

하나님의 기독교 동향東向 회복을 생각할 때, 그것이 성명이 아니라 활동임을 명심하라. 그것은 편안히 앉아 쉬는 것이 아니라 탐험을 나서는 여정이다.

예수님은 가장 가까이에서 자신을 따르는 자들에게 "너희는 나를 누구라 하느냐"[24]고 물으셨다. 오늘 그분을 따르려 할진대, 우리도 각자 그 물음에 대답해야 한다. 답을 찾다보면 우리는 그것이 질문이라기보다 탐구임을 알게 된다.

관계와 탐구의 결합은 의도적인 것이다. 성경을 보면, 우리가 하나님을 찾기보다 오히려 하나님이 우리를 찾아 관계를 맺으려 하신다. 사실, 우리가 달아걸수록 하나님은 살며시 파고드신다. 우리가 숨어들수록 하나님은 추적하신다.

지금까지 우리는 인간을 나머지 피조물과 구분해 주는 속성을 찾는 일에 실패해 왔다. 까마귀는 식기를 사용하고, 오랑우탄은 철자를 말하고, 앵무새는 수를 세고, 돌고래와 침팬지는 흉내내어 속이고, 명금鳴禽류는 인간처럼 REM(급속 안구 운동; 뇌파 및 심장 고동의 변화, 꿈 등과 관계가 있다고 알려져 있음—편집자 주) 수면을 경험하고, 새의 뇌는 물건을 찾아내는 일에 인간의 뇌를 능가할 수 있다. 그러나 '호모사피엔스' Homo Sapiens를 분명히 구별시켜 주는 것이 하나 있다. 하나님의 형상대로 지음 받은 것 외에, 인간 고유의 특징 하나는 찾는 본능과 찾는 일을 즐기는 본능이다. 우리는 탐구하는 용기와 열망과 기쁨을 타고났다. 탐구할 수 있는 존재가 우리 인간이다. 탐구를 인간이라는 종의 유일한 강점으로 보는 이들도 있다.

그러나 탐구는 의문들을 모아 놓는 것이 아니다. 탐구는 하나님삶 관계에 빠져드는 신비다.

1부

믿음은 관계다

1장 | 신념 너머의 삶
믿는 것과 따르는 것, 어느 쪽이 나은가

> 나는 길이요 진리요 생명이니… 나를 따르라.
> —예수[1]

역사를 결정해 온 것은 다분히 개인적 관계들 특히 관계의 '개인적' 측면들이었다. 미국이 원자폭탄을 교토가 아닌 히로시마에 떨어뜨린 이유는 무엇인가? 전쟁 장관 헨리 스팀슨Henry L. Stimson이 교토 시와 개인적인 관계가 있었기 때문이다. 그는 1926년 교토로 신혼여행을 갔었고 일본 예술과 문화를 사랑했다. 교토는 원자폭탄의 첫 번째 과녁으로 지목되었으나 스팀슨이 트루먼 대통령에게 건의한 덕분에 비운을 벗어났다.[2]

좀 생각해 보면 알겠지만, 당신의 삶도 개인적 관계들 덕에 파멸을 벗어나곤 했을 것이다. 지도자가 들을 수 있는 가장 중요한 말 중 하나는 "내가 당신의 뒤를 엄호했다"는 말이다. 당신의 보호자들이 누구인지 생각해 보라. 당신의 뒤를 엄호하는 사람들은 누구인가? 기독교를 전진시킨 교회사의 모든 지도자에게는 고맙게도 "내가 당신 뒤를 맡아 주었다"고 말해 준 보호자들이 있었.

물론 가장 기본적인 차원에서 당신의 삶이 단순히 실존이 아니라

'삶'으로 간주될 수 있는 것은 하나님과 맺은 관계 때문이다. 더욱이 관계가 없다면 믿음은 무엇이 될 것인가? 기독교 신앙은 하나님과 하나님, 하나님과 인간, 인간과 인간, 인간과 피조 세계, 하나님과 피조 세계 등 복잡한 여러 관계 위에 세워진다. 예수님이 인간들을 알지도 못하시고 관심도 없으시다면 뭐하러 그들을 위해 자기 몸과 삶을 희생하시겠는가? 예수님의 심장이 인간의 처지와 한 박자로 뛰지 않는다면 굳이 괘념하실 까닭이 무엇인가?

놀랍게도, 종교개혁에 뿌리를 둔 교회 진영은 그 운동의 핵심 교리인 **'믿음으로 말미암는** 은혜의 칭의'를 잃어버렸다. 전도자들은 아직도 믿음을 전하고 목사들은 삶의 문제로 고민하는 교인들에게 계속 "믿음을 가지라"고 권한다. 그러나 믿음의 일상 생활 속에서 우리는 믿음의 눈을 잃었다. 더 정확히 말해, 우리는 믿음의 '자세'보다 믿음의 '시각'을 더 키웠다. 믿음에 대한 이론은 있으나 실천은 없는 것이다.

성경이 말하는 믿음은, 천국 가는 영적인 길이나 위급할 때 분발하려는 내적 각오도 아니고 우리의 칭의를 유효케 하는 하나님의 지적인 역량도 아니다. 오히려 성경이 일관되게 정의하는 믿음은 기본적으로 하나님과 이웃, 세상 그리고 자연과 맺는 일련의 신뢰 관계들이다.

믿음에 대한 히브리 전통의 가장 위대한 사상가 중 한 명은 중세 철학자 마이모니데스Maimonides였다. 그에게는 하나님을 아는 지식이란 '하나님을 사랑한다는 관념'amor Dei intellectualis 이상이었다. 믿음이란 단순한 관념과는 거리가 멀었고, 살아 계신 하나님과의 살아 있는 만남이었다. 하나님과의 그 만남이야말로 어떤 인간을 막론하고 존재의 극치요 삶의 최고 선이자 목표였다.

그러나 굳이 중세 유대인 사상가의 말을 빌릴 필요도 없다. 기독교 역사상 믿음에 대한 가장 위대한 신학자 중 하나인 마르틴 루터에게도 믿음이란 예수님이 가능케 하신 새로운 종류의 관계였다. 물론 믿음에 인지적 요소가 전혀 없다는 뜻은 아니다. 다만 루터에게 "믿음이 의롭다 하는 그것"은 믿음의 "관계적 능력 즉 믿는 죄인과 그리스도 사이의 연합"이었다.[3] 복음이란 죄에서 구원 받는 것 이상이다. 기쁜 소식이란 우리가 하나님의 삶에 편입된다는 것이다. 우리를 그리스도와 함께 살리신 것은 "새 생명 가운데서 행하게" 하고[4] 새로운 차원의 관계로 끌어올리시기 위함이다.

고대 세계에서 믿음은 신학적 신조에 동의한다는 뜻이 아니었다. 믿음은 관계의 확신 속에서 산다는 뜻이었다. 아브라함과 이삭과 야곱의 경우든 사라와 엘리사벳과 마리아의 경우든 성부와 성자와 성령의 경우든, 성경은 믿음을 인지적인 것 이상으로 정의한다. 하나님을 믿는 믿음은 당신의 전 존재와 당신 주변의 모든 것을 망라하는 관계다. 믿음이란 하나님과의 살아 있는 만남이요 진실한 관계다.

> 믿음은 사랑 못지않게 그리고 소망보다는 훨씬 더 새로운 신약 특유의 단어다.
> 믿음이란 말이 구약에는 한두 번 나오지만 신약에는 2백 번쯤 나온다. 고로 만일 신약에 새로운 것이 없다고 생각한다면 그것은 착각이다.
> ─사회학자 데이비드 마틴[5]

예수님은 우리가 하나님과 타인들 그리고 세상과 새로운 종류의 관계를 맺을 수 있게 하시려고 오셨다. 예수님은 기도할 때 **아바**Abba라는 친밀한 아람어 단어를 쓰셨는데, 일찍이 하나님이 그렇게 불리신

적은 없었다. 예수님만이 하나님과 그런 친밀한 관계를 시작하신다. 그분만이 하나님께 그렇게 나아갈 길을 열어 주신다.

믿음에 대한 이러한 새로운 이해는 예수님의 본을 보는 것에서 그치지 않는다. 무엇보다 믿음은 하나님의 속성에 드러나기 때문이다. 관계야말로 삼위일체의 본질이 아니던가. 우리는 '논문의 3대 요점이신 성 삼위일체 하나님'을 노래하지 않고 '세 분 인격이신 성 삼위일체 하나님'을 노래한다. 삼위일체가 다루시는 것은 시간이나 공간, 물질, 교리, 이성이 아니라 관계다. 하나님은 '공동체'이시며 우리를 그 동일한 공동체로 부르신다.[6] 우리 인간 존재의 중심에는 하나님 및 서로와의 관계에 대한 내적 욕구가 있다. 유진 피터슨^{Eugene Peterson}은 우리에게 가장 필요한 것은 "의사소통이 아니라 공동체"라고 했다.[7]

기독교가 '죽임당한 메신저'를 이야기하는 까닭은 그 메신저가 곧 메시지라서 그렇다. 복음의 기쁜 소식은 공고문이나 선언이 아니라 인격이다. 예수 그리스도 그 자신이 복음이다. 육신이 되신 하나님, 우리 중 하나가 되신 하나님이 복음이다. 기쁜 소식은 "하나님께서 그리스도 안에 계시사 세상을 자기와 화목하게 하시"는 것이다.[8] 이것이 최상의 관계요 하나님이 정의하시는 관계다.

육신을 입은 믿음

우리 믿음의 토양인 복음은 예수님 안에서 "말씀이 육신이 되신"[9] 것에 관한 신비다.

관념이 오감의 대상이 되고
추상이 신비가 되었네.
명제는 이야기가 되고
원리는 인격이 되었네.

켄터키 대학교 메디컬센터의 유대인 외과 의사 마이클 라이Michael Rie는 생명윤리 논의에 적극 가담하고 있다. 한번은 대화 중에 한 그리스도인 신학자가 하나님을 인격이 아닌 이성으로 보고 생명윤리를 설명했다고 한다. 라이는 불쑥 방어에 나섰다. "당신은 예수 그리스도의 이름을 모독하고 있습니다." 그래 놓고는 그 말에 자신까지 놀랐다. 하지만 그는 많은 신학자들이 "자기네 종교의 도덕적 정수를 일반 수준의 도덕적 이성으로 전락시키는 경향"이 있음을 보며 경각심이 들었다.[10]

라이는 그 신학자들이 하나님을, 아브라함과 모세에게 매우 개별적인 도덕적 의무를 제시하신 인격으로 경험하는 대신, 철학적·합리적 원리의 원천으로 해석하기로 한 점이 마음에 걸렸다.[11]

도덕 신학이 '합리적 인간이 받아들일 수 있는' 수준으로 떨어지면, 그것은 도덕 철학과 하등 다를 바 없다. 하나님은 방정식에서 제외되며, 신학자들은 존재 이유가 없어진다.

하나님은 왜 우리를 창조하셨나? 답은 하나뿐이다. 관계를 위해서다. 하나님은 혼자 사시지 않고 그 삶을 우리와 나누기로 하셨다. 날이 서늘할 때에 함께 걸을 사람이 없으면 하나님은 외로워지신다. 이는 모든 역사상 가장 위대한 자기 노출 중 하나다. 놀랍게도 하나님은 약한 자리로 내려가셔서 자신을 숨김 없이 드러내셨다. 하나님은 사귐을 위하여 우리를 지으셨다.

궁극적 실체는 오직 관계 속에서만 경험할 수 있다. 여기에서 히브리인의 '언약' 개념이 나오고 예수님의 '구원' 개념이 나왔다. 관계야말로 유대교와 그 근본적 개정改訂인 기독교가 다른 종교들과 구별되는 요소 중 하나다. 하나님은 우리를 관계 속으로 부르신다. 기독교는 고상하게 살아가는 방법론이나 지혜로운 전통이나 도덕 체계 훨씬 이상의 것이다.

하나님은 우리를 사랑하셔서 독생자 예수님을 통하여 우리와 관계 맺기 원하신다. 이것이 단순하면서도 복잡한 기독교 신앙의 정수다. 우리 존재의 본질은 어떤 기관이나 시스템이나 철학 속에 있지 않고 그리스도 안에, 관계 속에 있다. 우주는 물체들이 아니라 물체들 간의 관계로 구성되어 있다는 양자 물리학의 단순성과 복잡성이 믿음 물리학의 정수를 잘 대변해 준다. 본질은 사물들 자체에 있지 않고 그것들 간의 관계에 있다. 초끈이론(물질과 힘의 근본은 양성자나 전자 등의 입자가 아니라 진동하는 작은 끈이라고 설명하는 현대 물리학 이론—편집자 주)은 모든 사물의 상호 연관성이라는 불가피한 과학에 기초하고 있다. 고립되거나 단절된 물체란 없다.

지역 교회의 비지역주의

관계와 상호 연관성은 물리적 세계 못지않게 영적인 세계의 바탕을 이루기도 한다. 신학에서 중요한 것은 사안들 자체가 아니라 그것들 간의 관계다. 사실, 단독으로 존재하는 것은 하나도 없고 오직 사안들 간의 관계가 있을 뿐이다.

하나님은 당신을 사랑하시고, 당신과의 관계를 원하시며, 모든 것을 품에 안으신다. 신앙이란 삶의 기준이 되는 일반 원리나 사회 도덕을 지배하는 보편 법칙처럼 간결하고 명확하게 정리해 낼 수 있는 것이 아니다. 성경적 사고란 원리와 장소보다는 유형과 관계에 대한 것이다. 그리스도인들이 하나님을 아는 일보다 원리들을 배우는 데 더 열심이라면, 성경적 기독교는 포기하는 셈이다.

우리를 인간답게 하는 것은 우리를 하나님 형상의 피조물답게 하는 그것과 동일하다. 즉 우리는 고립된 존재가 아니다. 하나님, 타인, 하나님의 피조 세계와 동떨어진 독립적 존재가 아니다. 가톨릭 신학자 조셉 시틀러Joseph Sittler의 말대로 우리는 "공동체"와 "친교"와 "생태계"를 위해 지어졌다. 하나님의 형상대로 창조되었다고 하는 것은 "관계라는 말을 풀어 쓴" 것이라고 그는 말한다.[13]

> 예수님처럼 정통 신조에 무관심한 사람은 거의 없었으며 따라서 정통에 그분보다 더 큰 관심을 기울이는 것은 가히 훌륭하다 할 수 없다.
> −성경학자 C. K. 배럿[12]

매사추세츠 공과대학의 코그COG라는 로봇도 시틀러의 의견에 부합한다. 코그는 육화 인공지능Embodied AI에서 출현한 최초의 로봇 이름이다. 육화 인공지능은 순수 인공지능과 달리, 기계에 지능을 부여하되 몸도 아울러 부여하여 관계를 맺을 수 있는 존재로 만든 것이다. 코그 프로젝트 신학 자문역이자 MIT의 "하나님과 컴퓨터 프로젝트" 초대 대표인 앤 퍼스트Anne Foerst는 "우리를 인간답게 하는 것은 우리 두뇌나 몸이 아니라 공동체 내의 복잡한 상호 작용이다. 우리가 인간인 것은, 우리가 다른 인간들과 나머지 피조물들을 상대해야 하기 때문이다"라고 역설한다.[14]

기독교의 기초는 관계

삶과 인간됨의 기초가 관계와 소통에 있다는 예수님과 선지자 미가의 사상에 과학과 기술공학이 늦게나마 수긍하고 있는 이 때, 21세기를 살아가는 평범한 그리스도인들의 믿음 생활은 그래서 어떻게 될 것인가? 우선 우리는 '삶'과 '믿음'에 새로이 집중해야 하며, '객체'와 '명제'를 현재의 중심 자리에서 기꺼이 끌어내려야 한다. 예수님 조종간은 객관적인 규칙이나 객관화된 의식儀式으로 꽉 찬 신학 정보 꾸러미 이상이다. 예수님 조종간은 믿음의 실천, 이야기, 노래, 신념, 전통의 지속, 다가오는 기술공학, 사회적 석학들의 연계 등을 통해 생사를 걸고 하나님과 맺는 관계다. 그것은 삶의 원리가 아니라 삶의 자세다.

　객체에 기초한 교회와 관계에 기초한 교회의 차이는, 교회를 파는 교회와 사람들을 그리스도와 및 피차간의 살아 있는 평생 관계로 이

끌어 주는 교회의 차이다. 관계에 기초한 교회는, 신조를 제시하고 신봉자들을 모집하는 곳이라기보다, 사람들이 하나님과 및 피차간에 소통할 수 있고 신앙 여정에 격려와 힘을 얻을 수 있는 곳이다.

> 사랑과 수면처럼 진리도 너무 직접적인 접근은 싫어한다.
> — W. H. 오든의 말로 추정

사회적 영양실조

당신은 이사를 얼마나 자주 했는가? 몸담아 본 직업은 몇 가지나 되나? 당신의 자녀들과 형제들이 흩어져 사는 지역은 몇 곳인가? 인구 통계의 변화와 경제적 동향은 우리를 관계에서, 하나님이 우리 각자 안에 심어 놓으신 핵심 실체에서 몰아내고 있다. 이동성의 증대와 공동체의 해체—결혼 붕괴에서 일자리 실종까지—가 서로 가세하여 사회적 영양실조라는 우리의 현 상태를 야기하고 있다. 그러나 문화가 우리를 관계에서 몰아낼수록 인간의 마음은 관계를 더 찾아나선다.

　미국인들은 평균 5년에 한 번 꼴로 거주지를 옮긴다. 배우자를 떠나 이사하는 사람은 한 해 평균 2백5십만 명이고, 노숙을 경험한 사람은 3백5십만 명에 달한다. 미국의 독거 인구는 1930년에는 불과 2%였으나, 2000년에는 자녀나 룸메이트나 기타 동거인 없는 성인 단독 가구가 1억 5백만 가구 중 10%나 된다.[15] 이는 다른 지역에서 맞벌이 하며 두 집 살림하는 신종 주말부부 현상은 반영되지 않은 수치다. 이 수치에는, 마치 하계 캠프 후에 작별하고 집에 돌아가는 아이들이나 되는 듯, 친구들과 이웃들과 직장 동료들과 회사와의 관계를 뒤로한 채

항상 '옮겨 다니는' 문화에 수반되는 심리적 파장도 들어 있지 않다.

공허한 오락을 과다 복용하는 문화, 인간의 존엄성을 무시한 대우(공항, 은행, 차량 관리국 등)에 길들여진 문화에서, 사람들은 좀더 친밀하고 좀더 영적인 세계를 찾고 있다. 디지털 기술 덕분에 상호 작용은 더 쉬워지지만 친밀함은 더 어려워진다. 사람들은 관계에 몰입하는 것 같지만, 실상 물리적으로 함께 있는 사람들과는 그렇지 않다. 사람들은 휴대전화와 인터넷으로 쉬지 않고 다른 사람들과 말하고 있지만, 정작 자기 주변 사람들을 관계 맺을 주체가 아니라 그냥 지나쳐 갈 객체로 취급하는 사람들이 태반이다.[16] 테크놀로지로 접속된 사람들이 몸으로 함께 있는 사람들보다 더 현실이 된 것이다.

현실과 가상의 경계선이 흐려질수록 타인들과의 관계는 더 어렵고 힘들어진다. 결혼 시장에서, 이혼 경력이 있는 남자가 초혼인 남자보다 여자들 사이에 실제로 주가가 더 높다. 이혼했다는 것은 '결혼한 적이 있다'는 뜻이고, 그것은 남자가 자신의 헌신 능력을 최소한 입증해 보였다는 말이다.

우리는 기계가 기계에 말하고 있고(당신의 자동차는 숨어 있는 작은 블랙박스를 통해 당신의 보험 회사에 말하고 있다), 일부 변기가 이미 의료진과 실험실에 말하고 있고, 생명 친화적 인터페이스가 내 주변의 누구보다도 나를 더 잘 아는 지능형 기기를 만들어 내고 있는, 똑똑한 세상에 살고 있다. 이런 기술들이 우리의 자아 의식, 자신과의 관계, 타인과의 관계를 바꿔 놓고 있다.

메시지를 보내고 받는 것에 대해 생각해 보라. 전에는 먼저 연락하는 사람 쪽의 짐이 더 무거웠다. 당신은 어머니의 생일을 기억하여 적절한 카드를 찾고 우표를 구하고 카드가 우편으로 배달되는 시간까지 감안해야 했다. 그러나 이메일의 도래로 입장이 바뀌었다. 지금은 메시지를 받고 응답하는 데 들어가는 정신적, 정서적, 재정적 비용이 메시지를 보내고 전송하는 비용보다 훨씬 크다.[17] 밤마다 이메일을 백 통씩 상대하는 사람은 누구나 알겠지만—그 중에는 한 문장밖에 안 되는 메일인데 두 페이지의 응답을 '요구하는' 것들도 있다—지금은 차라리 내 쪽에서 먼저 보내는 편이 훨씬 낫다.

요즘 배우자감을 찾는 방식도 생각해 보라. 우리는 평생의 반려를 고를 줄도 모르고 자신의 판단력을 믿지도 못한다. 우리는 관계를 준비하지 못했으며, 심리적 친밀감이 결핍된 우리 부모의 결혼 생활은 우리를 슬프게 한다. 그래서 텔레비전에서 "Married by America"나 "Meet My Folks" 같은 짝짓기 프로그램이 나왔다. 사람들은 다시금 중매 결혼 개념에 마음을 열고 있다. 21세기형 맞선 관계인 온라인 짝짓기 서비스는, 미국 내 모든 독신자의 20%가 참여할 만큼 가상 중매쟁이 역할을 톡톡히 하고 있다.

> 나도 이제 메시지를 받는 것이 주목표가 아닌 나이가 되었다.
> – 움베르트 에코[18]

시카고 대학교 연구자 에이미 캐스Amy Kass에 따르면, 옛날식 연애는 친밀함과 보호를 동시에 가져다주는 "멀고도 가까운" 것이었다. 오늘날에는 사이버 공간이 그 서비스를 제공하고 있다고 그녀는 말한다. 즉 사이버 공간은 "개인적 경계선을 지켜 주면서도 자기 노출을 유도한다."[19] 심지어 '하룻밤만의 정사'도, 먼 옛날 정서적 의례나 소통 없이 남남끼리 함께 잠자리에 들던 시대의 '계약' 중매 결혼에 새삼 귀를 열고 있다.

우리의 후손들—사이버 공간에서 자라 인터넷에 푹 빠진 이 세대들—은 대인 관계를 시작하고 유지하는 방법을 바꿔 놓고 있다.[20] 관계의 역학은 '오늘 우리는 무엇을 하고 있나?'에서 '오늘 우리는 **어떻게** 하고 있나?'로 넘어갔다. 그리하여 복잡하고 변칙적인 관계들이 새로 생겨나고 있다. 자체적인 만족과 한계를 지닌 가상 관계도 거기 해당된다. 나는 왜 "투데이" 쇼를 보지 않고 "굿모닝 아메리카"를 보나? 내가 케이티, 매트, 앨과 '관계'가 있기 때문이다. 그들을 만나 본 적은 없지만 그래도 그들과 관계가 있다. 그래서 나는 찰스 깁슨과 다이앤 소여보다 그들이 훨씬 가깝게 느껴진다.

명제인가 프러포즈인가

언젠가 누가 테레사 수녀에게 여태까지 본 최악의 질병이 무엇이냐고 물었다. 나병일까 천연두일까? 에이즈일까 치매일까? 그녀는 "아닙니다, 여태까지 내가 본 최악의 질병은 외로움입니다"라고 말했다.

디지털 혁명에도 불구하고, 아니 어쩌면 디지털 혁명 덕에, 관계는 우리 지구촌에서 가장 값지고 중요한 형태의 문화 자본이 되었다. 관계에 기초한 영성의 재발견이 21세기의 사역에 그토록 중요한 한 가지 이유가 여기 있다. 살아가는 방식이나 생각하는 방식에 그리스도인이나 비그리스도인이나 큰 차이가 없는 지금, 원리와 명제로 제시되고 선포되는 성경 진리는 더 이상 특별히 새로울 것이 없다. 늘 그랬듯이 지금도, 뭐라고 주장하느냐보다 어떻게 사느냐가 훨씬 더 설득력 있다. 그리스도인들이 자기 문화의 다른 모든 이들과 대동소이한 상황에서, 말은 힘을 잃는다. 조지 바나George Barna는 관계 구축이 청소년 전도의 유일한 효과적 기초라고 역설했다.[21] 우리는 그 사실을 더 폭넓게 적용할 수 있고 그래야만 한다. 관계는, 어렵다는 청소년 전도만 아니라 **모든** 전도의 기초다. 사람들은 성경의 진리를 관계 속에서 발견하고 경험한다.

기독교에 끼칠 수 있는 최악의 해는 그것을 철학적 노력으로 둔갑시키는 것이다. 믿음이란 학습해야 할 신념을 넘어 살아내야 할 결속이다. 믿음이란 '바른' 신념을 품는 것을 넘어 '바른'(즉 "이 지극히 작은 자"의) 손을 잡는 것이다. 세상이 우리를 판단하는 기준은 우리가 얼마나 '옳게' 믿었느냐가 아니라 그대로 얼마나 잘 살고 있느냐—하나님과 사람들을 어떻게 사랑하느냐—이다. 엘리 비젤Elie Wiesel은 "아우슈비츠 기간에 기독교는 '실현되지' 않았다"고 했다.[22] 살인 전문가인 독일 친위대 장교의 20% 이상은 믿는다는 그리스도인이었다. 이는 처참한 악몽이다. 수백만 유대인이 생화장되고 있는데도 '실현되지' 못하는 종교는 얼마나 무능하고 관계와 단절된 종교인가! 예수님은 우리에게 관계라는 시험을 주시어, 믿음이 '실현되는지' 알 수 있게 하셨다. 예수님에 따르면 그 시험은, 그분의 제자들이 정통 명제를 얼마나 잘 변호하느냐가 아니라 얼마나 잘 "서로 사랑"하느냐로 밝혀져야 한다는 것이다.[23]

에이브러햄 링컨은 미국이 명제 위에 세워졌다고 주장했고, 토머스 제퍼슨은 "우리는 이 자명한 진리를 믿는다"고 썼다. 미국과 달리 기독교는 명제나 합리적 논증 위에 세워지지 않았다. 하나님은 명제를 전하려고 예수님을 보내신 것이 아니다. 하나님은 "너희가 나를 사랑하겠느냐? 내 사랑을 받아주겠느냐?"는 프러포즈를 하시려고 예수님을 보내셨다. 사실 예수님은 하나님의 그 프러포즈를 하시려고 무릎을 꿇으신 정도가 아니라 십자가에 못 박히셨다.

2장 | 헌신에 대한 진리
신념과 믿음은 크게 다르다

> 너희가 나를 택한 것이 아니요 내가 너희를 택하여 세웠나니.
> —예수[1]

대다수 그리스도인들은 **신념**이라는 말과 **믿음**이라는 말을 혼용한다. 그러나 신념은 인정하는 것이고 믿음은 헌신하는 것이며, 전자는 후자에 크게 못 미친다. 그리스도인이 된다는 것은 다른 신념 체계를 수용하는 것이 아니다. 그것은 성령의 능력으로 말미암아 그리스도의 형상으로 변화되는 경험이다. 헌신 없는 인정은 무익하다.

시편 기자의 가장 큰 기쁨은 "여호와의 율법"이었다.[2] 우리의 기쁨은 주님의 '새 법' 곧 주를 사랑함이다. 기독교는 하나님, 예수님, 성경에 대한 특정 명제에 지적으로 동의하는 것 이상이다. 사실 예수님은 친히 사역으로 이것을 보여 주셨다. 그분이 십자가에 달리신 것은 일련의 율법이나 도덕적 행동 체계의 수호보다 관계를 더 중시하셨기 때문이다. 예수님은 가장 큰 "법"은 사랑의 법이라 하셨는데, 사실 그것은 법이 아니라 관계였다. 교회의 문제 중 하나는 특정 신념에 대한 지적인 동조만을 강요할 뿐, 그러한 신념의 성육신적 실천에 대한 거룩한 열정은 상대적으로 부족하다는 것이다.

기독교의 목적은 사람들이 믿음을 갖도록, 즉 하나님과 관계를 맺도록 돕는 것이다. 믿음은 구원 자체도 아니고, 해방 자체도 아니고, 하나님에 대한 바른 신념 자체도 아니다. 믿음은 "나를 따르라"는 예수님의 부름을 자진하여 받아들이는 일이다. 그러므로 믿음은 동적이며 관계적이다. 믿음은 현상 유지가 아니라 변화를 추구한다. 믿음은 단지, 하나의 소신 체계를 좀더 정통적인 다른 체계로 바꾸는 것으로는 만족하지 않는다.

세상 전반은 사랑을 삶의 최고 가치로 본다. 유머 작가 데이브 배리 Dave Barry는 사랑이 얼마나 크고 중요한지 표현해 보려고 사랑을 "정말 중요한 유일한 주제, 주제 중의 슈퍼볼, 주제 중의 킹콩, 주제 중의 빅뱅, 주제 중의 젊은 모차르트, 삶은 감자나 구운 감자를 곁들인 900그램짜리 최상급 갈비구이 같은 주제, 파울라인에서 농구공을 들고 솟아올라 몇 분 후 천장에서 내려오면서 거구의 수비수 서너 명을 뚫고 골인시키는 한창때의 마이클 조던 같은 주제"라 불렀다.[3] 그리스도인에게도 사랑은 최고—"그 중에 제일"—일 수 있다. 그러나 그리스도인의 근본 덕목은 믿음이다. 왜 사랑이 아니고 믿음인가? 아가페 사랑 즉 하나님의 사랑은 믿음으로 말미암아 은혜로 우리 안에 주어지기 때문이다. 그리스도인의 사랑은 일종의 표절이다. 우리는 하나님의 사랑을 따라하고 흉내낸다. 사실 우리의 사랑은 하나님이 먼저 우리를 사랑하셨다는 믿음에 기초한다. 그리스도인의 삶을 구성하는 것은 믿음이다.

절대적 계시

행여 내가 당신을 모호한 감각적 영성으로 호도하고 있다는 의혹이 들지 않도록 미리 밝혀 둔다. 기독교의 계시는 주관적 체험이 아니다. 하나님이 우리를 규정하시는 것이지, 우리가 하나님이나 그분과의 관계를 규정하는 것이 아니다. 오히려 기독교의 계시는 믿음으로 말미암아 은혜의 관계로 우리를 부르시는 예수님이라는 한 인격이다.[4] 기독교는 교리 위에 세워진 것이 아니라 예수님이라는 인격 위에 세워졌다. 교회는 교리를 전하라고 지어진 것이 아니라 예수님을 전하라고 창조되었다. 바울의 말대로 "우리는 십자가에 못 박힌 그리스도를 전"한다.[5] 교리의 목적은, 어제도 계셨고 오늘도 계시며 장차 오실 그리스도께 우리의 초점을 유지하는 것이다. 이렇듯 그리스도에 관한 진리는 목표를 위한 수단이다. 그것은 우리가 그리스도께 이르도록 도울 뿐이다. 교리와 교의와 신학은 다 그리스도를 위한 것이지 거꾸로가 아니다. 우리는 교리를 변호하도록 부름 받았나, 아니면 하나님과 그분이 사랑하시는 것들을 사랑하도록 부름 받았나?

각 사람은 그리스도를 통하여 하나님의 부름을 받으며, 그 부름의 본질은 단순히 "나를 따르라"이다. 예수님은 제자들에게 "너희가 나를 택한 것이 아니요 내가 너희를 택하여 세웠나니"[6]라고 일깨우셨거니와 그 의미는 말씀 그대로다. 고대 세계에서 누구든 제자가 되려면 먼저 스승을 찾아갔다. 유대교 랍비 체제에서나 그리스 철학 세계에서나, 학생이 나서서 교사를 택했다. 그러나 예수님의 경우, 학생이 스승을 택한 것이 아니라 스승이 학생을 택하셨다.

예수님은 고대 전통을 뒤집어 직접 제자들을 택하셨다. 그것도 "나를 따르라"는 두 마디 말씀으로 택하셨다. 궁극적 권위요 성육신하신 하나님이 직접 제자들을 찾으신 이 행위는 고대 세계에서는 전혀 유례없는 일이다.

"나를 따르라"는 두 마디 말씀은 그 의미를 확실히 할 때 비로소 가공할 위력을 발휘한다. 예수님은 "이 가르침을 따르라"든지 "이 관념을 따르라"든지 "이 계명을 따르라"든지 "이 의식儀式 생활을 따르라"고 하시지 않았다. 그분은 "나를 따르라"[7]고 하셨다! 우리가 예수님을 따름은 그분을 이해하거나 그분에 관한 진리를 알아서가 아니다. 그것은 그분이 **곧** 진리이며, 자신과의 관계를 통하여 우리를 진리 가운데로 인도하시기 때문이다. 우리가 예수님께 진리가 충만하다고 확신하는 근거는, 우리의 삶을 부르고 요구하는 성경 이야기, 교회의 아름다운 신조들, 그분을 계속 따르며 더 깊이 알아갈 믿음을 얻게 해주는 기독교 공동체의 의식들 및 관계들이다. 예수님의 제자들에게 지식이란 상호 작용하는 관계다. 참된 지식은 도덕적 지식이다.

물론 우리는 예수님과 사제 관계에 들어가야 한다. 전통적인 구도에서 스승은 가르침을 베푼다. 그러나 예수님은 전통을 거부하시고 **자기 자신**을 베푸셨다. 예수님이 부르시는 제자도는, 스승이 가르치는 원리와의 지적인 만남 정도가 아니라 가르침을 베푸는 스승과의 관계로 들어오라는 초청이다.

예수님이 보여 주신 것처럼, "나를 따르라"가 뜻하는 것은 이것저

것 알고 믿는 것이라기보다는, 다분히 자신을 잃고 자기 십자가를 진 채 자아를 부인하고 남들을 끌어안으면서 예수님을 뒤쫓으라는 것이다. 예수님을 따르라는 부름은 예수님과 아버지 사이에 존재하는 그것과 동일한 관계 속으로 들어오라는 초청이다.

> 그리스도인의 믿음은 그리스도의 믿음이다. 그것은 그리스도를 믿는 믿음만이 아니라 그리스도께서 믿으신 믿음이기도 하다.
> – 오스틴 패러[8]

예수님은 제자들에게 특권으로 "하나님 나라의 비밀"[9]을 주셨다. 그런데 그 비밀은 공식이나 지도나 원리가 아니다. 그 비밀은 예수님의 고난과 죽음과 부활이다. 그리고 그분을 따르려는 자들도 똑같은 길을 각오해야 한다. 비밀은 영지靈知 즉 신비한 지식이 아니라 하나님의 계시에 대한 앎 즉 체험이다. 신학은 추론적인 합리성이 아니다. 신학은 계시에 대한 묵상으로 귀결되는 하나님과의 관계다. 폰투스의 에바그리우스Evagrius of Pontus는 기도하는 사람은 신학자로 손색없다고 보았다. "참으로 기도하면 당신도 신학자다."[10] 신학자가 된다는 것은 하나님을 '아는' 것이다.

하나님 나라의 신비는 당신에게 자아 실현을 가져다주는 무슨 보물 단지 속에 있는 것이 아니라, 당신의 모든 것을 가져가는 예수님과의 관계 속에 있다. 우리는 다음 끼니가 어디서 나올지 모를 수도 있고, 우리를 사슬에 묶어 끌어가려는 사람들과 부닥칠 수도 있고, 심지어 때 이른 죽음으로 천국에 갈 수도 있다. '십자가의 길'이란 그런 것이다. 그것은 우리의 모든 것을 가져간다. 예수님을 믿는 믿음은 살아 있는 관계이기 때문이다. 성경의 진리는 당신이 휘두르는 소유가 아니라 당신이 빚어내는 삶이다.[11] 기독교의 궁극적 내용은 명제가 아니라 예수님이다. 또는 사도 바울의 표현대로, "우리가 그를 힘입어 살며 기동하며 존재하느니라."[12]

음악계에 "저 사람은 그 안에 들어가 있다"는 표현이 있다. 이는 곡과 완전히 혼연일체가 되어, 단순히 소리를 연주하는 것이 아니라 소리가 그 속에서 나온다는 뜻이다. 이렇게 '안에 들어가는' 것이 기독교의 본질이다. 포스트모던적인 탐구는 진리 탐구를 포기한 것으로 오해하고 있다. 그러나 포기한 것이 아니라, 다만 좀더 관계적이고 덜 이성적인 길로 진리 탐구의 노선만 바꾼 것이다. 기독교의 심장부에 있는 질문은 철학적 질문이나 정치적 질문 혹은 의식儀式상의 질문이 아니라 "너희는 나를 누구라 하느냐"라는 관계적 질문이다.

> 이치를 아는 지성보다 사랑하는 마음을 갖는 것이 낫다.
> – L. 로버트 케크[13]

예수님을 누구라고 하느냐가 곧 우리가 누구인지를 보여 준다.

신념과 하나님 나라

'하나님 나라'는 완전히 예수님의 독창적인 말이다. 이 말은 예수님의 등록 상표요 인감 도장이다. 하나님 나라란 무엇인가?

하나님 나라는 두루뭉술한 이상理想이 아니다. 그것은 그 나라의 실체와 관계 맺고 거기에 충실을 다하는 삶이다. 예수님은 그 나라의 형식이자 내용이다. 그 나라는 예수님과 그분의 십자가와 무덤으로 시작된다. 그리고 그분의 면류관과 영광을 통해 자연과 역사에 대한 하나님의 통치를 선포한다. 예수님이 곧 하나님 나라다. 예수님이 하나님의 통치다.

믿음의 정의와 목적지는 **무엇**이 아니라 **누구**다.[14] 우리의 고백과 신념의 중심에 한 인격이 있다. "네가 다른 사람들 앞에서 나를 시인하면 나도 아버지 앞에서 너를 시인할 것이다."[15] "나를 믿는 자는 아버지를 믿는 것이다."[16]

믿는다는 것은 특정한 원리를 받아들이는 것이 아니다.

믿는다는 것은 특정한 신조에 동의하는 것이 아니다.

믿는다는 것은 특정한 율법을 지키는 것이 아니다.

믿는다는 것은 당신의 전 존재를 하나님께 맡기는 것이다.

믿는다는 것은 '안에 들어가는' 것이다.

하나님과의 만남을 개념화하는 일과 하나님과의 만남이라는 개념을 전개하는 일은 다르다. 비평가에서 소설가로 전향한 제임스 우드James Wood는 「신을 반대하는 책」The Book Against God에서 회의와 불신을 옹호한다. "믿음을 찾거나 잃는다는 것은 예수와 복음서 기자들이 내놓은 일련의 명제나 보장에 대한 신념을 찾거나 잃는 것이다."[17]

우드는 처음부터 오해에서 출발한다. 그는 '신념'을 잘못 정의했다. 역설적이지만 이 점에 대한 그의 혼동은 '불신자들'만 아니라 '신자들' 사이에도 널리 퍼져 있다. 몇 년 전 로드니 니덤Rodney Needham이 **신념**이라는 말의 잡다한 의미 때문에 학자들을 설득하여 그 말의 사용을 중지시키려 했지만, 역시나 그의 멋진 주장은 진가를 인정받지 못하고 말았다.[18]

믿는다는 뜻의 believe라는 단어는 동사 be와 명사 life의 옛 합성어다. 고로 '믿는다'는 것은 '존재하며 살아간다'—내 존재를 살아낸다, 내 '존재'를 '삶'에 맡긴다—는 뜻이다.¹⁹ '신조'라는 의미로서의 believe는 본래 어원적으로, 고개를 끄덕여 지적으로 동의한다는 뜻이 아니었다. 그것은 '내 마음을 내주다, 소중히 품다, 사랑하다'라는 뜻이었다.

종교 철학자 윌프레드 캔트웰 스미스Wilfred Cantwell Smith는 믿음에 해당하는 독일어 단어 belieben이 본연의 참뜻과 가장 가까운 의미를 담고 있다고 말한다. 형용사 lieb는 '소중한, 사랑하는'이란 뜻이다. Die Liebe는 명사로 '사랑'이고, lieben은 동사로 '사랑하다'이다. 그렇다면 belieben은 '소중히' 대하다, 사랑스럽게 여기다, '사랑하다'가 된다. 현대 독일에서도 sich verlieben은 '누구와 사랑에 빠지다'라는 뜻이고, sich verloben은 '정혼하다, 약혼하다'라는 뜻이다.²⁰

신념을 '사랑하다'로 본 스미스의 정의를 통해 우리는 '신자'라는 히브리식 개념의 깊은 관계적 정황에 가장 가까이 다가갈 수 있다. 토라에서는 하나님을 '믿는다'는 말이 나오는 곳마다 거의 매번 그 단어 대신 **의지하다**나 **살고 있다**를 넣어도 무방하다. 창세기 15:6의 히브리어 단어 '믿다'he'emin는 아브라함이 하나님에 관한 개념에 지적으로 동의했다기보다 그가 하나님을 사랑의 대상으로 의지했다는 뜻이다.²¹ 참된 신자의 진짜 질문은 "누구를 '사랑할' 것이냐? 누구에게 내 자아를 전부 드릴 것이냐?"이다. '바른 신념'이라는 말의 성경적 의미를 더 정확히 포착한 표현은 '바른 관계'다. **신념**의 본의와 참뜻을 회복할 수 있을 때까지는 차라리 다른 표현들을 쓰는 것이 낫다. 그래서 나는 예수님의 제자를 '신자'라고 부르기를 거부한다. 이 말은 사탄까지 포괄할 정도로 기준이 너무 낮다. '신념'을 지적인 동의로 본다면 마귀도 '신자'다. 귀신들도 "믿고 떠느니라"고 했으니 과연 그들이 우리 중 일부보다 더 낫다. 귀신들은 떨기라도 하니 말이다.

우리는 평화의 왕보다 평화의 원칙을 더 사랑한다. 살아 계신 말씀보다 삶에 대한 우리의 말을 더 사랑한다. 진리이신 그분보다 진리에 관한 우리의 명제를 더 사랑한다. 산 밑의 백합화요 빛나는 새벽별보다 백합에 금박을 입힌 황금률과 별로 장식한 7가지 습관을 더 사랑한다.

믿음과 전도

우리 딸 소렌은 치과라면 기겁을 한다. 치과에 생전 가 보기도 전부터 생긴 두려움이다. 딸의 첫 치과 나들이를 성사시킨 것만도 대단한 위업이었다. 우리는 근방에서 가장 평판 좋은 치과 의사를 골랐다. 그의 실력이 좋다고 다들 칭찬이 자자했다.

소렌은 '체어'chair라는 중세풍의 장치 위로 긴장하여 올라갔는데 딸의 표현으로는 그것은 "고문실"이었다. 소렌의 마음을 편하게 해주려고 치과 의사는 덜 아프고 시간도 덜 걸리도록 고안되었다는 자신의 새 장비를 자랑했다. 최첨단 장비 소개에 이어 곧바로 드릴링이 시작되었다. 딸이 비명을 지르며 울고 몸을 마구 비트는 바람에 옆에서 꼭 붙잡고 있어야 했다.

치과 의사는 우리더러 다시는 오지 말라고 했다. 그러나 그가 박은 보철물은 2주밖에 가지 않았다.

다른 치과에 가 보자고 소렌을 설득하는 데 거의 1년이 걸렸다. 이번에는 마이클 트리플렛 박사를 택했다. 트리플렛 박사는 아무 일도 하지 않고 소렌과 친해지는 데만 처음 15분을 보냈다. 그는 소렌이 좋아하는 것과 싫어하는 것에 대해 말했다. 시내에서 자기가 소렌을 보았던 일, 가끔 소렌과 함께 노는 자기 쌍둥이 딸 얘기, 소렌의 점박이 코트가 멋있다는 칭찬도 빼놓지 않았다.

15분 간 아무것도 하지 않고 얘기만 나눈 뒤에 그는 소렌에게 '딸기 향 공기'를 소개했고 우리 딸은 금세 긴장이 풀렸다. 딸은 의자에 등을 기대고는(여태까지는 줄곧 꼿꼿이 앉아 있었다) 치과 의사에게 이것저것 물었다. 지금부터 하려는 일과 그 이유를 의사가 설명해 주기 전에는 입을 벌리지 않을 태세였다.

이윽고 25분 간의 대화 끝에 딸은 입을 벌렸고, 의사는 저번 치과 의사가 끝내 하지 못한 일을 다음 15분 만에 거뜬히 해냈다. 트리플렛 박사의 동정심이 소렌의 신뢰를 끌어냈던 것이다.

만약 우리가 진리를 바른 가르침과 정확한 교리로 여기던 데서 초점을 옮긴다면, 그래서 진리를 인격으로, 믿음을 그 인격과의 바른 관계로 보고 삶의 중점을 거기에 둔다면 전도는 어떻게 달라질까? 전도는 의심하는 자에게 새로운 신념 체계를 주입하려는 시도에서 벗어날 것이고, 복음 선포는 사람들을 하나님과의 관계 속으로 초청하는 과정이 될 것이다.

전도란 선포이자 초청이기도 하다. 그것은 사람들을 하나님과의 관계로 초청하는 것이다. 그럴 때 성령께서 그들 안에 그리스도를 살리시고 그 안에 거하게 하시며, 그들은 하나님의 충만하심과 섭리 가운데 살 수 있다. 전도는 사람들을 예수님에 대한 바른 신념으로 인도하는 것이 아니다. 전도는 사람들을 예수 그리스도와의 관계로 인도하는 것이다.

그리스도를 삶 속에 모신다는 것은, 당신에게 시험을 통과시키고 규칙을 배우게 하여 원리들을 깨치도록 하시는 분을 모시는 것인가? 아니면 성령으로 당신 안에 거하시며 그리스도의 형상으로 당신을 변화시켜 주시는 하나님과의 관계 속에 들어가는 것인가?

> 만약 하나님의 오른손에
> 모든 진리가 있고
> 왼손에 진리를 향한
> 평생의 추구가 있다면
> 하나님은 왼손을 택하실 것이다.
> – 철학자 고트홀트 레싱[22]

기독교의 목적지는 본질상 **무엇**이 아니라 **누구**다. 믿음의 식구가 된다는 것은 성경에 계시된 예수 그리스도로 말미암아 하나님과 관계를 맺는다는 뜻이다. 조상들이 우리에게 전해 준 신조, 고백, 교리, 종교 회칙은 믿음의 가구家具들일 뿐이다.

믿음의 시험

양과 염소를 가리는 일은 교회의 단골 중대사다. 누가 우리 편이고 누가 아닌가? 그리고 그 둘을 어떻게 구별할 것인가?

옛날 극동 지방에 유명한 산적이 있었다고 한다. 심한 부상을 입은 그를 누군가 기독교 선교 병원으로 데려갔다. 몇 주간의 극진한 치료 끝에 산적의 부상이 회복되었다. 그는 그것이 너무 고마워 앞으로 그리스도인은 절대 털지 않기로 다짐했다.

소문이 퍼져, 그에게 걸려든 사람은 누구나 다짜고짜 "나는 그리스도인이오"라는 말부터 했다. 그래서 강도는 문제에 봉착했다. '그리스도인으로 자처하는 사람이 진짜인지 아닌지 어떻게 아나?'

그는 병원에 다시 가서 선교사들에게 물었고, 선교사들은 "그야 그리스도인이라면 누구나 당연히 주기도문과 십계명을 압니다"라고 설명해 주었다. 그 때부터 강도는 먹이가 걸려들면 주기도문과 십계명을 외워 보게 했다. 외우지 못하는 사람은 강도에게 털렸다.

만일 그 산적이 지금 영업을 한다면, 이 두 가지 시금석 말씀을 외울 수 있는 그리스도인들을 얼마나 만나게 될까? 하지만 혹 외우지 못한다 해도 지갑을 털리는 것 외에 무엇이 달라질까? 뭔가를—심지어 성경을—외운다고 해서 이생이나 영원에 영향을 미칠까? 내가 아는 가장 비열한 사람들 중 몇몇조차도 내 옆을 오가며 성경 말씀을 줄줄 인용할 줄 안다. 어떻게 그럴 수 있을까? 그들은 규칙을 알고 법을 알고 지식을 안다. 그러나 그들은 관계의 주인이신 분은 모른다. 그들에게 정보는 있으나 길과 진리와 생명 되신 분으로 인한 변화는 없다.

믿음의 참된 시험은 지식에 기초하지 않는다. 믿음의 참된 시험은 계시와 관계의 시험이다. 당신의 삶 속에 그리스도는 죽었는가 살아 계신가? 당신의 영이 그분의 영이 되어 갈 정도로 당신의 삶은 예수

바이러스에 감염되어 있는가? 예수님에 따르면 율법의 궁극적 성취는 하나님과의 관계 즉 하나님을 사랑하는 것이다.[23] 도덕법은 돌판에 쓰였다. 그러나 예수님은 그 돌을 굴려 버리셨다. 이제 예수님 조종간은 인간의 마음속에 이식되어, "주께서 그러하심과 같이 우리도 이 세상에서 그러하"며 "너희 속에 그리스도의 형상을 이루"신다.[24]

알맹이 없는 형식

모든 옳은 것에 대한 '신념'이 어떻게 생명력 잃은 교회를 낳을 수 있나? 정반대를 낳아야 하는 것 아닌가?

바울은 메마른 정통과 영적 생명력 상실 사이의 연관성을 이렇게 지적한다. "그가 또한 우리를 새 언약의 일꾼 되기에 만족하게 하셨으니 율법 조문으로 하지 아니하고 오직 영으로 함이니 율법 조문은 죽이는 것이요 영은 살리는 것이니라."[25] 틀림없이 현대 교회는 율법이나 율법주의에 의존한 신앙 생활을 부정할 것이다.

그러나 우리는 열매로 그들을 안다. 열매는 어디 있으며, 어떤 종류의 열매를 딸 수 있나? 현대 교회는 관계적 태도보다는 명제적 태도를 갖고 있다. 율법 조문이 득세하여 신앙 생활에서 성령으로 사는 삶을 죽이고 있다. 용케도 우리는 예수님을 원리로, 문제의 답으로 만들기까지 했다. "그리스도가 답이다."

하나님이 당신과 내게 원하시는 것은 무엇인가? 하나님은 우리가 생각을 바로 하고 행동을 바로 하기 원하실까? 물론이다. 그러나 무엇보다 하나님은 우리가 바른 관계에 들어서기 원하신다. "하나님은 사랑이시라"는 성경 말씀은 곧 하나님이 관계시라는 말이다. 진공 상태의 사랑은 가치나 의미가 없다. 바른 관계는 바른 생각이나 바른 행동에서 나오지 않는다. 오히려 정반대다. 바른 생각과 바른 행동이 바른 관계에서 나온다.

바른 가르침이 신앙 생활에 완전한 답을 준다면, 우리 사회가 온전히 하나님께 속하지 못한 까닭은 무엇인가? 라디오, 텔레비전, 인터넷, 인쇄물을 통해 기독교의 가르침을 이렇게 많이 접할 수 있었던 세대는 일찍이 없었다. 기독교 명제들이 우리 사회에 이렇게 많이 퍼부어진 적도 없었다. 우리는 기독교 '정보'에 사실상 파묻혀 있다. 그러나 동시에 우리 사회가 기독교 정통에 지금처럼 매력을 못 느낀 적도 없었다.

> 앞으로 기독교 리더십이 진정한 결실을 보려면 반드시 도덕에서 신비로 넘어가야 한다.
> – 헨리 나우웬[26]

바른 관계, 하나님과 점점 깊어지는 관계를 잃어버렸다. 현대 세계는 의문 제기를 최고의 일로 만들었다. 답을 찾으려는 평생의 탐구는 최고의 여정이 되었다. 그러나 이제 믿음은, 풀어야 할 문제나 답해야 할 의문이 아니라 살아내야 할 신비임을 인정해야 한다. 그 신비란 하나님과의 생생히 살아 있는 관계 곧 하나님삶^{GodLife} 관계다.

기독교는 '프로들'을 위한 것이 아니다. 기독교는 본래 아마추어들이 사는 삶이다. 아마추어라는 말은 '사랑하는 자'라는 뜻의 라틴어 단어 '아마토르'^{amator}에서 왔다. 기독교는 전문가들이 아니라 사랑하는 자들을 위한 것이다.

진리의 실천

기독교는 교회가 소유한 교리인가 아니면 예수님의 지상 사역의 지속이요 그분의 영성의 구현인가? 기독교는 방법이요 전략인가, 아니면 박동하는 심장들, 피 흘리는 심장들, 깨어진 심장들, 하나님으로 말미암아 그분 안에 하나로 묶인 심장들의 공동체인가? 믿음이란 소유하는 것이 아니라 살아가는 것이다. 믿는 것이 아니라 날마다 삶 전반에 실천하는 것이다. 살아 있는 관계다. 기독교를 긍정한다는 것은 요점을 뽑는 것이 아니다. 그것을 따르는 여정에 나서는 결단이다.

기독교를 가장 잘 이해하는 길은 그것을 새로운 관계들의 매트릭스로 보는 것이다. 기독교는 독특한 사고방식이라기보다 독특한 네트워크 방식이다. 기독교는 법과 원리 체계가 아니라 관계 유형이다.

모든 영적 실천은 관계로 이어진다. 믿음의 '실천'이란 관계를 '맺어 나가는' 것과 같다. 기본 법칙과 불변의 원리를 찾는 대신 우리는 믿음의 소통과 관계라는 좀더 넓은 대지를 탐험해야 한다. 7가지 신념이나 원리 대신 나는 믿음의 7중 레퍼토리와 관계 매트릭스를 제안하려 한다.

관계 매트릭스의 진리

성경에서 관계를 배우노라면 관계 매트릭스의 7중 거미줄을 보게 된다. 모두 서로 얽혀 있기 때문에 그 중 하나를 떼어내려는 시도는 현명치 못하다. 사실 그것들이 상호 작용하는 방식이야말로 관계의 복잡한 실체에 대한 산 증거다. 참된 제자는 이 관계 매트릭스가 살아 움직이는가로 알 수 있다.

미래의 교회는 딱딱하게 굳은 명제 중심이 아니라 단순하면서도 복잡한 관계망 레퍼토리를 중심으로 사역을 펼쳐 나가야 한다. 여기 **레퍼토리**라는 단어와 은유를 쓰는 데는 그만한 이유가 있다. 우리가 다루고 있는 이 중대한 개념들이 현대 세계에서는 레퍼토리가 아니라 **법규**의 일부가 되었다. 그러나 법규는 생각의 법칙이고 **레퍼토리**는 행동 목록이다.[27]

인격의 본질은 "나는 생각한다"나 "나는 믿는다"가 아니라 "나는 행동한다"와 "나는 선택한다"이다. 다시 말해, 인격의 본질은 관계라는 사회적 삼라만상이다. 성경의 관계 레퍼토리에는 다음 7가지가 있다.

- 우리와 하나님의 관계
- 우리와 하나님의 이야기 그리고 하나님의 기록된 계시와의 관계
- 우리와 믿는 사람들과의 관계
- 우리와 믿지 않는 사람들과의 관계
- 우리와 하나님의 피조 세계와의 관계
- 우리와 상징물, 예술품, 인공물, '사물'과의 관계
- 우리와 영적 세계의 관계

하나님과의 관계를 비롯해서 전체 관계 레퍼토리와의 관계 속에 살 때, 우리의 목적은 믿어야 하는 정보를 더 얻는 데서 그리스도의 몸이 되는 삶으로 옮겨 간다.

진리는 바른 관계다. 바른 관계가 모든 것이다. 그리고 그리스도인에게 진리는 인격이신 그분이다.[28]

2부

하나님과의 관계

3장 | 하나님과 크게 틀어진 아브라함

잘 해 놓고도 낙방한 시험

> 내가 너로 큰 민족을 이루고 네게 복을 주어.
> − 하나님이 아브람에게 약속하신 말씀[1]

당신은 전환점에 이르면 어떻게 하는가? 삶이 뒤집히고 사람들이 등을 돌리고 당신의 세계가 전복될 때 당신은 어디로 가는가?

나는 아브라함과 이삭 이야기로 간다. 하지만 지금은 거기로 가는 이유가 이전과 달라졌다. 산골 문화에서 자라던 어린 시절, 아브라함은 내게 가장 살아 숨 쉬는 성경 인물 중 하나였다. 삶의 작은 문제들로 믿음이 흔들릴 때면, 아브라함이 겪었던 일을 잠깐만 생각해도 견뎌낼 힘이 생겼다. 평생 복잡하고 역동적인 순례 길을 걸어간 이 믿음의 선구자에 비하면, 내 무기력한 의문투성이 신앙은 부진하기만 했다.

아브라함은 미래를 향한 내 여정의 수호 천사였다. 바벨탑을 쌓고 단壇 주위에 모여 살려 했던 사람들과는 달리, 아브라함은 세상의 복이 되어 하나님의 지시대로 기꺼이 '계속 옮겨 다녔다.' 달랑 하나님의 약속 하나만 붙들고 그는 여태껏 편안한 삶을 일궈 온 자신의 익숙한 터전 하란을 버렸다. 하나님의 약속만 품고서 늙은 나이에 모든 친숙

한 것을 등지고 불확실한 미래로 떠난 것이다.

아브라함이 내게 대단했던 만큼 그와 이삭―하나님의 약속의 자녀―의 이야기는 나를 심히 괴롭게 했다. 어쩔 수 없이 생각해야 할 때면 나는 이삭과 메시아 사이의 전형적인 유사성을 끌어냈다. 이삭이 제사에 쓸 나무를 직접 져야 했듯이 예수님도 "자기 수난의 나무"[2](터툴리안의 이 말이 내 마음에 박혀 영 떠나지 않았다)를 지셨다는 사실은 언제나 내게 감동을 주었다. 어떻게 아버지가 아들을 죽일 수 있나? 내가 떠올릴 수 있는 답이라고는 이삭이 메시아의 고난의 모형이고, 하나님이 대리 제물을 공급하실 것을 아브라함이 알고 있었다는 통상적이고도 양에 차지 않는 설명뿐이었다. 그것도 아니라면 하나님은 이삭이 칼에 죽은 후 그를 다시 살려 내실 것이었다. 부활의 조기 실연實演인 셈이다.[3]

아브라함은 지금도 내 '떠남'의 수호 천사다. 약속 하나만 의지하여 고향을 떠나 하나님을 따르려는 의지라면 그를 능가할 자가 없다. 그러나 이제 내게 믿음의 수호 천사로서의 그의 모본은 앞서 말한 전통적인 해석과 매우 다르다. 지금부터 말하려는 내용은, 내가 신앙의 순례 길을 가면서 아브라함에 대한 옛 시각이 완전히 달라지게 된, 나 자신의 이주移住 이야기다. 나는 아브라함과 이삭 이야기가, 믿음과 순종의 교차점에 대하여 뜻밖이다 못해 도발적이기까지 한 교훈을 가르쳐 줌을 깨닫게 되었다.

우리는 떠나려고 여기 있다.
― 소설가 윌리엄 S. 버로스[4]

경고 한마디

떠나기 전에 서둘러 경고해 둘 것이 있다. 전에 우리 어머니는 외할머니에게 받은 소금통과 후추통 세트를 내게 물려주셨다. 보그즈 할머니의 식탁에 오른 음식들은 그렇게 맛있을 수 없었고, 그 양념통 세트가 할머니의 시골집 식탁에 놓여 있던 추억은 내 마음과 영혼을 충만케 해주었다. 내가 소금통과 후추통 세트를 집에 가져오자 아내는 즉시 잘 닦아서 양념을 가득 넣고는 사용하기 시작했다. 잘 써서 우리 가족들의 몸과 영혼을 살찌운 것이다. 하지만 나는 조상의 가보를 날마다 사용하는 아내를 보며 기겁했다(내 아내의 방식대로라면 세상에 박물관이란 없을 것이다!). 그래서 나는 할머니의 양념통 세트를 도로 가져다 정성들여 안전한 장소를 찾아 고이 모셔 두었다.

아내와 나는 집안의 내력이 담긴 보물을 보는 눈이 아주 다르다. 당신도 나처럼 '손대지 말고 보기만 하라'는 방식을 선호한다면, 이번 장과 다음 장을 건너뛰어도 좋다. 건너뛰지 않고 그냥 읽을 거라면, 성경의 보물에 대한 내 예우가 혹 부당해 보이더라도 미리 내 사과를 받아 주기 바란다.

반대로 당신은 내 아내 쪽에 더 가까워, 가보를 만지고 느낄 때 더욱 마음이 풍성해질지도 모른다. 계속 사용하는 것이 조상을 예우하고 조상과 교류하는 길이라고 믿는 것이다. 만일 그렇다면 다음 두 장은 사과가 필요 없이 당신을 위한 것일 수 있다.

믿음의 시험에 통과하는 법

예루살렘에 있는 바위의 돔은 세상에서 가장 다툼이 치열한 성소다. 세상의 유일신 종교 중 기독교, 유대교, 이슬람교 세 곳의 성지인 것이다.

그리스도인들에게 이 곳은 예수님이 비유를 가르치시던 바위다. 회교도들에게는 선지자 마호메트가 날개 달린 말 바락(번개)을 타고 유명한 '밤의 승천'을 한 거룩한 땅이다. 유대교인들에게 그 바위는 아브라함이 아들 이삭을 제물로 바치려 했던 곳이자[5] 후에 솔로몬이 웅장한 성전을 지은 곳이다.

그러나 아브라함이 제사 의식으로 친아들의 살해에 동의했다는 이야기에서 불거진 논란에 비하면, 그 땅뙈기를 둘러싼 맹렬한 종교적 다툼은 아무것도 아니다. 시험이 치러졌던 바위의 돔처럼, 아브라함과 이삭 이야기도 세 종교 모두의 전통에서 가장 문제가 많은 본문 중 하나다.

전통 유대교에서는 이삭을 제물로 준비한 사건을 '아케다'*Akedah*라 하여 아브라함의 열 번째이자 가장 큰 시험으로 본다.[6]

이슬람교에서는 아브라함의 복종이 가장 중요하다. 다만 숫양이 나타나기 전에 "높은 곳"으로 취해진 무명의 아들이 이삭인지 이스마엘(아랍 민족의 전설적인 조상)인지는 분명치 않다.[7]

기독교와 그 성찬 예배에서 아브라함의 신성한 제사는 성부와 성자라는 다른 부자간 제사의 모형이 되었다. 아브라함과 이삭 이야기가 기독교의 상상력에 미치는 영향력은 아무리 과장해도 지나치지 않을 정도다. 바울은 그것을 믿음의 중심 신비로 보고 거기서 깊은 영향을 받았으며,[8] 초기 기독교 미술에서 가장 자주 그려진 장면은 이삭을 제물로 바치는 아브라함이었다.[9]

이 이야기로 야기되는 감정들이 어찌나 격하게 부딪쳤던지, 예수님이 사형 선고를 받게 되신 것도 결국 아브라함에 대한 논쟁 때문이다("너희는 아브라함의 자손이냐 아니면 하나님의 자손이냐?"). 예수님은 적의에 찬 무리를 향하여 "아브라함이 나기 전부터 내가 있느니라"고 하셨다(하나님의 이름을 자칭하신 것이다).[10] 예수님은 자신이 행하신 일이 아브라함이라는 큰 인물이 행한 일보다 우월하다고 주장하셨다. "지금 하나님께 들은 진리를 너희에게 말한 사람인 나를…아브라함은 이렇게 하지 아니하였느니라."[11] 뿐만 아니라 예수님은 이 땅에 오신 자신 때문에 아브라함이 환희에 젖었다고 하셨다. "너희 조상 아브라함은 나의 때 볼 것을 즐거워하다가 보고 기뻐하였느니라."[12]

이 때가 그들이 처음으로 예수님을 "돌을 들어 치려" 한 때다.[13]

평생 나는 아브라함과 이삭 이야기를 이해하려 고심해 왔다. 이 신비로운 본문 앞에 끊임없이 무릎 꿇었다. 뇌리를 떠나지 않는 그것으로부터 벗어나 보려고 힘껏 뿌리쳐 보기도 했다. "나중에 차차 알게 되리라"고 노래로 떨쳐 보려 하기도 했다. 그러나 이제는 꼭 더 깊이 이해하고 싶다.[14]

큰 시험

땅거미가 막 어둠 속으로 잦아들 무렵, 첫 별들이 모습을 드러내고 있었다. 크리스토스 발렌티는 가장 사랑하는 자식인 막내아이를 트럭에 실었다. 딸은 아빠와 함께 차를 타고 친구들 집에 가는 것을 좋아했다. 발렌티는 지시 받은 대로 모든 나무가 모여 있는 공원 한쪽으로 차를 몰았다. 그는 딸의 손을 잡았고, 그렇게 부녀가 함께 고요한 어둠 속을 걸었다. 딸은 아빠의 손을 더 꼭 쥐었다.

"무서워하지 마. 우린 하나님을 만날 거야." 아빠가 말했다.

"하나님이란 사람은 모르는데."

"곧 만날 거야"라는 답이 들려왔고 둘은 침묵 속에서 계속 걸었다. 정해 둔 곳에 이르자 발렌티는 딸을 풀밭에 눕게 했다. "지금부터 하늘에 계신 우리 아버지여, 그 기도를 하거라." 그는 그렇게 말한 뒤 칼을 꺼내 딸의 목숨을 끊었다.

그는 잠시 딸의 시체 옆에 앉아 기도했다. 고개를 들자 밤하늘에 찬란히 빛나는 딸의 별이 보였다. 서로 점점 가까워지는 두 개의 별을 보며 그는 자기가 딸의 운명을 실현시켜 주었음을 알았다. 그는 딸을 안아 집으로 데려왔다. 큰딸이 문을 열었을 때 '피에타'(pietà, 예수의 시체를 안고 슬퍼하는 마리아상)처럼 아빠가 동생을 들쳐 안고 있었다.

"경찰을 불러라. 내가 얘를 하나님께 바쳤다." 그가 말했다.

이 이야기는 1990년 1월 6일 밤 캘리포니아 주 어느 소읍에서 경찰에 접수된 신고를 요약한 것이다. 막내딸이 크리스마스 연극에서 맡은

역이 별이었는데, 발렌티에 따르면 거기서 하나님의 음성이 들려왔다. 체포된 후 그는 경찰에게 "하나님께 그 아이가 필요했습니다. 별 가운데 두시려고 말입니다"라고 말했다. '크리스토스 발렌티'는 가명이다.[15]

이 이야기를 읽고 울지 않을 아버지가 있다면 도대체 어떤 아버지인지 묻고 싶다. 어째서 발렌티는 살인범이고 아브라함은 믿음의 영웅인가? 당신이 설명해 보라. 당신은 "그야 쉽다. 아브라함은 하나님의 음성을 들었고 발렌티는 자신의 미친 정신이나 귀신의 말을 들었기 때문이다"라고 말하리라. 내가 말하건대, 그렇게 쉽지 않다. 아브라함은 그것이 귀신이나 광기가 아니고 하나님인 줄 어떻게 알았나? 그리고 막판에 이삭을 죽이라는 하나님의 명령이 철회될 때, 아브라함에게 들려온 것이 하나님의 음성이 아니라 천사의 음성인 까닭은 무엇인가?

이야기에 대한 전통적인 해석—예수님 당시의 유대인 학자들이 격론을 벌였고, 우리 시대 유대교 학계에서 르네상스를 맞고 있는—에 따르면, 하나님은 아브라함에게 열 번째이자 마지막 시험을 주셨다. 미드라시(*Midrash*, 구전 전승으로 성경 본문을 해석하고 설명하는 유대교의 성경 연구 방법—역주)에 따르면, 아브라함은 점점 어려워지는 아홉 개의 시험을 이미 통과했다.[16] 성경에서 시험은 낯선 개념이 아니다. 요셉은 그 형들을 시험했고,[17] 스바 여왕은 솔로몬을 시험했다.[18] 예수님도 시험을 받으셨는데, 실은 사탄, 바리새인들, 사두개인들, 율법사들의 시험이 끊이지 않았다.[19]

예수님은 가끔씩 제자들을 '시험'하셨다. 갈릴리 호수 시험에서 예수님은 배 안에서 주무셨다. 잠들어 계실 때도 제자들이 그분을 의지하나 보시기 위함이었다. 그들은 시험에 떨어졌다.[20] 제자 빌립도 시험에 떨어졌는데, 실은 예수님이 답을 알려 주셔야 했을 정도로 철저히 낙방했다.[21] 제자들이 시험에 떨어졌을 때 예수님은 그들을 배 밖이나 교실 밖으로 차내시지 않았다. 그분은 그들을 양육하시며 새로운 시험을 주셨다.

하나님은 지금도 자녀들에게 시험을 주신다. 사실 하나님은 친히 "내 백성"이라고 부르실 나라를 하나의 시험으로 시작하셨다. 하나님은 아브람이라는 무명의 유목민을 고국에서 내보내기로 작정하시고, 그에게 말뚝을 뽑아 미지의 행선지로 떠나라고 요구하셨다. 아브람은 시험에 통과했다. 나중에 이름이 아브라함으로 바뀐 뒤에 하나님은 이 믿음의 사람을 극한까지 밀어붙이기로 하셨다. 창세기 18장 말씀에는 앞으로 닥쳐올 대사大事가 암시되어 있다. **"내가 그로 그 자식과 권속에게 명하여** 여호와의 도를 지켜 의와 공도公道를 행하게 하려고 그를 택하였나니 이는 나 여호와가 아브라함에게 대하여 말한 일을 이루려 함이니라."[22] 아들을 그것도 약속의 아들을 제물로 바치라 아브라함에게 명하실 때, 하나님은 아브라함이 "그 자식에게 명하여 여호와의 도를 지켜 의와 공도를 행하게 하는지" 여부를 시험하신 것일까? 아브라함은 자식을 죽임으로써 자식에게 의와 공도의 길을 "명하게" 되는 것일까?

하나님이 아브라함에게 일련의 시험을 주신 것처럼 아브라함도 하나님과 그분의 언약을 시험했다. 그의 웃음, 회의, 더 자세히 말해 달라고 전능자에게 늘 조른 것이 시험이 아니면 무엇인가? 이삭이라는 이름은 웃음을 뜻한다. 그러나 기쁨의 웃음이 아니라, 하나님의 약속을 웃음거리로 대하면서 하나님의 발언이 정말 본심인지 매번 증거를 더 원했던 부모의 웃음이다. 하나님은 아브라함의 '시험들'을 존중하여 여덟 번이나 약속을 되풀이하셨다.[23] 아브라함은 하나님께 내막을 완전히 밝혀 달라고 요구하기를 주저하지 않았고, 그것이 수용되면 그제야 그런 이상해 보이는 명령들을 따라 움직이곤 했다.

그러나 지금, 모리아 산의 계획적인 제사에서는 형세가 역전되어 하나님이 아브라함을 시험하셨다. 이 충실한 종에 대하여 하나님이 알아내려 하셨던 것은 무엇일까? 그리고 아브라함은 어떤 점수를 받았을까?

이것이 믿음의 시험이었고 아브라함이 시험을 멋지게 통과했다는 것은 우리도 다 아는 바다. 그의 이름은 신약에서 믿음 부문 명예의 전당에 올랐고, "독생자"를 선뜻 바쳤다는 구체적인 언급까지 나온다.[24] 대단한 믿음의 사람이 아니고서야 누가 그런 무모해 보이는 명령에 따르겠는가? 이런 전통적인 시각도 일면 우리에게 만족을 주긴 하지만, 그래도 의문이 꼬리를 물 수밖에 없다.[25] 과연 아브라함이 이 시험에서 A+를 받았다면, 이 이야기에 미결 부분은 물론 **상실된** 부분이 그토록 많은 까닭은 무엇인가? 아브라함이 큰 상을 받을 만한 순종을 했다면, 이삭을 거의 제물로 바치다시피 한 뒤에 그토록 많은 벌을 받은 이유는 무엇인가?

믿음에 대한 20가지 질문

예로부터 랍비들은 모리아 산 이야기의 뒤얽힌 논리 속에서 하나님, 믿음, 순종에 대한 핵심 진리를 찾아내려 했다. 어쩌면 결국 전통적인 해석만이 그 때 벌어진 사건과 그 이유를 충실히 이해하는 유일한 길로 밝혀질지도 모르나, 지금은 성경 기록으로 뒷받침되는 다른 해석을 잠시 생각해 보자.

창세기 22장을 읽을 때 즉각 마음에 떠오르는 몇 가지 질문으로 우리의 탐구 범위를 좁혀 보자. 쇠렌 키에르케고르 Søren Kierkegaard 는 자신의 고전 「두려움과 떨림」 Fear and Trembling 에서 등장인물 요하네스 드 실렌티오를 통해 시종 자신의 질문을 제기한다. 예컨대, 아브라함은 왜 모리아 산에 혼자 가서 이삭 대신 자신을 제물로 바치지 않았나? 그러나 나는 질문을 대신 던져 줄 등장인물이 없으므로 이 이야기에 대한 내 20가지 질문을 직접 소개한다.

> 아랍인들이 우리를 미워하는 것 이상으로 자기 자식들을 사랑할 때 그들과 우리 사이에 평화가 이루어질 것이다.
> – 전 이스라엘 총리 골다 메이어[26]

1. 소돔의 아들딸들을 죽이시려는 하나님의 의도를 들었을 때는 그분께 따졌던 아브라함이 왜 무죄한 자기 아들을 죽이는 일에 대해서는 그러지 않았나?

2. 왜 아브라함은 제사 계획을 자기와 가장 가까운 사람들에게 비밀로 했나? 하나님이 하라고 시키신 일을 그는 왜 사라나 엘리에셀이나 이삭에게 말하지 않았나?[27]

3. 아브라함이 철저히 인간인 자기 아들의 죽음에 대해 하나님과 씨름한 것보다, 완벽한 신인(神人)이신 하나님의 아들이 십자가 위에서 자신의 죽음에 대해 아버지와 더 많이 씨름한 것은 왜인가?

4. 아브라함이 하나님께 그렇게 특별했다면, 왜 그는 에녹과 엘리야처럼 천국으로 승천되지 않았나?

5. 시험 결과가 드러난 후 하나님은 왜 더 이상 아브라함에게 말씀하지 않으셨나? 모리아 산 시험을 명하실 때는 하나님이 직접 하셨지만, 아브라함이 명령을 수행하려고 했을 때는 천사가 끼어들어 그의 손을 막았다. 왜 하나님이 직접 나타나 개입하지 않으셨나? 이 사건이 종결된 후 하나님은 다시는 아브라함에게 말씀하지 않으셨다. 둘의 관계에서 친밀함은 끝났다. 마찬가지로 아브라함도 그 시점 이후로 "다시는 **하나님께 말하지 않고**" 하나님에 **관해서만** 말한다.[28]

6. 억지로 저지당하지 않았으면 아버지가 자기 목을 벴으리라는 사실을 이삭은 어떻게 소화했나? 칼날을 들이대는 아버지를 응시하며 이삭의 머릿속에 오간 생각은 무엇인가? 아브라함은 칼로는 이삭에게 상처를 입히지 않았을지 모르지만 어쨌든 상처를 주었다.

7. 집으로 돌아가는 사흘 길에 아브라함과 이삭은 무슨 얘기를 했나? 사실 아브라함 혼자 브엘세바로 돌아갔을 소지가 커 보인다.[29] 모리아 산에 올라갈 때는 아들과 함께였지만 산에서 돌아올 때는 혼자였던 것이다. 게다가 아브라함은 다시는 아들에게 말하지 않았다. 이삭은 살아 있는 아버지를 다시는 보지 못했고, 아버지가 죽은 후 형 이스마엘과 함께 장사 지냈을 뿐이다. 하나님은 제단에서 아브라함에게

아들을 돌려주셨지만 아브라함은 끝내 아들을 돌려받지 못했다.

8. 아브라함의 믿음의 승리 후에 이삭과 아브라함이 더 이상 '동행하지' 않은 것이 어떻게 좋은 일일 수 있나? 아브라함은 이삭을 직접 축복하지 못했다. 이삭에게 결혼 지침도 직접 주지 못했다.[30]

9. 이삭은 어머니가 죽었을 때는 슬퍼했으나 아버지의 죽음을 슬퍼했다는 기록은 성경에 전혀 없다. 그 이유를 묻는다면 본문을 너무 확대해서 읽는 것인가?[31]

10. 산에서 내려온 아브라함은 사라에게 뭐라고 말했나? 그는 주변 사람들에게 그 일을 끝내 해명하지 않은 것 같은데, 그 이유는 무엇인가?

11. 왜 사라는 이 이야기가 끝나는 시점에 죽었나? 이삭과 함께 모리아 산으로 가는 이유에 대해 아브라함이 사전에 사라에게 일언반구도 하지 않았음을 기억하라. 그래서 남편이 돌아오자 사라는 아들이 죽을 뻔했다는 말을 듣고 충격을 받아 죽었나?[32] 남편이 그런 일을 하려 했다는 사실에 그녀는 넋을 잃었나? 이삭은 어머니를 사별한 후 리브가에게서 위로를 얻는다. 그러나 아브라함은 아들을 위로하려고 곁에 있었다는 징후조차 없다.

12. 하나님은 왜 굳이 그분 백성의 이름을 아브라함이 아닌 야곱 즉 이스라엘―'씨름하는 자'―의 이름을 따서 붙이셨나?[33]

13. 아브라함은 제사가 중단된 장소를 왜 "여호와께서 준비하심"이라 불렀나? '충절'이나 '하나님을 경외함'이 아니고 겨우 "여호와께서 준비하심"인가? 혹독한 시험 끝에 생각해 내기에는 너무 약한 이름

아닌가? 게다가 그 이름은 이삭을 구하고 숫양으로 대치시킨 천사의 개입 행위를 지칭한 것이다. 위대한 믿음의 사람의 철저한 순종을 상기시키는 이름이 아니다.

14. 아브라함이 결국 혼자가 된 것이 어떻게 좋은 일일 수 있나? 그는 브엘세바에 거했다. 사라는 헤브론에 있었다. 이스마엘과 하갈은 애굽에 있었다. 이삭은 아버지와 멀리 있었다. 하나님은 아브라함의 삶에서 물러나셨다. 아브라함은 자신의 가장 사랑하는 이들과 모두 떨어져 생을 마감했다.

15. 천사는 아브라함이 하나님을 "경외한다"고 칭찬했다. 하지만 하나님을 "경외하는" 것은 지혜의 근본 즉 **시작**이다. 지혜의 끝도 아니고 심지어 지혜의 중간도 아니다. 그 시기의 아브라함이면 진도가 더 나가 있어야 하는 것 아닌가?

16. 아브라함은 사환들에게 "내가 아이와 함께" 가서 "예배"하는 동안 짐승들과 함께 기다리라고 했다.[34] 여기서 W. 도우 에저튼W. Dow Edgerton의 질문을 그대로 옮겨 본다. "어째서 '제사'가 아니고 '예배'인가? 단어 선택이 너무 잔인해 보인다. 순종도 좋다. 이를 악문 순종도 좋다. 아들을 제물로 바치는 것까지도 그렇다 치자. 하지만 예배는 다른 것이다. 여기에 그 단어를 쓰면 '제사'와는 달리 섬뜩해진다."[35]

17. 이삭은 사태를 알 만한 나이였다(나무를 지고 산을 오를 만큼 힘이 있었다). 아브라함은 왜 화장용 장작을 아들에게 직접 지게 했나? 예수님이 친히 십자가를 지신 것과 같은가?

18. 기꺼이 아들을 죽이려는 아브라함의 태도가 어째서 믿음의 조

상의 자격이 되나? 왜 이런 일이 리트머스 시험이 되나?

19. 하나님은 제자들에게, 그분의 음성이나 거룩한 선지자의 명령이라면 그것이 부도덕한 일일지라도 따르기를 기대하시나?

20. 하나님이 때로 우리에게 도덕적 판단을 유보하게 하신다면, 하나님의 진짜 음성과 사이비 음성들―크리스토스 발렌티에게 자기를 믿는 딸을 공원에 데려가 죽이라고 말했던 음성이나, 팔레스틴의 십대들에게 가슴에 폭탄을 두르고 버스를 폭파하라고 말하는 음성 같은―을 어떻게 구별하나?

이런 질문과 기타 많은 의문이 평생 내 영혼을 괴롭히며 어떤 때는 나를 절망의 고비로 몰아넣기도 했고, 10대 후반에는 내가 기독교를 떠나는 부분적 요인이 되기도 했다. 인간이란 의문 하나 때문에 얼마든지 무너지거나 소속을 버릴 수 있다. 아브라함과 이삭 이야기는 우리 믿음의 기초가 되는 이야기인데 왜 이렇게 불가사의한 것일까? 나도 답은 모른다. 그러나 나의 탐색 여정에 당신을 함께 청하고 싶다. 이 여정이 나를 데려다준 곳에서 나는 뭔가 현혹되어 속은 듯싶으리만치 간단하고 뻔하면서도 영적으로 혁명적인 것을 얻었다. 지금부터 말하려는 분석이 처음에는 정통이 아닌 듯 보일 수 있으나, 끝까지 따라가면서 그것이 당신의 삶에 은혜를 가져다주지 않는지 보라. 그것의 위력으로 내 삶은 정통 신앙을 되찾았다.

출발점

진리의 탐구에는 언제나 출발점이 있다. 시간적 출발점도 있고 내놓을 만한 가정假定도 있다. 우리의 경우에는 진리 자체에 관한 하나의 전제에서 출발한다. 진리와 하나님은 서로 떨어져서 존재하지 않는다는 전제다. 바로 뒤따르는 관련 전제도 있다. 진리란 관계 속에 있다는 것이다. 하나님은 인격적인 하나님이시고 하나님과 진리는 서로 같은 것이므로, 진리가 관계 속에 존재한다는 것은 당연하다. 거꾸로, 관계와 무관하게 단독으로 떨어져 존재하는 진리란 없다.

다르게 표현하면, 삶다운 삶은 오직 하나님삶 관계뿐이다. 인간됨의 본질은 우리의 자유 의지나 합리성이 아니다. 인간됨의 본질은 하나님과 관계 맺을 수 있는 우리의 역량이다. 그것이 진리다.

이런 주장은 상식처럼 보인다. 절대 진리를 믿는 그리스도인들에게는 특히 그렇다. 물론 하나님과 진리 사이에는 불가분의 고리가 있다. 그러나 진리를 관계 속에서 추구해야 할 필요성이 그다지 자명하진 않다. 그것을 밝히려면 훨씬 깊이 들어가야 한다.

아브라함과 이삭 이야기를 통해 참 신앙을 되찾기 전 아직 씨름 중일 때, 나는 하나님이 아브라함에게 주신 시험에 두 부분이 있을 수 있음을 보았다. 제1부 '순종 시험'에서는 "너는 무슨 일이 있어도 내게 순종하겠느냐?", "너는 나를 경외하느냐?" 같은 '객관식' 문제가 출제되었다. 일종의 ○×시험인 이 순종 시험을 아브라함은 만점으로 통과했다.

그러나 내가 믿는 바와 같이 이 시험에 제2부가 있다면? 그래서 아브라함이 '논술 부분' 즉 우리가 말하는 '관계 시험'에도 탁월해야 했다면, 이 주관식 시험에서 아브라함은 어떤 점수를 받았을까?

내가 시험이 두 부분으로 되어 있다고 한 이유는 이스라엘 백성의 이야기가 사실상 창세기 12장에서 시작되기 때문이다. 그 때는 하나님이 아브라함에게 하란을 떠나라고 명하시던 때다. 하나님이 아브라함에게 아들을 바치라고 명하신 이야기가 나오기 훨씬 전이다.[36] 아브라함과 이삭 이야기를, 절정 부분에서가 아니라 하나님이 아브라함을 처음 대하시던 부분에서부터 접근하면서 창세기 25장까지 이어지는 전체 내러티브의 정황에 주목하면, 다음 주제가 튀어나온다. 즉 아브라함의 이야기는, 하나님과 인간이 관계를 맺되 언약으로 이어질 만큼 끈끈한 관계를 맺는다는 이야기다. 다시 읽어 보라. 하나님과 인간의 이 관계는 언약으로 이어진다. 그 단순한 위력과 기막힌 의미는 가히 충격적이다.

아브라함이 거친 과정은 하나님에 대한 믿음이 깊어지는 과정이 아니었다. 대신 그는 하나님과의 **관계**에서 자라갔다. 12장과 22장 사이에서 하나님과 아브라함은 당신이나 내가 절친한 친구에게 말하는 것처럼 함께 대화한다. 하나님과 아브라함은 함께 별을 보고, 함께 의논하고, 함께 웃고, 함께 노하고, 함께 슬퍼한다. 고대 세계에 이런 전례는 없었다. 인간과 신 사이에는 아예 관계라는 것이 없었다. 고대 이스라엘 세계에서 인간은 신들을 무서워하며 공포 속에 살았다.[37]

하나님은 아브라함과의 관계를 굉장히 즐거워하셨고 둘 사이엔 깊은 상호 신뢰가 있었다. 그래서 하나님은 90세의 아브라함과 사상 유례없는 언약을 맺기로 하셨다. 이는 작은 일이 아니었다. 창세기 17장에서 아브라함은 몸에 꽤 의미심장한 변화를 주어 언약에 들어간다.

그렇다고 이것이 하나님이 인류 역사상 처음 맺으신 언약은 아니었다.[38] 그 전에 노아와의 언약에서 하나님은 다른 사람을 죽이지 말라는 구체적인 지시를 비롯하여 관계의 유형을 계시해 주셨다.[39] 그러나 아브라함과의 언약은 달랐다. 이번 언약 관계 안에서 하나님은 하나님 자신의 성품과 본질에 관한 내용을 계시하셨다. 하나님 자신의 본질을 '체다카'*tzedakah*(의, 공의)로 계시하신 것이다.[40]

언약 자체와 아울러 이 계시에 담력을 얻어, 아브라함은 하나님이 소돔과 고모라에 행하시려는 일을 털어놓으셨을 때 그분과 입찰 경쟁을 벌였다. 아브라함은 하나님과 협상을 벌였고, 의인이 50인, 45인, 40인, 30인, 20인만 있어도 심판을 철회하도록 하나님을 설득했다. 사실 아브라함은 하나님과의 교섭에서 의인의 수를 10인까지 낮출 정도로 능숙하고 당찬 협상가였다. 하나님은 그렇게 소수만 있어도 봐주겠다고 승낙하셨다. 어느 법학 교수는 이를 두고 "종교 역사상 인간이 하나님께 의를 행하시도록 도전한 첫 번째 사례"라 했다.[41]

만유의 창조주께서 굳이 그런 대화에 임하실 정도로 그 관계가 그분께 그토록 중요했다니 놀랍다. 더 놀라운 것은 아브라함의 호소를 바탕으로 하나님이 자신의 계획을 고치고 또 고치셨다는 것이다.

피조물과 친해지려는 하나님의 갈망을 처음 경험한 사람은 아담과 하와였다. 숨어 있는 아담과 하와에게 하나님이 술래가 되어 "네가 어디 있느냐?"고 물으셨다. 하나님의 이름을 여간해서 쓰거나 말하지 않는 유대교 전통을 감안할 때, 아담과 하와가 하나님을 아주 친근감 있는 호칭들로 불렀다는 것은 놀라운 일이다. 물론 금지된 열매의 맛 때문에 창조주와 피조물 사이에 거리가 생겼다. 그러나 하나님의 본래 갈망은 친밀한 관계였다. 인간이 죄와 사망을 택하여 생겨난 간극을 메우기 위해서라면 어떤 수고도 마다하지 않으시는 하나님을 아브라함의 이야기가 잘 보여 준다.

그래서 아브라함은 제2부에서 어떤 논술을 써서 사상 최대의 시험을 끝내야 했을까? 순종 시험은 이미 통과했다. 그러나 하나님이 "네 아들을 제물로 바치라" 하셨을 때 아브라함은 어떤 답으로 관계의 시험을 통과해야 했을까? 우리가 만일 아브라함처럼 하나님과 친한데, 하나님이 그런 지시를 내리신다면 우리는 어떻게 답해야 할까?

4장 | 관계의 진짜 시험
하나님은 관계다운 관계가 아니면 만족하지 않으신다

> 아브라함은 주체이고 이삭은 객체다.
> 아브라함은 취하고 이삭은 취해진다.…
> 지금은 이삭 위에 나무를 얹지만
> 잠시 후면 나무 위에 이삭을 얹을 것이다.
> 아버지 손에 붙들린 것은 아들이 아니라
> 불과 칼이다.…여기서 그들은 함께 주체다.
> 피해자가 처형자를 믿고,
> 제물이 제 장작을 진다.
> 아버지가 하나님께 순종하듯
> 아들은 아버지에게 순종한다.
> 극적인 아이러니들이 지면(紙面) 위에
> 더없이 생생하다.
> —W. 도우 에저튼[1]

둘 다 노벨상 수상자인 엘리 비젤과 철학자 임마누엘 칸트Immanuel Kant는 광범위한 연구를 바탕으로 아브라함과 이삭 이야기에 대한 해석을 내놓았는데, 둘 다 본문의 취지를 묵살했다. 유대인 대학살을 '아케다'로 보는 비젤은, 하나님이 그런 일을 시키신 것도 잘못이고 아브라함이 응한 것도 잘못이라고 주장한다.[2] 한편 칸트는 아브라함이, 자기 아들을 "도살하여 불태우라"는 "소위 하나님의 음성"에 격노하여 이렇게 절규했어야 한다고 보았다. "제가 제 착한 아들을 죽여서는 안 된다는 것은 아주 분명합니다. 그러나 당신, 즉 이 유령이 하나님인지는 분명치 않습니다. 설령 이 음성이 (가시적인) 하늘에서 들려온다 해도 절대로 분명할 수 없습니다."[3]

칸트는 아브라함과 이삭 이야기가 왜 성경을 벗어나야 하는지를 알려 준다고 보았다. 아브라함은 하나님의 진짜 음성을 구분하지 못함으로써 이 마지막 시련에 실패했다. 그렇다고 칸트가 본문이 잘못 읽히고 있다고 암시한 것은 아니다. 오히려 그가 암시한 바는, 본문은 제대로 읽히고 있고 아브라함은 '믿음'을 칭찬받고 있지만, 그러나 이는 모든 지각 있는 사람들에게 '성경 신학'이 '이성 신학'과 순전한 '도덕 종교'로 대체되어야 할 필요성을 입증해 줄 뿐이라는 것이다. 전통적으로 성경에서 하나님을 믿는 믿음의 으뜸가는 이야기로 떠받들어지는 이야기가, 오히려 하나님을 **반박하고** 성경적 믿음을 논박하기 위한 근거 본문으로 인용되고 있으니 얄궂은 일이 아닐 수 없다.

죄렌 키에르케고르는 자신의 고전 「두려움과 떨림」에서 칸트의 비평에 맞서 아브라함을 옹호했다. 이 책은 현재까지 아브라함과 이삭 이야기에 관한 가장 유명한 논문일 것이다.[4] 키에르케고르는 그 이야기를 고백적으로 읽었고, 그리하여 결국 '믿음'을 하나의 옹호 범주로 제시하게 되었다. 아브라함의 '믿음'은 이삭을 통하여 큰 나라가 출현할 것이라는 하나님의 약속을 신뢰했다.[5] 그러나 바로 이 '믿음'에 대한 옹호 때문에 키에르케고르는, 개인의 믿음이 모든 윤리적 범주와 행동을 초월한다는, 윤리의 철저한 상대화에 빠졌다.[6]

고대 이스라엘 지성 세계에서는 '윤리'가 인류 보편의 도덕법 체계라는 개념이 확립되지 않았었고, 이스라엘 이전에는 더 말할 것도 없다. 당시만 해도 도덕적 결정의 기초는 규정이 아니라 관계였다. 아브라함이 하나님의 인격적 지시와 관계적 명령밖에 모르던 상황에서

'윤리의 초월'이란 불가능한 일이었다.[7] 하나님과 관계 맺고 있다는 것은, 보편 원칙이나 규정에 따른다는 뜻이 아니라 '명령받은' 상태로 살아간다는 뜻이다['미츠바'(*mitzvah*, 계명을 뜻하는 히브리어-역주)의 참뜻].[8]

그렇다면 이것은 아브라함의 선택과 행동에 대해 무엇을 말해 주는가? 믿음에 근거해서든 두려움에 쫓겨서든, 그는 가장 잔인하고 무서운 범죄의 하나를 자진하여 저질러야 하는 시험에 처했던 것이다.[9]

숨은 해석학파

기독교 전통에는 널리 알려지지 않았지만, 유대교 해석과 랍비 전통에는 본문과 전통 둘 다에 충실하여 이 이야기를 다르게 읽는 방식들이 면면이 이어져 내려왔다. 그 중에는 아브라함이 이삭을 죽일 의도가 전혀 없었다고 보는 해석들도 있고, 여러 면에서 아브라함을 맹비난하는 해석들도 있다. 그러나 미드라시 해석의 세 번째 계보가 있는데, 이 주장에 따르면 하나님은 아브라함이 이삭을 죽이기를 전혀 원치 않으셨고 오히려 아브라함이 자신을 설득하여 결국 지시 이행을 거부하기를 바라셨다는 것이다.[10]

우리가 아는 바 하나님과 아브라함의 관계에 가장 잘 들어맞는 해석은 이 세 번째 가닥이다. 본문을 선입견 없이 읽노라면, 믿음의 궁극적 시험에 대해 아들을 제물로 바치려 한 아브라함의 의지를 칭찬하게 되지 않는다.

이 시험에 두 부분이 있었음을 기억하라. 아브라함은 시험의 객관식 부분인 순종 시험에 통과했다. 자신이 아는 바 하나님에 대한 모든 것에 위배되는 명령일지라도 그는 분명히 하나님께 순종할 뜻이 있었다. 그러므로 "너는 내게 순종하겠느냐?"에 대한 정답은 우렁찬 "네!"이다.

그러나 시험의 논술 부분에서 하나님이 아브라함에게 기대하신 것은 지시를 내리신 분께 따지는 것, 하나님의 그 명령이 정말 무슨 뜻인지 씨름하는 것, 이삭을 변호하고 나서는 것이었다. 이는 관계 시험으로서, 성경에는 이것이 시험의 논술 부분을 구성하고 있다고 인정할 만한 이유가 최소한 세 가지가 나온다. 첫째로, 창세기 22장에서 **사랑**이라는 단어가 성경에 처음 등장한다. "네 아들 네 **사랑하는** 독자 이삭을 데리고 모리아 땅으로 가서…거기서 그를 번제로 드리라."[11] 문맥과 용어 선택이 요한복음 3:16의 "하나님이 세상을 이처럼 사랑하사 독생자를 주셨으니"와 공명한다.

이것을 관계 시험으로 보는 두 번째 원문상의 이유는 '시련' 또는 '시험'에 해당되는 히브리어 단어 때문이다. '니사욘'*nisayon*이라는 단어는 '시험해 보다'나 '유혹하다'보다는 '하나님이 이 시련을 통해 아브라함에게 경험을 주셨다'는 의미로서의 '경험을 주다'와 더 관련이 깊다.[12] 다시 말해, 시험의 목적은 정보를 찾아내는 것이기보다는 진리와 선의 길로 아브라함을 "단련하고 훈련하는" 것이었다.[13] '시험'에 해당하는 단어는 법률 용어라기보다 관계 용어다.

전에 하나님은 자신의 벗 아브라함이 "여호와의 도를 지켜 의와 공도를 행"한다고 자랑하신 바 있다. 이번에는 아브라함에게 스트레스를 주어 심근心筋 테스트를 할 때인데, 이는 "나 여호와가 아브라함에게 대하여 말한 일을 이루려 함"이다.[14]

시험에 논술 부분이 있다고 보는 세 번째 원문상의 이유는 '레크-레카'*Lech-Lekha* 즉 "일어나 가라"는 하나님의 지시 때문이다. 둘의 관계도 하나님의 바로 이 말씀으로 시작되었다. 즉 하나님은 자식 없는 아브라함에게 '가라'*Lech-Lekha*고, 아내 사래와 아비 없는 조카 롯과 일부 가산과 기타 함께 '갈' 소명을 느낀 사람들로 더불어 하란을 떠나라고 하셨다.[15]

창세기 22:2에서 '레크-레카'(가라/나가라)는 동일한 말씀이 둘의 관계를 '시험'하고 있다. 여태까지는 하나님이 아브라함을 대하시는 관계에 대한 이야기였다. 이제 우리는 아브라함이 하나님을 대하는 관계에 대해 알게 될 것이다. '레크-레카'의 이중 의미는 밖으로 가는 동시에 안으로 가는 것을 암시한다. 아브라함의 바깥 여정은 내면의 성숙을 낳았는가?[16] 유대-기독교 전통은 밖으로 나가면서 **동시에** 안으로 향하는 이야기다.

시험에 객관식과 주관식을 병치하는 네 번째 이유는 원문에 있지 않다. 관계 논술 시험에 비추어서만 우리는 3장에서 말한 20가지 질문을 점차 이해할 수 있다. 아브라함이 하나님과 맺은 관계의 정곡을 찌르는 그 질문들은, 직접 따져 보고 평가하고 씨름하는 논술식 자기 표현을 통해서만 답할 수 있다. ○×형 문제로는 밝혀지지 않는다.

관계 시험에 통과하기 위해 아브라함은, 여호사밧이 그를 불러 준

대로 하나님의 벗이 되었어야만 했다.¹⁷ 그가 아들을 데리고 80km가 넘는 산까지 사흘 길을 걸을 만큼 하나님을 의지하고 높인 것은 지당했다. 그러나 가는 걸음걸음마다 그는 또한 하나님께 하나님 자신의 성품에 충실하실 것을 요구했어야 했다. 하나님과 씨름했어야 했다. 제3일까지 기다릴 것이 아니라 처음부터 눈을 들어 천국 문을 주먹으로 쾅쾅 쳤어야 했다.

- 주님, 제게 이 이상을 주셔야 합니다.…
- 주님, 말씀하신 후손들일랑은 다 잊으셔도 좋습니다. 저는 이 아이 하나만 원합니다.…
- 주님, 이건 가나안 신들이 그 곳 백성들에게 시키는 일입니다. 당신은 그 신들 같지 않습니다. 당신은 여호와입니다!
- 주님, 제게 입을 여시지 않는 한 저는 이삭의 목에 이 칼을 꽂지 않을 겁니다. 주님….
- 주님, 제 사랑하는 아들의 목숨 대신 차라리 제 목숨을 제물로 취하십시오.…
- 주님, 저한테 이렇게 하라고 시킨 음성이 사탄의 음성이 아니었음을 증명해 주는 뭔가를 제게 보여 주십시오.…
- 주님, 저는 당신의 음성을 압니다. 저는 당신을 압니다. 당신과 저는 친구입니다. 이건 저와 언약을 맺으신 공의와 의와 긍휼의 그 하나님이 아닙니다.…

그러나 그런 일은 없었다. 하나님이 아브라함에게 "네 아들을 죽이라"고 하시자 아브라함은 고분고분 "네"라고 말했다. 그의 유일한 질문은 "어디서 할까요?"였다. 아브라함은 사흘 동안 생각할 시간이 있었다. 그런데도 그는 속속 제사를 준비했다. 눈을 들어 하나님을 절체절명의 대화에 끌어들이지 않았다. 그저 눈을 내리깔고 침묵만 지켰다.

고대 지중해 세계에는 피의 제사가 가득했다. 그러나 아브라함은 하나님이 어린이 희생 제사를 요구하는 여타 지역 신들과는 다른 분임을, 에녹처럼 '하나님과 동행해 온' 삶을 통해 알았어야 했다. 다른 일들로는 그랬으면서 이 지시를 놓고는 하나님과 씨름하지 않음으로써 아브라함은 하나님의 본성에 대한 완고한 오해를 보여 주었다. 사실, 이 명령이 하나님의 본성에 어긋나는 것임을 즉각 알아차렸어야 할 사람은 누구보다도 아브라함이었다. 그런 아브라함이, 자기한테 이런 일을 시키시는 이유를 설명해 주셔야만 한다고 왜 하나님께 도전장을 내밀지 않았나? 그러려면 물론 담대해야겠지만, 이전에 소돔과 고모라의 이름 없는 주민들을 놓고 하나님과 협상을 벌일 때보다는 훨씬 덜 당돌한 일이다.

이 질문들은 하나님의 음성에 순종한다는 기술적 문제나 윤리 대도의라는 철학적 문제보다 훨씬 높은 차원에서 중요하다. 하나님의 터무니없는 명령 앞에서 보여 준 아브라함의 침묵은 아브라함 쪽에서 관계에 실패했다는 신호다. 분별하고 들으려는 씨름을 포기한다면 당신은 하나님과 바른 관계에 있지 않은 것이다. 설령 아무리 껄끄러운 관계일지라도, 관계라는 정황 속에서 이루어지지 않는 순종은 참 순종이 아니다. 사실, 순종을 제대로 이해한다면 아브라함은 ○×형 문제였던 순종 시험도 썩 잘 치르지 못했다고 볼 수 있다.

먼저 듣지 않고는 참으로 순종할 수 없다. 참된 순종은 '들음'을 통하여 관계에서 나온다. 'hear'(듣다; 청취)와 'obey'(순종하다; 행동) 사이의 어원적 상관성이 그 점을 더 깊이 보여 준다. 'hear'[영어 고어의 heren에 해당. 그리스어 *akouein*(acoustic: 청각·귀·음향)과 동족어]는 '듣는다, 청력이 있다'는 뜻이다. 'obey'[라틴어로 *oboekio* (ob+audio: 청각·음)]는 '귀를 기울이다, 경청하다, 잘 듣는다'는 뜻이다.

요컨대 '들음'이 없으면 '순종'도 없다. 경건한 유대인의 처음이자 마지막 기도는 "들으라, 오 이스라엘"이다. 이 '쉐마'*Schema* 기도는 듣는 수고가 순종의 행위에 선행됨을 보여 준다.[18] 사람은 자기가 듣는 대로 될진대, 아브라함이 정말 마음으로 하나님을 '듣는' 일에 삶을 바쳤나 하는 의문이 든다.

피상적 순종과 실질적 관계, 지시에 순종하는 것과 정말 바른 길로 행하는 것은 천지차이다. 윤리적으로나 법률적으로 엄격한 의미에서 옳게 행하고도 여전히 틀렸을 수 있다. 규칙을 어기는 것이 반드시 부도덕한 행위가 아니듯이 규칙을 지키는 것도 반드시 도덕적 행위는 아니다. 순종이란 옳거나 도덕적인 일과 같지 않다. 통치 세력이 부도덕할 때는 불순종이 도덕적인 일일 수 있다.[19] 독일 교회가 2차대전의 교훈을 통해 깨달은 것처럼, 오히려 순종이 도덕적 책임을 저버리는 일일 때도 있다. 관계가 없는 곳에는 진리도 없다.

아브라함 이야기의 진짜 핵심은 이것이다. 즉 하나님이 우리에게 순종보다 더 원하시는 것은 **관계**라는 것이다. 순종만이 중요했다면 하나님은 우리를 하나님 자신의 형상대로 만들지 않으셨을 것이다. 천사들을 짓는 것으로 창조를 끝내셨을 것이다. 굳이 우리 순서까지 가지 않으셨을 것이다.

> 인류 역사는 불순종 행위로 시작되었고, 순종 행위로 종료될 소지가 없지 않다.
> – 에리히 프롬[20]

그러나 하나님이 우주를 창조하시고 유일하게 '좋지 않다'고 하신 것은 관계 부재에 대해서였다. 오로지 역동적 관계를 위해 인간이 창조되었다. 우리는 하나님이 하나님을 위해 고안하신 존재다. 하나님은 삼위일체의 사랑의 관계로부터 우리를 지으셨고, 아담과 하와는 그 사랑의 자식이었다. 천상에서 삼위일체 하나님 사이가 그렇듯이, 지상에도 인간과 하나님 사이에 관계가 있게 하시려고 하나님은 아담과 하와를 지으셨다. 천국을 하나님과의 연합으로 정의한다면, 영원은 관계의 에덴동산이라 할 수 있다.

> 태초에 하나님이 그분을 사랑하도록 아담을 지으신 것 아닌가?
> – 영화 "A. I."의 대사 중에서[21]

죄는 일차적으로 하나님의 법에 대한 반항이나 도덕 원리에 대한 도전이 아니다. 죄가 죄인 것은 우리와 하나님의 관계를 깨뜨리기 때문이다. 아브라함은 하나님의 요구대로 아주 어려운 과제를 수행했고, 따라서 기술적 의미에서 그는 순종했다. 그러나 하나님은 관계라는 장 속에서 우리의 순종을 원하시며, 이 순종은 진공 상태 속에서 생각 없이 이루어지는 순종을 훨씬 능가한다. 하나님은 우리의 마음과 뜻과 몸과 영혼을 원하신다. 하나님은 반사적 순종이 아니라 관계다운 관계 속의 순종을 원하신다. 하나님은 우리의 사랑을 원하신다.

미국 육군사관학교에 들어가면 처음 1년 동안은 상급생에게 "네", "아니오", "질문을 못 알아들었습니다", "이의 없습니다" 등 네 가지로

만 답해야 하는 전통이 있다.

그런 식의 대화는 군기를 잡는 데는 좋을지 모르나 좋은 관계를 세워 주지는 못한다. 우리에게 허락된 하나님과의 대화에서도 이 네 가지 반응이 필요한 대답의 전부라고 보는 사람들이 있다.

휴대전화에 대고 "응⋯응⋯응⋯응⋯" 하는 사람을 본 적이 있는가? 상대방 쪽에서 말하고 있고 이 사람은 대답으로 웅얼웅얼 알아들을 수 없는 소리만 내고 있다. 궁금해진다. "무슨 대화가 저래?" 하나님은 쌍방적 대화, 활짝 핀 전면적 대화를 위해 우리를 지으셨다. 하나님은 우리가 대화에 완전히 들어오기를 원하신다.

우리도 자녀들에게 수동적 순종 이상을 원한다. 우리가 자녀를 잉태한 것은 반사적 관계를 위해서가 아니라 생각하는 관계를 위해서다. 당신이라면 당신 말에 죄다 순종은 하면서도 당신과의 관계는 원치 않는 자식을 원하겠는가? 아니면 반항기가 있고 잘 따지지만 당신과 깊고 애틋한 관계가 있는 자식을 더 원하겠는가? 당신의 자녀를 **당신의** 자녀 되게 하는 것은 무엇인가? 당신에게 순종한다는 사실인가? 아니면 당신이 그들을 기뻐하고 그들과 붙어 있는 것이 즐거우며 그들이 안 보이면 보고 싶어진다는 사실인가?

답은 역설 속에

기독교의 주축은 역설이다. 진리는 여러 소리로 발음된다. 모든 이야기에는 양면이 있다. 이 발에서 저 발로 가볍게 무게를 옮기는 것이 특징인 신학이 너무 많다. 지금은 역설의 양쪽에 똑같은 무게를 두고, 두 발로 땅을 딛고 서야 할 때다.

하나님은 자신의 피조 세계와 떨어져 사시기도 하고 그것과의 관계 속에서 사시기도 한다. 하나님의 삶은 자신이 지으신 세상과는 별도로 존재한다. 그러나 삼위일체의 창조 에너지로 세상을 지으신 하나님은 통제보다는 관계를 택하셨고, 우리에게 예지력보다는 자유 의지를 주셨으며, 어둠에 처한 인류를 올바른 빛으로 회복하시고자 마침내 자신의 존재 자체를 주셨다.

정통 기독교에 중도란 없다. 진리는 중간을 거부하고 양끝에 위치한다. 세상은 초월적 창조자에 의존하여 존재하지만, 동시에 무한한 조물주와 유한한 피조물 사이의 상호 활동과 내재성에는 자발적인 자기 제한이 있다. 이것이 정통 기독교가 현실을 이해하는 데 결정적으로 기여한 바다. 오직 우리의 풀린 끝들—수직과 수평, 타자他者성과 개방성—을 하나로 매어 주는 십자형 삶 곧 십자가의 길만이 우리를 본향으로 인도한다.

나를 떠나서는 너희가 **아무것도** 할 수 없음이라.

나와 함께라면 너희가 **무엇이든** 할 수 있음이라.

하나님은 예수님 시대부터 관계적인 하나님이 되신 것이 아니라 아담과 하와, 아브라함과 사라 때부터 그러셨다. 심지어 야곱에게도 그러셨다. 얼굴을 맞대고 몸으로 부딪치기로 말하자면 씨름만한 것이 없다. 야곱의 씨름 승부는 하나님과의 관계를 상징하는데, 그 관계는 육박전을 벌일 만큼 거칠면서도 각 사람을 하나님의 사랑의 품에 안아

주실 만큼 부드럽다. 야곱은 하나님과 씨름하며 놓아 주지 않아서 '하나님과 씨름하는 자'라는 뜻의 이스라엘로 이름이 바뀌었다. 하나님이 야곱의 당돌함을 높이 보시고 그 택하신 백성에게 붙여 주신 이름을 보면, 그들의 정체는 하나님께 끈덕지게 조른 자들, 하나님을 상대한 자들, '하나님과 씨름한' 자들이다.[22]

사실 선지자의 최종 시험은 하나님을 설득할 용기가 있는가의 여부였던 것 같다.[23] 미드라시 전통을 보면, 모세는 세 번이나 하나님을 설득했다. 세 번 다 그의 반대로 인해 하나님의 계획이 바뀌었을 뿐 아니라 그는 하나님께 칭찬까지 받았다. 미드라시에 따르면, 한번은 여호와께서 "아비의 죄를 그 자식들에게 갚으리라"고 하시자 모세가 일어나 하나님 말씀에 항의하였고 그 결과로 뜻이 뒤집혔다.[24] 또 한번은 시혼과의 전쟁에 대하여 모세가 하나님의 생각을 바꿔 놓았다.[25]

그러나 모세가 이스라엘을 위해 중재한 가장 유명한 사례는 금송아지 사건이었다. 사실 하나님은 금 우상을 돌며 춤추는 이스라엘 백성에게 어찌나 진노하셨던지 친구 모세를 밀쳐내시며 "나를 막지 말라"고 하셨을 정도다. 히브리어를 그대로 옮기면 "저들을 향해 내 진노가 뜨겁게 타오르도록 나를 그냥 두라"는 말이다.[26]

성경학자 콘래드 겜프Conrad Gempf는 「예수님이 물으시되」*Jesus Asked*라는 명저에서 이렇게 강변했다.

유대인들과 그리스도인들의 하나님은 다른 어떤 신과도 다르다. 주피터에게 이의를 제기해 보라. 노랗게 칠한 목제木製 벼락이 당신의 목을 찌를 것이다. 알라에게 말대꾸해 보라. 6학년 때 내 선생이었던 다비도비치 씨한테 말대꾸하는 것보다 더 큰 화를 부를 것이다. 부처를 설득하려 해 보라. 대화를 무슨 진지한 것인 양 취급하는 당신에게 조소를 보낼 것이다. 그러나 당신이 여호와를 설득하기 시작하면 그분은 미소 띤 얼굴로 소매를 걷어 올리시고 관심 있는 표정을 지으신다. 가장 이상한 것은 그분이 설득에 이기기보다 져 주기를 더 좋아하신다는 것이다. 사기꾼 야곱은 하나님의 사랑 받는 자다. 그리고 아브라함은 "그 성에 의인이 스무 명뿐이면 어찌하시겠습니까?"라고 물으면서도 그저 혼나지 않은 정도가 아니다. 유대인들과 그리스도인들의 하나님은 자기를 따르는 자들에게 "그래 맞다, 네가 이겼다"고 말씀하시는 유일한 신이다.[27]

여기서 연상되는 것은, 친한 친구 둘이 만나 저녁을 함께 먹고 서로의 이견에 대해 설득력 있는 열띤 토론을 벌이는 모습이 아니고 무엇인가? 마침내 한쪽이 상대를 이기지만 헤어질 때는 전보다 더 친한 친구다. 다시 말해 '관계'다.

아브라함은 소돔에 사는 남의 자식들을 위해 자비를 강변할 때는 하나님과 그런 관계에 들어갔다. 사실, 두 도시의 심판을 놓고 하나님과 정면으로 맞서는 과정에서, 아브라함은 '씨름하는 자'라는 이스라엘의 명명을 예고하며 우격다짐으로 하나님의 심경 변화를 이끌어냈다. 그런 그가 자기 자식에 대해서는 왜 어울리지 않는 침묵인가?

퍼즐 맞추기

퍼즐을 풀려면 다음 질문에 답해야 한다. 아브라함은 사랑하는 자기 아들 일로 왜 하나님과 씨름하지 않았나? 소돔과 고모라의 남들을 두고는 하나님과 그토록 애써 교섭을 벌인 그가 친아들은 왜 그렇게 선뜻 바치려 했나? 아브라함은 하나님께, 무죄한 자식들을 도매금으로 몰살하기보다는 자신이 알고 사랑하는 그 하나님답게 행하시도록 요구할 배짱과 자신감이 있었다.

"세상을 심판하시는 이가 정의를 행하실 것이 아니니이까?"

("*Hashofet kil ha'arez lo ya'asseh mishpat?*")[28]

남들을 중재할 때는 쾌히 하나님과 씨름판에 오른 아브라함이 자기 아들의 목숨은 군소리 한마디 없이 버리려 했다. 왜 이렇게 앞뒤가 맞지 않는가? 그것은 인간 관계―특히 부모 자식 간의 관계―와 상관이 있다.

이 거북한 답을 나는 내 자식들 중 하나한테서 받았다. 우리 외동딸 소렌은 여섯 살 때 아버지날 선물로 내게 첫 단편 소설을 써 주었다. 제목은 "칭구 엄는 개구리"였다.

앤날애 칭구 엄는 개구리가 살아슴니다. 개구리는 자기 엄마 아빠한태 노라 달라고 해슴니다. 그치만 엄마 아빠는 일을 해야 해슴니다. 그래서 개구리는 칭구를 차지러 나간는대 칭구가 대어 주려는 개구리가 하나도 업서슴니다. 그러다 하나를 차자슴니다. 내가 개구리애 칭구가 대어 주고 시픔니다. 끝.

이번에는 소렌어語에서 우리말로 번역한 것이다.

> 옛날에 친구 없는 개구리가 살았습니다. 개구리는 자기 엄마 아빠한테 놀아 달라고 했습니다. 그렇지만 엄마 아빠는 일을 해야 했습니다. 그래서 개구리는 친구를 찾으러 나갔는데 친구가 되어 주려는 개구리가 하나도 없었습니다. 그러다 하나를 찾았습니다. "내가 개구리의 친구가 되어 주고 싶습니다." 끝.

아버지날 이런 선물을 받은 내가 누구라고 아브라함을 비난할 것인가? 21세기에도 우리는 여전히 어린이 희생 제사를 드리고 있지 않은가? 게다가 자식을 제물로 바치는 데 가장 앞장서는 사람들은 누구인가? 종교 지도자들이야말로 목록의 맨 위쪽에 있다. 어떤 초등학생이 교회 건물에 돌을 던지다 붙잡혔다. 경찰서에서 아이 아버지인 교회 목사에게 아들을 데려가라는 연락을 했다. 경찰은 아이의 반성문을 읽어 주었다. 아이는 "교회가 자꾸만 아빠를 빼앗아 가서" 화가 났던 것이다. 소위 PK(목사 자녀-역주) 증후군은 한마디로 부모의 무관심에 대한 반항의 다른 이름이다. 부모가 자녀들과 가족들을 희생시켜 가며 교회나 사역에만 매달리기 때문이다. 아브라함처럼 목회자들도 하나님이 주신 인생의 소명에 너무 치우쳐 사역을 우상화할 수 있다.

우리는 어려움에 처한 사람들은 애써 도와주면서 정작 자기 코앞의 사람들은 잊어버린다. 성경은 우리에게 **자기 자신을** "산 제물"로 드리라고 했지 자녀들과 가족들을 인신 제사로 드리라고 하지 않았다.[29] 내가 누구라고 아브라함을 단죄할 것인가? '일을 해야' 하는 나 때문에 나의 어린 개구리가 친구가 아쉬웠던 때가 얼마나 많은가?

어린이 희생 제사는 아브라함의 삶에 하나의 습성이었다. 그는 이미 이스마엘과 그 어미 하갈을 사실상 빈털터리로 광야로 내보낸 적이 있었다. 확실한 사형 선고나 다름없었다.[30] 수필가 캐런 암스트롱 Karen Armstrong은 아브라함이 소돔의 미래를 두고 하나님을 설득할 때조차도 자기 조카 롯에 대해서는 일언반구 없었다는 점에 주목하면서 이렇게 썼다. "아브라함은 생판 모르는 사람들한테는 모범적인 자비를 베풀 수 있었으나, 자기 가족 특히 자기 자식들한테는 살인적인 잔인함을 보일 수 있었다."[31]

아브라함만 그랬던 것이 아니다. 아론과 엘리와 사무엘은 민족을 위해 큰 일을 한 훌륭한 지도자들이었다. 그러나 셋 다 자식들은 비뚤어져 하나님의 엄한 벌을 받았다. 당신이 호세아의 딸인데, 아버지가 당신한테 "사랑 받지 못하다"Loruhamah라는 이름을 지어 준다면 어떻겠는가? 당신이 이사야의 아들이 되어 아버지한테 "난세가 임박했다" Mahershalalhashbaz라는 이름을 받는다면 어떻겠는가? 하물며 이삭이 아버지한테 받은 대우는 전혀 차원이 달랐다.

한편, 어린이 희생 제사를 드리는 사람들이 전문 종교인들만은 아니다. 나머지 우리들도 재물 축적, 사회적 안락, 성공, 명예, 이른바 성전聖戰, 인티파다(이스라엘 점령지에서의 아랍인 반란—역주) 등 갖가지 제단에 가족들과 사랑하는 이들과 심지어 우리 자신의 목숨을 제물로 바치고 있다.

수많은 마드라사 *madrassas*(이슬람 종교 학교[32])는 어린이 희생 제사 훈련 본부가 아니고 무엇인가? 겨우 대여섯, 예닐곱 살 된 아이들 앞에서 지하드 *Jihad*(이슬람의 성전聖戰) 자살 공격을 인생 최고의 숭고한 목표로 떠받들고 있지 않는가? 사수들의 총알받이가 되어 돌을 던지는 아이들이나 자살 폭탄 요원들이 전투의 최전선이 되는 상황에서, 어린이 희생 제사와 자살과 대량 살상 사이의 연관성은 너무도 자명하다. 모든 것이 그렇듯 어린이 희생 제사 정책에도 금전적 가치가 부여되었다. '순교자'와 그 가족들은 부상만 입어도 300달러를 지급받고, 소원대로 죽으면 기본 2,500달러에 1만 달러의 '보너스'까지 받게 되는데, 이 보너스는 처음에는 사담 후세인이 자금을 대다가 지금은 이름 모를 독재자 무리가 조달하고 있다.[33]

도덕주의 대 관계

성경적 믿음의 관건은 도덕적 삶이 아니다. 그것은 종교일 뿐이다. 성경적 믿음의 관건은 '행복한 삶'도 아니다. 그것은 자본주의다. 성경적 믿음의 관건은 하나님삶이다. 살아 계신 하나님과의 풍성한 삶은 곧 하나님삶 관계 속에 사는 것이다.

성경적 의미의 순종은 '시키는 대로 하는' 것이 아니다. 순종이란 거룩하신 분과 더불어 관계적이다 못해 '불가분의' 삶을 사는 것이다. 그리하여 하나님의 하나님 되심과 그분이 원하시는 앞으로의 우리 모습을 높이고 떠받들고 수용하고 따르는 것이다.[34] 성경적 순종이란 하나님의 지시에 복종하는 것 못지않게 하나님이 어떤 분이신가에 비추어 산다는 뜻이다. 즉 관계 속의 순종이다.

하나님에 대한 진리를 말하려면 하나님을 알아야 한다. 하나님을 알려면 하나님을 사랑해야 한다. 그리고 하나님을 사랑하려면 하나님과 관계를 맺어야 한다. 그리스도인은 관계적 근본주의자다. 즉 우리는 근본 관계를 첫 자리에 두고 그것을 나머지 모든 언행의 기초로 삼는다. 삶의 근본 관계란 한 분뿐인 참되고 거룩하신 하나님과의 관계다. 나머지는 다 따라오게 되어 있다.

하나님을 믿는 믿음은 "나는 하나님에 대해 이것저것을 믿는가?"라기보다는 "나는 하나님이 나를 사랑하시고 택하신다는 것을 받아들일 수 있는가?"이다. 믿음이란 나보다 높은 뭔가를 발견하는 것이 아니라, 나보다 높은 힘에게 발견되어 그 높은 힘과의 관계 속에 붙들리는 것이다. 기독교의 진리는 논증을 무력케 한다. 논증을 비철학적 용어로 정의하기 때문이다. 기독교의 진리는, 진술이 필요한 이성의 형이상학이 아니라 구현해 내야 할 관계의 형이상학이다.

캘커타의 테레사 수녀에 관해 다수의 다큐멘터리 영화가 제작되었다. 그 중 하나를 보면 BBC 기자가 버려진 아기들, 어린이들, 고아들, 죽어 가는 사람들을 위한 집들을 테레사 수녀와 함께 걸어서 쭉 도는데, 어디선가 테레사 수녀가 걸음을 멈추고 기자가 되어 묻는다. "당신은 왜 내 업무에 대해서만 묻고 나를 고용하신 분에 대해서는 하나도 묻지 않는 겁니까?"

21세기의 교회사는 고용주 하나님께 고용되기까지의 기나긴 구직 과정이 될 것이다. 인간의 완전한 정체성은 하나님과의 관계 속에만 있다. 중요한 것은 당신의 행복이 아니다. 중요한 것은 하나님의 선물인 당신의 삶을 완성하는 것이다.

최근 나는 히틀러와 나치 정권에 당당히 맞섰던 한 독일 주교의 이야기가 생각났다. 당연히 이런 의문이 든다. "주교의 삶에 나타나는 그 놀라운

> 거룩함을 향한 길은
> 법칙 속에 계시되어 있지 않고
> 하나님 안에 계시되어 있다.
> – 정통 평신도 신학자 폴 에브도키모프[35]

힘의 원천은 무엇인가?" 주교 자신의 책에 답이 나온다. "견진堅振성사 지원자들에게 나는 학습 내용 중 적어도 세 단어는 꼭 간직해야 한다고, 다른 것은 다 잊어버려도 그 세 단어만은 기억해야 한다고 말하곤 했다. 기회 있을 때마다 나는 그들에게 말하고 또 말했다. '하나님이 여기 계신다.'"[36]

삶의 힘은 성육신에 있고 관계에 있다. 하나님이 여기 우리와 함께 계신다. 거룩함 자체가 관계적이라는 뜻이다. 거룩함이 낳는 것은 규칙이나 원리나 실천의 야무진 정복이 아니라 하나님과의 역동적이고 생명력 있는 교제다. 거룩함을 추구하라. 그러면 당신 안에 거룩함을 이루시는 하나님과의 관계를 얻게 될 것이다.

단, 미리 경고할 것이 있다. 하나님과의 관계를 '원하는' 것에 대해 주의하라. C. S. 루이스Clive Staples Lewis는 어디선가 그것을 다락방의 어린아이 숨바꼭질에 비유했다. 당신은 숨는다. 주변은 어둡다. 갑자기 당신의 지척에서 뭔가 움직임이 들리거나 느껴진다. 당신은 소리를 지르며 튀어나온다.

비슷하게, 그것은 처음 해 보는 낚시질과도 같다. 당신은 물속에 낚싯줄을 드리우고 기다린다. 불쑥 난데없이 줄 끝에 뭔가 당기는 힘이 느껴진다. 살아 있다! 파닥파닥 움직인다. 당신이 심심풀이로 좇고 있던 그것이 그 동안 줄곧 진지하게 당신을 찾고 있었던 것이다.

우리가 진리를 찾는다기보다 진리가 우리를 찾는다고 하는 편이 더 맞을 것이다. 어쩌면 우리는 하나님을 찾지 않아도 될지 모른다. 특히 하나님이 언제나 첫 수를 두신다면 말이다. 어쩌면 우리가 하나님을 찾기 전에 먼저 하나님이 우리를 찾고 계신다.

하나님은 여기 계신다. 그리고 하나님은 관계적이다. 그것은 진리가 관계적이며 하나님과 주고받는 솔직한 교류에 있다는 뜻이다. 믿음과 순종은 반사 작용도 아니고, 법칙과 규정에 아무 생각 없이 맹목적으로 동조하는 것도 아니다. 믿음과 순종은, 하나님이 온전히 우리를 추구하고 계시다는 것을 아는 동시에 하나님을 온전히 추구하는 삶 속에서 전개된다. 믿음과 순종은 하나님을 듣고, 하나님께 이의를 제기하고, 하나님의 도전을 받고, 하나님께 도전하는 삶 속에 있다.

이것이 관계의 진리요 관계 속에만 있는 진리다. 아브라함은 이삭을 제물로 바치는 문제에서 하나님께 굳이 도전하지 않음으로 이 진리를 놓쳤다. 아브라함과 거룩하신 분의 관계에서 어린이 희생 제사를 요구하시는 하나님은 배제되었다. 그러나 아브라함은 그 난처한 지시의 뜻을 밝히려 '하나님과 대결하지' 않았다. 소돔과 고모라에 선고된 심판을 놓고는 목숨까지 걸고 하나님께 당당히 맞서 교섭을 벌인 아브라함이[37] 자기 아들의 목숨을 건져내기 위한 질문은 단 하나도 던질 뜻이 없었다. 아브라함은 하나님의 말씀을 듣고서 자기 공동체를 외면한 채 명령대로 이삭을 죽이러 갔다. 아브라함은 하나님과의 관계 속에 들어가 명령의 본질을 논하지도 않았을 뿐더러, 자기 공동체를 떠나 맹목적으로 지시 이행에 착수했다. 이는 관계의 이중적 실패다. 즉 아브라함은 하나님과의 관계에 실패했고 공동체와의 관계에도 실패했다.[38]

아브라함의 큰 업적은 무슨 일이 있어도 순종하려는 의지였다. 반면 아브라함의 큰 맹점은 가장 중요한 순간에 하나님과 씨름하려는 능력도 의지도 없었다는 것이다. 신앙의 영웅이요 한 나라의 국조國祖인 이 위대한 사람은 관계 속에서만 발견할 수 있는 하나님의 진리를 놓치고 말았다.

우리도 같은 것을 놓치지 않기 위해, 다음 두 장에 걸쳐 맛있고 매혹적이며 원기를 되찾아 줄 진리의 관계를 살펴보고자 한다. 하나님은 성경에 자기를 계시하신다. 그렇게 하나님은 진수성찬을 차려 놓고 우리를 청하여 다가앉게 하신다. 이는 성경 시대에 결혼 다음으로 가장 친밀한 관계인 식탁 교제다.

그러니 진리의 잔칫상에서, 하나님삶 관계의 연회에서 포식할 준비를 하라. 주의 선하심을, 아주 선하심을 맛보아 알라.

3부

하나님의 이야기와의 관계

5장 | 본문 속의 진리

믿음과 하나님의 기록된 계시

> 영혼을 만족시켜 줄 수 있는 것은 인격과 이야기 둘뿐이며,
> 그 이야기조차도 인격에 관한 것이라야 한다.
> —G. K. 체스터턴[1]

인생의 선물은 진리를 아는 것이며, 그것도 지적으로만 아니라 그 능력과 영향력을 체험하는 것이다. 적어도 예수님은 그렇게 보셨다.[2]

삶의 GPS(위치 확인 장치)가 진리를 아는 데 맞추어져 있다면, 진리에 대한 우리의 정의가 우리의 인생 여정을 좌우할 것은 당연한 이치다. '진리'라는 범주는 명제(A이면 B이다)처럼 지적인 분류 체계에 가장 잘 맞는가? 아니면 판단(선악의 차이를 분간함)처럼 지각적 차원에 속하는 것이 더 적합한가? 아니면 진리에 대한 성경의 기술에서 보듯이, 그것은 관계("말씀이 육신이 되어 우리 가운데 거하시매"[3])처럼 사회적 차원에 속하는 것이 옳은가?

진리란 무엇인가?

아브라함과 이삭 이야기를 우리 식으로 읽으면, 하나님이 아브라함에게 원하신 바는 본분을 다하면서도 동시에 진실한 행동임을 알 수 있

다. 아브라함은 이 사명을 절반은 완수했다. 그는 극단적이리만치 본분을 다하긴 했으나 진실하지는 못했다. 이렇게까지 말할 수 있는 것은, 성경적 의미의 진실함이란 관계를 요하기 때문이다. 아브라함은 관계를 놓치는 바람에 시험에서 떨어졌다.

그러나 진리를 성경의 아케다 드라마와 떼어 순전히 역사적, 철학적 관점에서만 보아도, 우리는 진리가 관계를 뜻함을 알 수 있다. 1천 년이나 2천 년 전에 누군가에게 "나는 하나님을 믿는다"고 말했다면, 그것은 "나는 하나님의 존재와 성품과 활동에 대한 일반적 통념에 지적으로 동의한다"는 뜻 이상이다. 헬라어로 진리라는 단어의 어원적 의미는 '잊혀지지 않는 것'이다. 당신 삶의 모든 면의 뼈대가 될 정도로 초월적인 이야기, 그 '잊지 못할' 이야기의 일부가 되는 것이 곧 '하나님을 믿는' 것이다. 영어 고어에서 'bilefe'나 'bileve' 같은 단어는 투자, 포옹, 충절, 사랑, 목숨을 거는 것을 뜻했다.[4] 진리를 관계에서 떼어 내 명제와 교리에 끼워 넣는다는 것은 일러 봐야 14세기나 되어서야 나온 개념이다.[5]

명제적 진리를 따르는 것과 예수님을 따르는 것의 관계는, 영화 "아마데우스"의 녹음 사운드트랙과 최상의 오케스트라가 모차르트의 음악을 작곡자 자신의 지휘로 연주하는 실황 연주의 관계와 같다.

하나님의 진리는 결혼식 광고보다 결혼 생활에 더 가깝다. 광고에는 신랑 신부 이름, 결혼식 날짜, 두 사람의 결혼 의사가 확실한 표현으로 담겨 있다. 재론의 여지가 없는 사실들이다. 그러나 그것은 하나님이 구현하시는 진리는 아니다. 하나님의 진리는 결혼식 광고가 아니라 결혼 생활이다. 결혼하는 두 사람은 서약문(의지에 대한 객관적 진술)에 "네" 한다기보다 서로(관계)에게 "네" 하는 것이다. 내가 어렸을 때 참석했던 어떤 결혼식들에서는 "그대에게 내 혼인을 서약합니다"라는 옛 예식 어법이 그대로 사용되었다. 이 멋들어진 말은 "당신에게 내 진실을 언약합니다"라는 뜻이다. 이제는 발음하기 쉽고 덜 시적인 "당신에게 내 사랑을 바칩니다"라는 말로 뒤바뀌기는 했지만 말이다.

> 복음서를 한 권 한 권 빠른 속도로 자꾸 반복하여 읽다 보면 우뚝 솟은 예수라는 인물에 강한 인상을 받을 수밖에 없다. 복음서에 교회의 신조가 들어 있기는 하나 복음서의 주제는 교회의 신조가 아니다.
> 복음서의 주제는 예수 그리스도다. 그분의 탁월성, 그분의 독특성, 그분의 권위, 그분의 긍휼, 그분의 사랑, 그분의 지혜, 그분의 거룩함—이 모두가 대목 대목마다 빛을 발하고 있다.
> —신학자 D. A. 카슨[6]

한때 관계(사람들 간의 언약) 속에 있던 진리가 이제 문서와 과학적 증거에 기초한 진리로 바뀌었다. 구텐베르크의 이동 활자 발명과 인쇄 문화의 보급으로 문맹이 타파되고 정부의 권위에 변화가 생기면서, 진리에 대한 사람들의 생각도 크게 달라지기 시작했다. 르네상스 즈음에는 진리를 입증 가능한 독립체로 보는 새로운 과학적 입장이 자리를 굳혔다. 이런 변화가 진리를 보는 이전의 시각에 미친 영향은 대단했다. 이제 진리는 교리로, 신념 체계로, 진리대로 살아가는 사람들로부터 따로 떨어져 존재하는 명제로 통하게 되었다. 이는 본래의 기독교 신앙 실천과는 명백히 거리가 먼 것으로, 사회와 종교에 깊은 변화를 불러왔다.

몇 세기 전만 해도 '진리'는 하나님 및 타인과의 관계와 그에 따른

본분을 떠나서는 별개로 존재할 수 없었다. 성경의 다음과 같은 가르침을 그런 맥락에서 읽으면 전혀 다른 의미로 다가온다.

"내가 곧 길이요 진리요 생명이니."[7]

"진리를 알지니 진리가 너희를 자유롭게 하리라."[8]

"그대에게 내 혼인을 서약합니다"라는 혼례식의 어법은 우리를 성경 속의 드라마로 다시 부른다. 성경에서 절대 진리는 추상 개념이 아닌 예수님의 인격으로 구현된다. 기독교에서 절대 진리를 떠받치는 장(場)은 하나님의 형상 자체이며 성육신하신 그분의 품이다. 하나님은 만대에 걸쳐 '비밀'을 감춰 오시다가 때가 차매 그 비밀을 세상에 나타내셨다.[9]

만대의 그 비밀은 철학이나 세계관이 아니다. 신조나 고백이나 신앙 진술도 아니다. 만대의 비밀이란 진리가 곧 인격, 예수 그리스도의 인격이라는 사실이다. 그분은 친밀한 관계를 위하여 우리를 찾으시는데, 그것은 곧 우리에 대해 "너희 안에 계신 그리스도시니 곧 영광의 소망"이라 할 정도의 친밀함이다.[10] 하나님의 '은밀한 계획'은 무슨 수수께끼나 보물 지도가 아니라 인격이다.[11] 우리는 해답을 얻기 위해 성체聖體 모양의 마술 알약이나 또는 하나씩 배우고 동의해 나가야 할 원리나 명제들이 적힌 목록을 찾아다닌다. 그러나 예수님은 점검 목록표가 아니다. 그분은 기독교의 이력서다. 그분은 기록된 신조와 고백과 성찬과 원리들의 궁극적 목적이다. 그런 것들은 다 우리에게 그 자체가 아닌 예수 그리스도를 가리켜 보인다. 믿음을 '인정할' 때, 우리는 우리 입의 말 자체를 인정하는 것이 아니다. 우리 입의 말로 예수 그리스도, 십자가에서 죽으시고 부활 승천하신 우리 주님을 인정하는 것이다. 하나님의 지혜는 설명되는 진리가 아니라 구현되는 진리다. 예수님은 가둘 수 없다. 죽은 교의와 진공 포장하여 꽉 조인 교리에 그분을 가둬 보라. 성령께서 해리 후디니^{Harry Houdini}(헝가리 태생의 마술사로 탈출 묘기의 달인이라는 명성을 얻었다—역주)처럼 풀어 버리실 것이다. 예수님은 언제나 깨치고 나오신다.

온전한 진리

북미에서 가장 자주 인용되는 철학자 중 하나인 리처드 로티^{Richard Rorty}는 "네 동료들이 괜찮다고 하면 그것이 곧 진리다"라는 퉁명스런 일갈로 '진리'라는 개념을 일축한 바 있다.[12] 철학적 진리의 결이 너무 얇고 진리가 '약', '자백약'^{truth drug}(신경증 환자나 범죄자의 억압된 생각을 드러낼 때 사용하는 최면약—편집자 주)이 되어 버린 세상에서, 기독교는 두꺼운 피부와 따뜻한 살을 입은 성육신한 진리를 내놓는다. 진리보다 더 진리인 것이 있으니 곧 **예수님**이다!

예수님은 온전한 진리다. 진리가 문서나 원리 속에 있지 않고 하나님삶 안에 있을진대, 온전한 진리는 인격 안에 있다. 복음서가 우리에게 가르치는 것은 원리로서의 예수님이 아니라 인격이신 예수님이다. 기독교는 세계관 훨씬 그 이상이다. 기독교는 하나님삶 관계다. 예수님 안에서 나는 하나님의 실체를 가장 사실대로 가장 잘 보는 정도가 아니다. 예수님 안에서 나는 하나님을 가장 사실대로 가장 잘 **체험한**

다. 멀리서 객관적으로 윤곽만 보는 것이 아니다. 그것은 뼈와 살로 느끼는 생생한 체험이다.

구원의 본질은 예수 그리스도의 구원하심에 대한 믿음이라기보다 예수 그리스도와의 살아 있는 관계다. 우리 문화가 아무리 신학적, 과학적 정밀성에 의존하기로 한다 해도 **말씀이 육신이 되었다**는 말은 여전히 기독교 신앙의 중심이다. '로고스'Logos란 문자적으로 '타인과의 관계 속에 있게 해주는 것'이라는 뜻이다. 영어에서 로고스는 **이치**나 **말씀** 같은 단어로 번역되었다. 그러나 관계 용어 '로고스'의 뜻은 오늘날 **이치**나 **말씀**에 담긴 의미보다 훨씬 깊다.

> 인간을 하나님의 아들이 되게 하시려고 하나님의 아들이 인간의 아들이 되셨다.
> – 이레니우스[13]

로고logo의 위력은 이미지를 실체로 변화시켜 우리 마음속에 그 로고로 상징되는 것 자체를 창출해 내는 데 있다. 예수님 안에서 '로고스'와 로고는 하나가 되었다. 예수님의 성육신이 존재의 핵심 관계로 군림하는 동방정교 전통에서는, 구원 즉 신성화神聖化, theosis란 우리가 하나님이 되지는 않되 분명히 하나님의 삶과 삼위일체 하나님의 교제에 참여자가 된다는 뜻이다. 그리스도와의 관계에 힘입어 우리도 삼위 하나님 사이의 주고받는 사랑에 참여하게 된다.

전혀 새로운 종류의 진리

2002년 7월 3일, 기독교는 가장 비범하면서도 알려지지 않은 목소리

하나를 잃었다. 미셸 앙리Michel Henry는 유럽과 일본의 철학자들 사이에서 널리 칭송받았으나 북미에서는 사실상 무명의 존재였다. 캐나다 몽펠리에의 폴-발레리Paul-Valéy 대학교 교수였던 앙리는 파리 고등사범학교École Normale Supéieure, 소르본느 대학, 루뱅Louvain 가톨릭 대학교, 도쿄 대학교 등지에서 객원 교수로 가르쳤다. 그는 현상학에 대한 논문 집필을 계기로 1992년 이후에 품게 된 자신의 새로운 기독교관을 「나는 진리다」*I Am the Truth*라는 책으로 요약했고, 그것이 그의 사후에 영역英譯 출간되었다.

앙리는 "기독교의 비상한 독창성"은 그 진리 개념 자체에 있다고 역설했다. 사실 기독교에서 이해하는 진리는 다른 모든 종류의 진리와 다를 뿐 아니라 "상식과 철학과 과학이 '진리'라고 부르는(지금도 계속해서 부르는) 모든 것"에 어긋날 정도로 "철저히 이질적인" 것이라서, 앙리는 기독교가 전혀 다른 종류의 진리를 창시했다고 보았다.[14]

그렇다면 기독교가 세상에 제시하는 진리는 어떤 종류인가? 앙리는 "다른 둘[언어와 철학의 진리]을 하찮은 것으로 전락시킬 위력을" 지닌 진리라고 믿었다.[15] 한마디로 기독교의 진리는 삶이며, '온전한 삶'은 예수님이다. "그 안에 생명이 있었으니." 또는 예수님 자신의 말씀대로 "내가 온 것은 너희로 온전한 삶을 얻게 하려는 것이라."[16] 과학만능주의에 대항하여, 실용주의에 대항하여, 실증주의에 대항하고 기타 모든 '주의'에 대항하여 기독교는 이렇게 말한다. 예수님이 생명이다. 그래서 진리는 일련의 생활 원리나 하나님에 대한 인식의 나열이 아니라 살아 있는 관계다. 진리는 확실성도 아니고 의심도 아니다.

그것은 둘 다 그리스도를 거부한다. 오히려, 진리는 신비다. 삶을 선택할 때, 나 자신 너머를 보기로 할 때, 우리에게 남는 것은 그리스도를 선택하는 신비다. 그리고 그리스도를 선택할 때 우리는 실체이되 증명할 수 없는 것, 진리이되 객관적 사실 훨씬 이상인 것을 선택하는 것이다. 예수님은 우리에게 인생의 열쇠를 주지 않으신다. 예수님 자신이 인생의 열쇠다. 바울은 "내게 사는 것이 그리스도"라 했거니와[17] 이는 포괄적인 말이다. 즉 우리에게는 사랑하는 것도 그리스도, 기도하는 것도 그리스도, 순종하는 것도 그리스도, 죽는 것도 그리스도다.

  기독교의 본질적 알맹이는 대담하게 길과 진리와 생명으로 자처하신 그리스도다.[18] 예수님만이 인류와 하나님의 관계를 바꿔 놓으신 유일한 분이다. 하나님의 이름 여호와는 더 이상 입에 올릴 수 없는 말이 아니다. 이제 하나님의 이름은 땅끝까지 선포되고 있으며, 그 이름은 바로 예수다.[19] 흑인 교회 전통에서 중요한 물음은 "당신은 구원 받았는가?"가 아니라 "당신은 그분을 아는가?"다.

  우리와 그리스도의 관계의 특성이야말로 기독교의 근본 척도요 지표다. 사실 기독교는 진리가 관계라는 이 개념을 극한까지 가져간다.[20] 성경은 "하나님이 그 아들을 보내"시었고 "한 아들을 우리에게 주신 바 되었"다고 말한다.[21] 성경은 "한 법이 우리에게 제시되었다"거나 "이런 가르침이 우리에게 전수되었다"거나 "한 신앙 진술이 우리에게 전해졌다"고 말하지 않는다. 하나님의 평강, 모든 지각에 뛰어난 평강은 이것이니 곧 포대기에 싸여 구유에 놓인 아기다. 우리의 기쁨, 영광이 충만한 말할 수 없는 기쁨은 이것이니 곧 거기 누인 살아 계신 주님이시다.

당신의 삶에서 그리스도는 명사인가 동사인가? 만일 명사라면 당신은 주님의 선하심을 머리로는 이해할 수 있을지 모른다. 그러나 그분이 명사이자 **동시에** 동사일 때에만 당신은 "여호와의 선하심을 맛보아 알" 수 있다.[23] 동사는 예수님이 육신

> 만일 누가 내게 그리스도가
> 진리 밖에 있음을 입증한다 해도
> 그리고 과연 진리가
> 그리스도 밖에 있다 해도,
> 나는 그 진리 옆에 남느니
> 차라리 그리스도 옆에 남으리라.
> – 1850년대 도스토예프스키의
> 유명한 고백[22]

으로 살아 활동하신다는 뜻이다. 그분은 체험이요 포옹이다. 그리스도가 '마음에 할례를' 주신다는 바울의 아주 인격적인 비유에 약속된 삶은, 하나님의 진리가 잉크로 종이에, 분필로 칠판에 쓰이는 대신 심령에 새겨지는 삶이다.[24]

셰익스피어의 희곡은 공부하라고 쓴 것이 아니라 연극하라고 쓴 것이다. 우리가 성경을 읽는 이유는 단순히 본문을 공부하거나 지면의 어휘를 이해하기 위해서가 아니다. 우리가 성경을 읽는 이유는 살기 위해서, 삶을 배우기 위해서, 예수님을 알기 위해서다. 바울은 "내가 너희 중에서 예수 그리스도와 그가 십자가에 못 박히신 것 외에는 아무것도 알지 아니하기로 작정하였음이라"고 했다.[25] 예수님을 알아가는 과정에서 우리는 자신과 타인은 물론 하나님도 알게 된다. 예수님은 친히 우리에게 성경 지식과 하나님을 아는 것을 혼동하지 말라고 경고하셨다. 예수님은 바리새인들이 자랑하는 학식을 대수롭지 않게 여기시며 이렇게 이르셨다. "너희가 성경에서 영생을 얻는 줄 생각하고 성경을 연구하거니와 이 성경이 곧 내게 대하여 증언하는 것이니

라. 그러나 너희가 영생을 얻기 위하여 내게 오기를 원하지 아니하는도다."[26]

본문 자체는 절대적이지 않다. 본문은 절대자를 가리켜 보일 따름이다. 같은 성경도 다른 기독교 공동체에서 읽으면 의미가 달라진다. 시대를 초월하여 존재하는 한 가지 해석 방법이란 없다. 예컨대 바울의 로마서 설교는 그것을 주해하는 곳이 갈라디아냐 과테말라냐, 그의 고향인 다소냐 도쿄냐에 따라 달라진다. '영원 불변인' 것은 예수님뿐이다.

오랜 세월 나는 마태복음 7:22이 도무지 이해가 안 갔다. "그날에 많은 사람이 나더러 이르되 '주여, 주여, 우리가 주의 이름으로 선지자 노릇 하며 주의 이름으로 귀신을 쫓아내며 주의 이름으로 많은 권능[기적]을 행하지 아니하였나이까' 하리니." 여기 예수님을 고백하며 마땅히 '주'라 부르는 사람들이 있다. 여기 성공적인 사역으로 하나님을 위해 큰 일을 한 지도자들도 있다. 그저 몇 명도 아니고 어쩌다 한 번씩 좋은 일을 한 것도 아니다. '많은' 사람이 예수님의 이름으로 '많은' 놀라운 기적을 행했다.

그러나 예수님은 그들에게 칭찬이나 축복은 고사하고 감사도 표하지 않으신다. 오히려 그들을 **물리치신다**. 그분은 그들의 행위를 나무라시는 것이 아니라 "내가 너희를 도무지 알지 못하니 불법을 행하는 자들아, 내게서 떠나가라!"고 일갈하신다.[27] 그들은 왜 그분의 임재에서 쫓겨날까? 그분을 '모르기' 때문이다. 그분과의 관계 속에 있지 않기 때문이다. 바른 원리는 붙잡았으나 진리에 붙잡히진 못했기 때문이다. 그들은 계시된 신비와 예측 못할 관계라는 무시무시한 세계 대신에 명색뿐인 원리와 일목요연한 신조라는 편안한 세계를 택했다. 그래서 예수님은 "너희 의가 서기관과 바리새인보다 더 낫지 못하면 결코 천국에 들어가지 못하리라"고 말씀하신다.[28] 의무감으로 순종하는 기술적 의義로는 부족하다. 예수님은 제자들에게 그분과의 부대낌을 통한 **관계적 의**를 원하신다.

"사는 법을 배우고 싶으냐?" 관음觀音은 묻는다. "여성성을 따르라."

"사는 법을 배우고 싶으냐?" 크리슈나는 묻는다. "로터스(열매를 먹으면 황홀경에 들어간다는 상상의 식물—역주)를 따르고 기타Gita(경전)를 읊으라."

"사는 법을 배우고 싶으냐?" 뉴에이지 사상가들은 묻는다. "네 행복을 따르라."

"사는 법을 배우고 싶으냐?" 부처는 묻는다. "해탈을 따르라."

"사는 법을 배우고 싶으냐?" 예언자 마호메트는 묻는다. "하루에 다섯 번씩 기도하고 코란을 따르라."

"사는 법을 배우고 싶으냐?" 모세는 묻는다. "토라를 따르라."

"사는 법을 배우고 싶으냐?" 추장 시애틀[미국 서부에 거주하던 인디언 수쿠아미쉬 족族의 추장—역주]은 묻는다. "자연을 따르라."

"사는 법을 배우고 싶으냐?" 아리스토텔레스는 묻는다. "내 가르침을 따르라."

"사는 법을 배우고 싶으냐?" 공자는 묻는다. "내 화두를 따르라."

"사는 법을 배우고 싶으냐?" 예수님은 물으신다. "나를 따르라."

오직 진리

믿음의 삶이 진리―온전한 진리, 오직 진리―와의 전폭적인 관계라면, 우리는 진리가 언제나 양날검임을 인정할 필요가 있다. 진리의 얼굴은 둘이다.

온전한 진리 쪽에서 보면 그 얼굴은 예수님이다. 그러나 얼굴이 또 하나 있다. 오직 진리 쪽에서 보면 그 얼굴은 성경이다. 하나님의 말씀과 관계 맺지 않으면서 하나님과 참된 관계를 맺기란 불가능하다. 우리는 성경이 없이는 하나님을 알 수 없다. 성경을 모르면 그리스도를 모르는 것이다. 거꾸로, 하나님을 모르는 한 성경을 바로 알 수 없다. 척 스미스 주니어Chuck Smith Jr.는 이렇게 멋있게 썼다. "우리는 성경의 사람이요 예수의 사람이다. 예수님과 그분의 말씀은 도저히 뗄 수 없이 서로 연관되어 있다. 성경이 없이는 예수님도 없다. 그러나 성경의 화살표를 따라가면 예수님께 도달한다."[29]

성경이 빠진 하나님의 이야기란 있을 수 없다. 그러나 본문 자체가 진리는 아니다. 백지 위의 검은 점들이 베토벤의 소나타 "비창"은 아니다. 먹물을 실행과 연주로 옮겨 생명과 소리를 더해야만 악보가 살아나 듣는 사람들에게 감동을 준다.

성경은 창조주의 악보다. 그분은 지금도 교회에 말씀하시고 우리를 지휘하시어 생명을 낳고 풍성케 하신다. 성경은 알면서도 진리는 얼마든지 모를 수 있다. 하나님을 아는 것과 성경을 아는 것은 같지 않다. 예수님이 친히 말씀하셨다. "너희가 성경에서 영생을 얻는 줄 생각하고 성경을 연구하거니와 이 성경이 곧 내게 대하여 증언하는 것이니라. 그러나 너희가 영생을 얻기 위하여 내게 오기를 원하지 아니하는도다."[30] 천국에도 성경 공부가 있다고 생각하는 사람들이 있는데 그것은 착각이다. 천국은 하나님의 임재다. 기록된 설명이 더는 필요 없는 곳이다.

성경은 프레고사社의 '100% 천연' 파스타 소스와 같다. 적어도 광고상으로는 그렇다.[32] 한 남자가 부엌에 들어가니 부인이 깡통에 든 프레고 토마토 소스를 냄비에 붓고 있다. 남자가 말한다. "우리 어머니는 토마토소스를 직접 만드셨는데."

> 우리는 책을 믿는가, 인격을 믿는가?
> ―로버트 E. 웨버[31]

현실이라면 이 시점에서 나올 반응은 둘 중 하나다. 부인이 "그럼 당신 어머니한테 가서 그 소스를 드시구려"라고 말하거나 아니면 남자의 얼굴에 소스를 부을 것이다.

그러나 광고 속의 부인은 남편을 보며 묻는다. "어머니의 소스에 어떤 재료가 들어가던가요?"

남편이 어머니의 소스의 비결을 공개하기 시작한다.

"잘 익은 신선한 토마토."

부인은 라벨을 읽는다. "이 안에 있어요."

"오레가노 양념."

이번에도 라벨을 읽는다. "이 안에 있어요."

"양파."

"이 안에 있어요."

"말린 바질잎."

"이 안에 있어요."

"마늘."

"이 안에 있어요."

"파슬리."

"이 안에 있어요."

"소금."

"이 안에 있어요."

하나님의 말씀도 마찬가지다. 하나님삶 관계 속에 있기 위해 우리에게 필요한 모든 것이 '이 안에,' 즉 하나님의 말씀 안에 있다.³³

연애 편지(러브 스토리의 지존)

성경은 편지, 비유, 설교, 시, 역사, 전기, 전례典禮, 노래 등 많은 것들로 되어 있다. 그러나 이 다양한 문학적 장르의 배후, 모든 것의 배경에는 사상 최고의 러브 스토리가 있다. 하나님이 본래 성경 전체를 우리를 향한 그분의 러브 스토리로 주셨다면? 하나님이 본래 성경을 무슨 명제를 캐내거나 포르말린 병에서 꺼낸 뻣뻣한 점박이 개구리처럼 분해하고 분석하라고 주신 것이 아니라면? 성경이 다양하고 심오한 문학의 흥미로운 출처나 엄격한 행동 규범으로 바뀌는 것을 하나님이 원한 적이 없으시다면?

그 대신 성경이 연애 편지를 가득 넣어 둔 상자라면? 집안 대대의 스크랩북이며 일기장으로 우리를 선조들과 이어 주고 그들을 알게 해주어, 결국 우리 자신을 알고 우리 가문이 표방하는 바를 이해하게 해주는 살아 있는 서재라면? 우정을 가꾸는 법이라든지 인생에서 부딪치는 사람들과 문제들에 대처하는 법을 배우게 해주는 관계의 그림책이라면?

성경은 질문서나 해답서나 조직 신학이나 과학 교재나 교의 사전이 아니라 하나님의 연애 편지로[34] 읽어야 가장 맞다. 성경의 주제는 하나님이 지으시고 가장 사랑하시는 피조물과 하나님 자신 사이의 관계다. 성경은 하나님과 우리의 관계 이야기다. 창조주와 그분이 지으신 자들 사이에 맺어진 관계의 언약이다. 유대인들에게 그 이야기의 중심은 언약이었다. 그리스도인들에게 그 이야기의 중심은 한 인격이다. 우리 그리스도인들의 정체의 근원은 러브 스토리, 더 정확히 말해 러브 스토리 모음집이다. 이 이야기들은 아이들도 읽을 수 있을 만큼 단순하면서도 인간의 모든 이해를 따돌릴 만큼 복잡하다.

그리스도인으로 산다는 것, 신앙 가족의 일원이 된다는 것은 선하냐 악하냐, 옳으냐 그르냐의 문제가 아니다. 그것은 살았느냐 죽었느냐의 문제다. 기독교의 메시지는 시간을 초월한 도덕 원리를 기록한 서판이나 형이상학 규범이 아니다. 기독교의 메시지는 하늘에서 땅으로 내려온 사랑, 증오에 굴하지 않고 승리한 광활한 사랑에 대한 사상 최고의 러브 스토리다.

> 우리는 성경 본연의 이야기로 돌아가야 하며, 마치 성경이 백과사전이나 되는 양 '요령과 방법'을 찾으려는 접근을 버려야 한다.
>
> – 존 엘드리지[35]

인간은 이야기를 하지 않을 수 없다. 과학,

음악, 건축, 문학 등 무엇에 대해서든 우리는 이야기를 하고 또 한다. 똑같은 이야기라도 좋다. 우리가 이야기를 하는 까닭은 하나님께 지음 받았기 때문이다. 하나님은 이야기꾼이시다. 모든 연애 편지가 그렇듯 성경의 이야기도 그 저자이신 하나님에 대해 말해 준다. 그분의 성품은 예수 그리스도의 나타나심을 통해 인간의 형태로 가장 온전히 계시된다. 그분은 세상 최고의 연인이시다. 우리는 성경과 전통과 교회를 통해 계시되는 사상 최고의 러브 스토리를 통해 진리 곧 온전한 진리에 대해 가장 잘 이해할 수 있다.

기독교는 이야기의 영성이다. 기독교는 이야기꾼들의 문화를 만들어 낸다. 당신과 나는 이야기의 중요한 부분이다. 그렇다고 우리의 이야기는 아니다. 그것은 하나님의 이야기다. 사상 최고의 러브 스토리는 우리로 시작되거나 우리로 끝나지 않는다. 하나님이 알파와 오메가요 시작과 끝이다. 우리 각자는 하나님의 끝없는 러브 스토리의 새로운 이야기꾼이다. 우리 각자 안에는 아담과 하와의 이야기가 있고 성경의 다른 모든 이야기가 있다. 우리 각자 안에는 다른 모든 가능성의 이야기들도 있다.

하나님의 이야기는 우리의 실체를 묘사하는 데서 그치지 않는다. 성경의 이야기는 우리의 실체를 **창출해 내는** 데도 도움이 된다.[36] 하나님이 누구신지 깨달을 때 우리는 자신이 누구인지 깨닫는다.[37] 그래서 이야기꾼의 첫째 과제는 진실을 말하는 것이다. 우리의 삶에는 거짓과 나쁜 이야기들이 하도 많아서, 하나님의 이야기가 없으면 우리 인생의 연속극은 하나님삶은 고사하고 절대로 웅장한 오페라가 되지 못한다.

하나님의 이야기와의 관계 속에 있을 때에만 오페라처럼 강렬한 삶이 가능하다.

하나님삶 관계를 온전히 경험하려면 하나님의 이야기에 온전히 빠져들어야 한다.

6장 | 하나님의 이야기에 자신을 열라
성경으로 당신의 삶을 빚는 법

> 우리의 정원사이신 하나님이 말씀으로 당신을 조경하여
> 당신 삶에 구원의 정원을 가꾸시게 하라.
> —야고보[1]

우리는 자기가 좋아하는 것처럼 된다. 어떤 친구들과 어울리느냐에 따라 우리의 장래 됨됨이와 삶의 방향이 정해지듯이, 우리가 가장 깊이 공감하는 이야기들이 우리의 정체성을 형성한다. 우리의 가장 중요한 선택 중에 '길동무 이야기들'—우리가 함께 살기로 선택하는 이야기들—이 있다. 불과 몇 개의 기본적인 이야기 즉 학자들이 말하는 '심층 구조'가 향후 인간의 경험을 좌우하게 된다. 세상에 기독교 교단이 무려 3만 개나 되는 이유는, 이 이야기들과의 상이한 관계들이 우리의 실체를 다르게 형성하기 때문이다.

하나님의 이야기에 자신을 열라

바른 길동무 이야기를 선택하고 평생 그것을 통해 빚어지려면, 성경과 바른 관계를 맺어야 한다. 무슨 뜻인가? 그 의미를 다섯 가지로 생각해 볼 수 있다.

1. 성경의 이야기들을 외워 삶으로 옮긴다.
2. 날마다 새로운 본문과 사랑에 빠진다.
3. 성경과 함께 잠자리에 든다.
4. 본문과 씨름하며, 본문에게 말하고, 본문의 말을 듣는다.
5. 제5복음, 제3언약이 된다.

성경의 이야기들을 외워 삶으로 옮긴다

"하루 다섯 장이면 목사가 필요 없다." 어렸을 때 내가 매일 성경을 읽도록 권유받을 때 듣던 말이다. 나는 우리 가정에 목사를 부를 마음이 전혀 없었다. 십대 때는 '검술 훈련'(말씀이 검에 비유된 데서-역주) 대회 덕에 계속 성경을 읽었고, 찾기 힘든 구절을 찾는 기술을 연마했으며, 스가랴와 스바냐의 위치를 정확히 기억하게 되었다.

"12주 연속 매주 열두 구절이면 일주일 간 여름 캠프에 보내 준다." 내가 성경 암송을 권유받을 때 듣던 말이다. 우리 부모님은 아주 어려서부터 나를 성경암송협회라는 프로그램에 넣었다. 다섯 살 때부터 나는 매주 일정량의 성경 구절을 암송한 뒤 주말에 '점검자' 앞에서 외웠다. 격주 단위로 점검자가 내 용지에 서명하면 나는 카탈로그에서 경건한 물건을 상으로 골랐다. 일정한 나이가 되자 나는 12주 간

> 사람이 하나님의 백성에 속해 있는지 여부를 보여주는 참된 시험은, 음식 규정과 유대교 절기를 지키는 것이나 대단히 신령한 체험을 연속해서 경험하는 것이 아니라, 그의 인생이 그리스도께 속하여 정말 살아움직이는지 여부다.
>
> – 성경학자 N.T.라이트[2]

빠뜨리지 않고 암송한 상으로 일주일 간 성경암송협회의 기적 캠프에 가게 되었다.

그렇게 성경 위에 기초가 다져진 것에 나는 하나님께 감사한다. 그러나 내가 암송하는 법을 배운 것은 성경 구절이지 성경 이야기는 아니었다. 나는 토막실처럼 구절구절은 외울 수 있었지만 실타래 즉 이야기의 전체 줄거리는 그러지 못했다.

이제야 깨닫지만, 내가 주일학교에서 받은 최고의 신학 교육은 한때 내가 최악인 줄로 알았던 것들 즉 칠판, 융판, 촌극, 목욕옷 드라마였다. 거기가 바로 내가 하나님의 이야기들을 배운 곳이다.

그리스도인의 삶은 성경 구절을 하나하나 외워 간다든가 그것들을 제대로 지키는지 점검받는 생활이 아니다. 우리의 삶은 축적된 하나님 이야기들과 맺어 가는 관계의 총합이다. 그리스도인에게 교의란 명제가 아니라 이야기다. 이것이 중요한 까닭은, 이야기란 지속적인 것으로서 당신의 삶에 계속 영향을 미치며 당신을 빚고 인도하고 깨우치기 때문이다. 하나님삶은 아직 끝나지 않은 이야기다. 이 이야기의 틀은 하나님이 직접 짜셨지만 색깔은 우리를 불러 칠하게 하신다.

예수님의 지시대로 그분의 말씀을 마음에 두려면 우리는 말씀을 알아야 할 뿐 아니라 그분의 이야기를 할 수 있어야 한다. 우리가 부르는 노래들은 이야기를 하는 데 도움이 되고, 우리가 사용하는 성경 관주는 이야기를 기억하는 데 도움이 된다. 기억이란 단순한 뇌의 기능이 아니라 전신의 기능이다. 기억에는 신체적 감각과 사회적 감각을 비롯하여 우리의 **모든** 감각이 동원된다.

날마다 새로운 본문과 사랑에 빠진다

이제 성경을 '살아나게' 하는 법을 논하는 신학적 오류를 그칠 때가 되었다. 하나님의 말씀은 **이미** 살아 있다. 성경을 대하여 '살아나야' 할 것은 바로 우리다.

하나님은 성경 도처에 시한폭탄을 심어 두셨다. 그래서 우리 각자의 역사를 포함하여, 역사의 다양한 시점에 이르면 그에 맞는 성경의 특정 부위들이 '폭발'한다. 우리가 할 일은 지금 폭발 중인 성경 본문들 속에 우리 삶을 심어, 성경의 위력이 우리 안에서 폭발하게 하는 것이다. 또는 시편 기자의 말을 빌려 "하나님 말씀에 감격하여 성경을 밤낮으로 새김질하는" 것이다.³

하나님 말씀과의 관계에서 가장 박진감 넘치는 순간은 미래에 있다. 현 관계에 '안주하고' 싶은 사람은 없다. 그러니 계속 여행하라. 계속 읽으라. 당신의 상상력과 영혼에 계속 피를 흘려 보내라.

삶에서 가장 감격스런 기분 중 하나는 뭔가를 시작할 때의 기분이다. 새로운 관계보다 흥분되는 것이 없듯이, 성경 이야기와의 새로운 관계보다—즉 그것을 난생 처음인 듯 새롭게 보는 일보다—흥분되는 것은 없다. 시인 스탠리 쿠니츠Stanley Kunitz가 세상을 "섭렵할" 새 하루의 삶에 흥분하는 만큼만 우리도 하나님 말씀을 "섭렵할" 새 하루의 삶에 흥분할 수 있다면 얼마나 좋을까.

내게 새 삶이 시작될

내일이 못내 기다려지네.⁴

새로운 관계가 다 그렇듯이 여기에도 기쁨과 위험이 있다. 우선 발견의 기쁨이 있다. 책을 읽으면서(또는 세상을 살면서), 아직도 뭔가를 발견하는 것보다 더 감격스런 일이 있을까? 현실 속의 사람들처럼 성경도 우리와의 관계나 우리의 이해력의 깊이에 따라 계시해 주는 면들이 다르다. 무엇보다 가장 뜻밖의 발견은 우리 자신에 대한 발견이다. 성경에서 우리는 자신의 정체를 찾고 비로소 자기다워진다. 나도, 전에는 죽었던 내가 이제야 살아났다. 전에는 잃었던 나를 이제야 찾았다.

그러나 발견에는 위험도 있다. 당신의 삶도 아브라함처럼 여정의 연속이라면 짐이 무거울 것이며, 그 중에서도 친구와의 동행보다 더 '버거운' 짐은 없다. 우리가 관계를 피하는 이유 중 하나는, 모든 인연은 상처를 남기기 때문이다. 그 상처로 우리는 발을 질질 끌거나 귀가 쟁쟁거리거나 마음이 상하고 혀가 얼얼해진다. 때로 사랑은 우리가 바라던 것과는 느낌이 다르다. 하나의 관계가 어디로 이어질지, 어떤 새로운 방향에서 새로운 야망을 불러올지, 나와 내 삶의 방식을 어떻게 바꿔놓을지 우리는 모른다.

성경은 당신의 현 상태를 위협한다. 뭔가 새로운 것에 '초점'을 맞추면 이전에 초점을 두었던 것은 흐려진다. 하나님의 말씀은 당신의 삶을 완전히 뒤집어 놓을 수 있다. 성경은 세상 최대의 변화 동인이다. 우리는 성경의 행뿐만 아니라 행간과 행 이면과 행 아래와 행 너머까지 읽을 수 있어야 한다. 성경을 읽되, 마치 우리 삶의 전부가 성경 이해에 달려 있는 것처럼 읽을 줄 알아야 한다. 사실이 그러니까 말이다.

모든 본문은 인생 여정의 한 구간을 요한다. 그리고 인생 여정의 모든 구간을 지나려면 거기에 도움이 될 이야기가 필요하다. 성경의 특정 본문과 당신 삶의 한 구간을 연결시키라. 그리고 그런 과도기의 기념과 추억을 당신의 성경에 문신으로 남기라. 여백에 글씨 쓰기를 두려워하지 말라.

> 그리스도는 당신에게 장밋빛 그림을 주시지 않는다. 그분은 우리에게 과거에 대한 평안, 그분과의 영원에 대한 소망, 내게 말씀하시고 나를 위로하시는 성령을 주시지만 복권이 당첨되게 해주시진 않는다.
> – 소설가 브레트 롯[5]

성경과 함께 잠자리에 든다

이야기는 세상을 바꾸는 위력이 있다. 단, 당신이 이야기와 함께 잠자리에 들 때만 그렇다.

병법과 용맹의 교과서인 호머의 「일리아드」*Iliad*는 당대에도 고전으로 인정받았다. 알렉산더 대제가 아끼는 재산은 아리스토텔레스의 주해가 달린 그 책이었는데, 그는 천하를 정벌하러 진군할 때도 그 책을 가지고 다녔다. 그는 밤에 잘 때 베개 밑에 단도를 두고 잤는데, 그 단도 옆에는 하도 읽어 손때 묻은 「일리아드」를 나란히 두곤 했다.[6] 역사의 물줄기가 바뀐 것은 그가 그 책과 함께 잠자리에 들었기 때문만은 아니다. 오히려 그것은 알렉산더가 자신의 영웅 아킬레스의 이야기를 내면화했기 때문이다. 단, 이야기란 당신의 꿈 속에 들어오기 전에는 내면화되지 않는다.

시인 W. H. 오든은 "교수란 남의 꿈 속에서 말하는 사람이다"라고 역설했다.[7] 당신의 주임 교수인 성경도 당신의 의식 이면으로 잠입할 필요가 있다. 어떤 사람들은 하나님 말씀 근처에 오래 머물지 않는다. 그러니 진리의 덫에 걸릴 리 없다. 어떤 사람들은 자기 마음속 골방의 문을 열지 않는다. 자기 존재의 깊은 구석에 말씀의 기이한 역사役事를 허용하지 않는 것이다. 문간에 환영의 팻말을 내걸고 말씀을 당신 삶 속에 모실 때에만 말씀이 "당신에게 역사한다."[8] 읽기만 열심히 할 뿐 아니라 동시에 열심히 듣고 환영하기도 하는가?

매일 거르지 않고 음식을 먹는 것이 몸에 좋듯이, 매일 성경의 특정 이야기를 일부라도 섭취하는 것이 당신의 영혼에 좋다. 매일 낮뿐만 아니라 밤에도 말씀을 먹는 습관을 기르라. 시편 기자는 우리에게 "오직 여호와의 율법을 즐거워하여 그 율법을 주야로 묵상하는 자"가 되라고 권했다.[9] 본문을 묵상(새김질)하면 즙이 나와 삶에 기쁨과 활력을 가져다준다.

당신이 가장 끌리는 성경 인물들은 누구인가? 당신의 "또 다른 나"는 누구인가? 당신의 성경 속 길동무들을 늘—밤중에도—곁에 두라. 낮 동안 '오늘의 구절'이 있듯이 밤에도 '이 밤의 이야기나 은유'가 있으면 어떨까? 무슨 이야기를 생각하며 잠들 것인지 양치질할 때 미리 정해 두라. 내가 밤중에 즐겨 하는 기도 중에

밤에 당신의 고개를 누일 때 성경의 한 페이지로 베개를 삼으라.
– 성 제롬[10]

"땅에서는 평화로다"라 했던 천사의 축복과 "사랑의 주 사랑의 주 내 맘속에 찾아오사"라는 귀에 익은 주일학교 노래가 있다.[11]

밤중에 잠이 안 오거든 양羊을 세는 대신 목자를 부르고, 귀신ghost 이야기를 떠올리려면 성령Holy Ghost 이야기로 하라.

토라를 사랑하면 기쁨으로 심장이 빨라지고 두근거린다는 랍비들의 말을 우리는 그저 멋진 은유로 생각한다. 아니다. 그것은 우리가 나면서부터 죽을 때까지 성경이 우리에게 역사하기 원하는 방식을 문자 그대로 기술한 말이다. 동방정교 전통에서, 성인聖人들의 영면(잠듦)을 그린 성화들을 보면 존경 받는 그들이 자신의 가장 좋아하는 복음서를 두 손에 들고 관 안에 누워 있는 그림이 많다.

나는 성경 전체를 손에 들고 싶다. 그것도 죽을 때만이 아니라 항상 그러고 싶다.

본문과 씨름하며, 본문에게 말하고, 본문의 말을 듣는다

관계를 살아 있게 해주는 것은 의사소통 특히 신선한 의사소통이다.

우리는 예수님의 제자들을 '성경대로' 사는 사람들로 정의하기를 좋아한다. '성경대로'라는 말은 절차를 정확히 알고 정책 규범을 통달한 사람들이라는 느낌을 준다. 그러나 실은 관계와 체험과 상호 작용의 살아 있는 달인들이라는 뜻이라야 한다. '성경대로'란, 성경과의 관계 중에서도 당신이 성경에게 말하고 또 성경의 말을 듣는 그런 관계를 뜻한다.

단어 하나하나를 당신을 위한 말처럼 읽으라. 사실이 그렇기 때문이다. 하나님의 이야기를 들을 때는 이야기 속에 당신 자신을 대입하라. "본문에서 어떤 삶의 교훈을 배울 수 있을까?"가 아니라 본문 속에 들어가 거기서 만날 수 있는 삶을 탐색하라. "이 본문에서 무슨 답을 찾을까?"를 묻기보다는 "오늘 내게 어떤 진리의 음성이 들려올까?"를 물으라. 당신은 추상적인 의미를 구하고 있는 것이 아니다. 변화의 능력에 대한 당신의 굶주림은 그리스도를 만날 때만 채워질 수 있다.

런던의 한 길모퉁이에 서 있는 G. K. 체스터턴에게 한 신문기자가 다가왔다. "선생님, 최근 크리스천이 되셨다고 들었습니다. 한 가지만 물어봐도 되겠습니까?"

"물론이오." 체스터턴이 대답했다.

"부활한 그리스도가 이 순간 갑자기 나타나 선생님 뒤에 선다면 어떻게 하시겠습니까?"

체스터턴은 기자의 눈을 똑바로 쳐다보며 말했다. "이미 서 계십니다."[12]

그리스도인이 된다는 것은 우리 삶에 기독교적 원리들을 더하는 것 이상이다. 예수님은 그분의 가르침에 전폭적인 충성을 요구하신다. 그리스도인이 된다는 것은, 복음 및 우리 안에 거하시는 성령으로 말미암아 우리 삶이 근본적으로 변화된다는 뜻이다.

– 페리 G. 다운즈[13]

우리가 성경과 더불어 하나님 삶 관계에 들어가 있다면, 고백컨대 우리는 '환청'을 듣는 자들이다. 성경의 이야기들은 우리에게 말씀하시는 하나님의 음성이다. 전체 하나님 이야기 속의 각

이야기들은 우리 삶과 시대의 필요를 채워 준다. 잃어버린 두 아들의 이야기를 읽으며 우리는, 아버지가 두 탕자 중 맏이에게 했던 말처럼, 하나님이 지금 우리에게 "내 것이 다 네 것!"이라 하시는 말씀을 듣는다.[14]

너무 익숙해져 힘을 잃은 이야기들이 있다면 그 이야기들과의 오랜 관계에 다시 불을 지피라. 성경과의 우정의 기반을 넓혀 가는 중에도, 지난날 당신을 업고 가 준 본문들과의 관계를 열린 마음으로 다시 찾아가 보라. 히브리라는 단어는 문자적으로 '강을 건너는 사람'이라는 뜻이다. 아브라함의 자녀가 된다는 것이 바로 그런 뜻이다. 즉 당신을 업고 인생의 강들을 건너시는 그분을 의지하는 것이다.

성경과의 이 생명력 있고 역동적인 관계를 인해 하나님께 감사하라. 하나님삶 관계를 기뻐하는 데 소극적이었던 잘못에 대해 용서를 구하라. 소리 내어 감사하고, 감사를 다른 사람들에게 표현하라.

혼자 접근하지 말아야 할 이야기들도 있다. 우리를 바울이 말한 "하나님의 깊은 것"으로 이끄는 이야기일수록 특히 그렇다.[15] 심지어 베드로도 바울의 기록 중에 알기 어려운 것이 더러 있다고 시인했다.[16] 수영의 기본 원리는 "깊은 물에 혼자 가지 말라"는 것이다. 서로 힘이 되도록 두셋씩 짝을 지으라. 성경 공부는 그룹으로, 즉 성경 해석 공동체와의 관계 속에서 해야 가장 좋다는 사실을 잊지 말라.

성경은 배운 사람이나 못 배운 사람이나,「웨스트민스터 신앙 고백」의 표현대로 "교육 받은 사람이나 교육 받지 못한 사람이나"[17] 다 읽을 수 있다. 그런데 "'전문가' 기풍"이 너무 세져 성경 읽기를 숨막

히는 일로 만들어 왔다.[18] 마치 성경학자들만 진리의 말씀을 바로 대할 수 있다는 듯이 말이다.[19]

제5복음, 제3언약이 된다

우리의 삶은 남들이 읽을 수 있도록 본문(이야기, 서신)이 되어야 한다. 또는 바울의 표현대로 "살아 있는 편지"가 되어야 한다. 하나님의 말씀이 당신 삶에 깊이 배어들어, 당신 발의 등이요 당신 길의 빛 정도가 아니라 아예 당신의 발과 길 자체가 되면, 당신의 삶은 제5복음이 되고 신약과 구약에 이은 제3언약이 된다.[20] 본문이란 남들이 읽고 이해할 수 있는 식으로 해석되어야 한다. 삶이 본문이 되면 해석할 것이 별로 없다.

성부 하나님이 예수님 안에서 하나님의 삶을 사신 것처럼 성자 하나님은 당신 안에서 그분의 삶을 사신다. 갈라디아서 저자는 "이제는 내가 사는 것이 아니요 오직 내 안에 그리스도께서 사시는 것이라"고 고백했다.[21] 바울 자신에게 그리스도인의 믿음을 계속 살아 있게 해준 것은 무엇인가? 그것은 예수님의 가르침이라기보다는, 예수님 안에 살아 계셨고 우리 안에 살아 계신 바로 그 성령이었다. 바울은 예수님의 가르침과 사역을 언급한 적이 극히 드물다.[22] 그가 가장 자주 언급한 것은 우리 안에 그리스도를 살아 있게 하시는 하나님의 능력이었다.

사실, 아브라함과 "그 씨"(갈 3:16 NIV, 개역개정에는 "그의 후손"-편집자 주)에게 주신 약속은 갈라디아서 저자에게 우리가 율법으로 살지 않고 믿음으로 말미암아 은혜로 산다는 것을 입증해 주었다. 구약 성경은 여럿을 암시하는 "그 씨들"이 아니라 하나—그리스도—를 암시하는 "네 씨"를 말한다.[23] 하나님이 아브라함에 주신 약속은 아브라함 시대보다 몇 세기 후에 주어진 모세 율법으로 무효화되지 않았다. 우리의 유업은 율법으로 즉 언약의 구속력으로 받는 것이 아니라, 믿음으로 즉 언약을 의지함으로 받는 것이기 때문이다.

오래 전, 메릴랜드 주 덴튼의 어느 캠프 집회에서 한 시골 목사가 "S의 부재"에 대해 설교하던 일이 기억난다. 설교 본문은 갈라디아서 3:16-18이었다. 설교 처음부터 끝까지 그는 씨seed라는 단어 끝에 s가 붙어 있지 않은 의미를 파헤쳤다. 하나님은 아브라함 및 아브라함의 씨인 그리스도와 믿음 언약을 맺으셨다. 하나님은 "네 씨들"이라고 하시지 않음으로써 아브라함의 전체 혈통 즉 모든 족장들, 모세, 여호수아, 선지자들을 배제하셨다고 설교자는 역설했다. 약속의 대상은 아브라함과 예수님뿐이었다.

아브라함에서 예수님으로 곧바로 뛰어넘으면, 그 2천 년 동안 당신이 뛰어넘게 되는 가장 중요한 인물은 누구인가? 모세다. 바울은 모세 율법을 뛰어넘는다. 그리고 그렇게 함으로써 모세 율법에 기초한 유업은 참된 유업에서 이탈한 것임을 암시했다. 아브라함을 향한 하나님의 은혜의 약속에 기초한 유업만이 참되기 때문이다. 한마디로 바울은 "나한테 모세에 대해 말하지 말라. 아브라함과 예수님에 대해 말하라. '너희 육신에서 굳은 마음을 제거하고 부드러운 마음을 줄 것'[24]이라 약속하신 하나님에 대해 말하라"고 강조한다.

하나님은 우리 각자 안에 심장 이식을 행하신다. 하나님은 우리에게 새 심장을 주시고 우리 안에 새 영을 넣어 주신다. 그 영은 "그리스도의 말씀이 너희 속에 풍성히 거하"는[25] 영이다. 여기 거하다라는 말을 우리는 아직도 잘 모르고 있다. 우리는 "말씀이 육신이 되어" 부분을 즐겨 인용한다. 그러나 그 문장의 나머지 부분인 "우리 가운데 거하시매"는 떼어낸다. '우리 가운데 거하다,' '우리 속에 풍성히 거하다'라는 말은, 그것이 더 많은 정보가 아니라 더 많은 내주의 문제임을 보여 준다. 예수님은 우리 삶의 터전 이상이다. 예수님은 우리 삶이 하나님이 거하실 수 있는 성전이 되기 원하신다.

하나님삶 관계에서 모든 그리스도인은 복음 이야기가 된다. 마르틴 부버Martin Buber는 중풍에 걸린 어느 할아버지 이야기를 즐겨 했다. 어느 날 손자가 할아버지에게 그의 스승인 위대한 바알 셈Baal Shem(유대교에서 함부로 입에 담아선 안 될 하나님의 이름을 비밀스럽게 앎으로써 기적을 일으키고 병을 고쳐 유명해진 사람들을 일컫는 호칭)의 생애에 관한 일화를 들려 달라고 했다. 그러자 할아버지는 바알 이 기도할 때 깡충깡충 뛰기도 하고 춤도 추곤 했다고 말문을 열었다. 이야기가 깊어질수록 노인은 바알 처럼 되어 급기야 스승의 행동을 몸소 보여 주기 위해 휠체어에서 벌떡 일어나 깡충깡충 뛰며 춤추기 시작했다. 그 순간 이후로 할아버지는 병이 나았다.

부버는 계속해서 "이야기란 그렇게 해야 하는 것이다"라고 말했다.[26] 당신은 당신이 말하는 내용처럼 된다.

원수를 용서하신 예수님 이야기를 할 때, 당신은 자기 원수를 용서하는 사람이 된다. 버림 받은 자 하나를 도와주려 길을 건너신 예수님 이야기를 할 때, 당신은 가장 근처에 있는 버림 받은 자를 돕기 위해 길을 건넌다.

그리스도인들은 예수님의 이야기를 삶으로 산다. 그리스도인들은 말로만 예수님 이야기를 하지 않는다.

이야기에 관한 한, 언제나 할 말이 더 있게 마련이다. 그렇듯 당신은 어느 한 성경 본문과의 관계에 평생 완전히 도달하지 못한다. 언제나 뭔가가 더 있다. 이야기를 깨달았다고 생각하는 그 순간, 갑자기 그 이야기가 또다시 당신을 놀라게 한다. 당신이 이웃을 계속 초대하여 커피를 내듯이―그리고 매번 올 때마다 그들에 대해 뭔가 새로운 것을 알게 되듯이―당신의 길동무 이야기들을 계속 찾아가라. 성경과의 관계에서 절정의 순간은 미래에 있음을 명심하라.

안타깝게도 어떤 그리스도인들에게는 이야기가 정지됐다. 하나님은 하실 일을 다 하셨고 그분의 음성은 책 속에 미라가 되었다. 그래서 전도 사역은, 그리스도를 소개하고 사람들의 삶을 끝없이 계속되는 이야기와 이어 주는 일이 아니라, 세일즈맨이 되어 전통을 파는 것으로 둔갑한다.

어떤 이들에게는 이야기들이 얼어붙어 미래의 재림만을 기다리고 있다. 냉동 건조된 이야기들의 문제점은 생명의 물기가 쭉 빠져 버린 음식물의 문제와 같다. 맛이 역겹고 촉감은 벽돌 조각 같으며 너무 세게 쥐면 부서져 버린다.

어떤 이들은 이야기 자체가 김이 빠져 개정과 개작이 필요하다고 생각한다. 마치 하나님이 처음부터 잘못 쓰시기라도 한 것처럼 말이다. 그래서 성경 읽기는 성경의 숨은 뇌관을 찾는 지뢰 제거 작업으로 변질된다. 어떤 이들에게는 해 아래 새것이 없는 정도가 아니라 아예 해조차 없다.

어떤 이들에게는 성경 이야기가 본인의 이야기에 대한 부록이다. 죄책감 때문에 억지로 일정에 끼워 넣어 디즈니월드에 갔다 오는 식이다. 어쨌든 "읽었다"고는 말할 수 있을 테니 말이다. 그러나 우리의 이야기는, 하나님의 이야기 즉 선물과 은혜로 받은 그 이야기에 접붙여질 때에만 비로소 생명을 얻는다.

어떤 이들에게는 하나님의 이야기들이 가족 일기장에 적힌 내용이 아니라 하나님의 입법부에서 통과된 생활 법률이다. 예수님의 이야기들이 순전히 미친 짓으로 취급 받고 한낱 어린이 이야기로 일축되었던 가장 큰 이유가 거기 있다. 모세 율법은 어디 있나? 예언자들과 조상들의 말은 어디 있나? 심지어 그분의 비유들 속에 하나님은 어디 있나?[27]

전도란, 이야기하는 일에서 세상을 이기는 것이다. 그러려면 훨씬 나은 이야기, 세상 사람들의 마음과 생각을 얻을 수 있는 이야기, 사랑과 조화와 평화의 이야기를 해야 한다. 사람들은 잘못된 이야기들의 유혹을 받고 있다. 거기에는 우리가 진리, 온전한 진리, 오직 진리를 말할 줄 모르는 데도 일부 원인이 있다.

전도란 다른 사람들을 설득하여 당신이 믿는 명제를 받아들이게 하는 것이 아니다. 전도란 다른 사람들을 초대하여 예수님과의 관계를 시작하게 하는 것이다. 그분과의 여정에 올라 그분의 이야기를 자신의 이야기로 삼도록 하는 것이다. 어떻게 사람들이 예수님을 만나도록 도울 것인가. 이것이 전도의 기본 이슈일진대, 전도는 교리적 거래가 아니라 영적 상호 작용이다.

궁극적 시험

제2부에서 우리는 아브라함의 시험과 그것이 관계의 시험이 된 경위를 집중적으로 살펴보았다. 이제 하나님의 이야기에 대한 본 장을 '시험'의 기독교적 의미에 대한 신학적 묵상으로 마치려 한다.

시험test이라는 말은 질그릇을 뜻하는 라틴어 '테스툼'testum에서 왔다. 중세기에 '시험'에 해당하는 불어 단어는 귀금속을 감정, 평가할 때 쓰던 얕은 다공성多孔性 잔이나 회분灰粉 접시를 뜻했다. 불순한 은금을 이 잔에 넣어 가열하면, 잔이 금속의 불순물을 빨아들여 순금이나 순은 덩어리만 남기는 것이 '시험'의 기능이었다. 이 용어가 중세 영어에 차용되어 16세기 말경에는, 잔을 뜻하던 이 단어가 비유적으로 쓰여 시험이라는 보통 명사가 되었다. 귀금속을 '시험에 붙이면' 그 순도가 밝혀졌다.

성경은 "하나님이여, 주께서 우리를 시험하시되 우리를 단련하시기를 은을 단련함같이 하셨으며"라고 말한다.[28] 또 잠언에도 "도가니는 은을, 풀무는 금을 연단하거니와 여호와는 마음을 연단[시험]하시느니라"는 말씀이 있다.[29] 스가랴서의 이 말씀도 생각해 보라. "내가 그

삼분의 일을 불 가운데에 던져 은같이 연단하며 금같이 시험할 것이라. 그들이 내 이름을 부르리니 내가 들을 것이며 나는 말하기를 '이는 내 백성이라' 할 것이요 그들은 말하기를 '여호와는 내 하나님이시라' 하리라."30

이 모든 것 속의 기쁜 소식은? 예수님은 길이요 진리요 생명이며… 또한 시험이시다. 궁극적 시험이시다.

예수님은 그 시험의 답이시다. 모든 시험의 답이시다. 아니 그 이상이다. 그분은 위대한 시험 자체다. 귀금속의 불순물을 빨아들인 고대의 시험[다공성 잔]처럼, 예수님은 그 못 박히신 잔 모양의 손에 자신을 올려놓는 모든 사람의 불순물을, 죄와 더러운 것을 빨아들이신다.

예수님은 우리로 하여금 우리가 희망할 수 있는 모든 것, 본래 되어야 할 모든 것이 되게 하시는 궁극적 시험이시다. 우리가 꿈꿀 수 있는 것보다도 더 놀라운 관계 속에 살며 사랑하게 해주시는 시험이다. 우리의 모든 상처와 병과 불순물과 부족한 것을 빨아들이시고, 우리의 힘을 오병이어처럼 넘치게 해주시며, 우리로서는 상상할 수도 없는 방식으로 그것들을 사용하시는 시험이다.

아브라함의 시험이나 제자들의 답지를 채점하지 말자. 우리 자신의 시험을 치르자.

우리에게 주어진 문항은 이것이다. 우리는 궁극적 시험[예수님]에까지 이를 수 있는가?

4부

믿는 사람들과의 관계

7장 | '서로' 사랑하기
옳아서 더 문제일 때

> 내가 너희를 사랑한 것같이 너희도 서로 사랑하라.
> —예수[1]

톰 와일즈Tom Wiles는 피닉스 소재 그랜드캐니언 대학교에서 한동안 교목으로 봉직했다. 몇 년 전 그는 자신의 새 포드 트럭을 몰고 피닉스 공항에 나와 나를 태우고는 자기네 학교로 향했다. 나는 거기서 리더십 수련회 기조 연설을 하기로 되어 있었다. 나도 새 차를 살 때 넘겨버린 내 닷지 트럭을 아직 애석해하고 있던 터라 우리는 금세 마음이 통했다. 우리는 트럭에 얽힌 이야기들을 주고받으며 "사내와 그의 트럭보다 아름다운 것은 없다"는 범퍼 스티커의 진부한 말에 웃음을 터뜨리기도 했다.

다음날 공항으로 돌아가는 길에 그의 2002년형 레인저에 올라타는데 승객 쪽 차문에 크게 긁힌 자국이 둘이나 눈에 띄었다. "어떻게 된 겁니까?" 내가 물었다.

"옆집 농구골대가 넘어지는 바람에 그렇게 파이면서 허옇게 자국이 났습니다." 톰은 풀죽은 소리로 대답했다.

"설마! 어떻게 그런 일이 다 있습니까?" 정말 안 됐다는 생각이 들었다. "아직 새 차 냄새도 가시지 않은 새 트럭인데."

"설상가상으로 옆집 사람은 자기 잘못도 아니라는군요."

나는 새로 사귄 친구를 변호할 생각에 물었다. "보험 회사에 연락은 했습니까? 그 사람한테서 어떻게 돈을 받아 내실 겁니까?"

"정말이지 이번 일은 저한테 하나의 영적 여정이 되었습니다." 톰이 대답했다. "변호사 수임에 대해 아내와 많이 의논하고 깊이 성찰한 끝에 결국 도달한 결론은 이겁니다. 나는 옳은 사람이 되거나 옆집 사람과의 관계를 지키거나 둘 중 하나입니다. 아무래도 이 트럭보다는 옆집 사람이 나하고 더 오래 지내게 될 테고, 그래서 나는 옳은 사람이 되느니보다는 관계를 지키기로 했습니다. 게다가 트럭은 어차피 망가지는 것 아닙니까? 내 트럭은 예상보다 좀더 일찍 현실 세계에 부딪친 것뿐이지요."

옳은 너무나 옳은

톰의 지혜가 그 뒤로 나를 떠나지 않았다. 나는 '내가 옳다'는 개인적 만족을 위해 '우리의 관계'를 희생한 적이 얼마나 많았던가? 논쟁에는 이겼지만 친구를 잃거나 마음에 상처를 입힌 적이 얼마나 많았던가? 내 친구 부인은 남편에게, 만일 남편이 자기가 "항상 옳아야" 한다고 생각한다면 자칫 "사소한 것에 목숨 거는" 것일 수 있다고 경고한다.

변호사 시절 아브라함 링컨은 2달러 50센트 빚에 대한 소송을 의뢰받았다. 그는 마음이 내키지 않았지만, 의뢰인은 소송 대상이 친구임에도 불구하고 이는 원칙의 문제라고 고집했다.

그래서 링컨은 수임료로 10달러를 선불하라고 했다. 그리고는 절반을 피고에게 주었고 피고는 그 돈으로 즉시 빚을 갚았다.

한편, 그리스도인들의 집단은 어떤가? 그리스도인들이 서로 관계를 지키기보다는 저마다 자기가 옳다는 바람에, 교회가 세상 문화에 대해 신뢰를 잃고 있지는 않은가? 우리는 내 입장이 옳고, 내 판단이 옳고, '바른' 성경 해석도 내 방식이 옳다고 우긴다. 같은 신앙을 가진 동료 그리스도인들과의 관계를 돈독히 하기보다는 내가 이겨야 직성이 풀린다.[2]

서구 교회와 현행 의료 제도-거의 전 세계적으로 욕을 듣고 있는 제도-사이에 섬뜩한 유사점이 보인다. 당신의 피 흘리는 세 살배기 아이를 급히 응급실로 데려가 보라. 맨 먼저 묻는 것은 "어디가 아픕니까?"가 아니라 "보험카드 어디 있습니까?"이다. 마찬가지로 교회를 방문하는 사람도 관계("어떻게 하면 저희가 당신을 사랑할 수 있을까요?")보다는 옳음의 확인("당신은 그리스도의 신성을 믿습니까? 성경의 무오성을 옹호합니까? 전천년설 종말론을 받아들입니까?")을 경험할 때가 많다. 교회에는 깊은 신조가 있다. 그러나 그 신조에 우정이 밀려나는 것은 아닌가? 예수님은 안식일에 해서는 안 될 일에 대한 종교적 규정을 잘 아셨다. 그러나 그분은 규정을 무시하고 병자를 고쳐 주셨다. 예수님이 설명하신 것처럼, 하나님은 규정을 섬기라고 우리를 여기에 두신 것이 아니다. 정반대다. 규정이 우리의 유익을 위해 있는 것이다.[3]

관계가 지배한다

예수님은 우리에게 '바른' 신학을 가르치러 오셨나? 아니면 우리와 하나님의 관계와 우리 서로의 관계를 구속救贖하러 오셨나? 요한복음 17장에 나오는 예수님 자신의 '기도 보고서'를 보면, 자신의 관계들에 대한 그분의 청지기 사역이 중심을 이룬다.[4] 의미심장하게도, 죽으시기 전 예수님의 마지막 행위는 가족들을 챙기시는 배려였다.

가족은 관계의 다른 이름이다. 예수님은 가족이 혈연과 지연보다는 오히려 영혼과 땀이라고 가르치셨다. 예수님은 열두 동역자들에게 가족이 되는 법—피차에게 속하여 함께 잘 지내는 법—을 가르치심으로 세상을 구원하셨다. 그나마 그 중 하나는 실패로 돌아갔다.

가정을 행복의 가장 큰 원천으로 꼽는 조사 결과들이 속속 나오고 있다. 성인 남녀들에게 삶의 다섯 가지 요소[관계, 건강, 개인적 성취(개인적 성장과 직업 만족도), 재정 상태, 여가 활동]에 순위를 매기도록 했을 때, 자신 및 타인과의 관계가 일관되게 양질의 삶을 위한 첫째 요소로 꼽혔다.[5]

예수님의 제자들한테 이는 놀랄 일이 아니다. 관계는 기독교 신학의 중심축이다. 하나님은 사랑이시고 사랑은 관계 밖에서는 불가능하기 때문이다. 관계는 새로운 창조 세계인 하나님 나라의 생태계다. 성령은 개개인에게 주어진 선물이 아니다. 성령은 그리스도의 몸에게 주어진 선물이다. 우리는 서로 함께 살며 서로의 말을 듣고 서로에게 배우는 수밖에 없다.

'서로'간의 즉 그리스도의 몸 안에 있는 다른 신자들과의 관계를 비롯해서 우리에게 하나님을 계시해 주는 몇 가지 관계가 있다. 하나님은 우리 개개인 안에만 아니라 우리

> 다른 것들을 다 갖추었다 해도 친구 없는 삶을 택할 사람은 아무도 없다.
> — 아리스토텔레스[6]

전체 안에 거하신다. 하나님은 그리스도께서 내주하실 수 있는 새로운 개인들도 창조하시지만, 또한 하나님의 생명이 재생산되어 흩어져 나갈 수 있는 새로운 백성 즉 그리스도의 몸도 창조하신다.

근대에는 사람들이 교회에 와서 "하나님이 누구입니까?"를 물었다. 그러나 포스트모던 시대인 오늘날에는 사람들이, 그나마 교회에 온다면, 이렇게 묻는다. "하나님의 사람들은 누구입니까? 기독교는 어떻게 공동체와 실천으로 환산됩니까?"

기독교 철학자 스탠리 그렌츠Stanley Grenz는, 현대인들의 영적 추구는 하나님과 함께 "나 홀로 집에"서 하기보다 서로 간의 다면적 관계 속에서 해야 한다고 역설했다.[7] 교회가 모일 때, 삶의 다른 무대에는 존재하지 않는 하나님과의 관계가 가능해진다. 교회 없이 예수님만 가질 수는 없다. 그렇다고 "교회가 있는 곳에 예수님이 계신다"는 말은 아니다. 오히려 거꾸로다. "예수님이 계신 곳에 교회가 있다." 우리가 공동체로 있을 때 하나님이 임재하시며 우리와 소통하신다. 그렇다면 그것은 어떤 모습일까? 다른 말로 묻는다면, 그리스도의 몸 안에서 역동하고 성장하는 관계는 어떤 모습일까?

옳다고 다 옳은 것이 아니다

그렇게 많은 초대 그리스도인들이 새로운 종교 운동을 위해 목숨을 버린 까닭은 무엇일까? 예수님의 죽음과 부활에 대한 특정한 기사에 동의했기 때문인가? 아니면 초대 기독교가 그들의 삶에 관계의 틀을 제시했고, 거기서 나온 영적 구속救贖과 사회적·심리적·지적 성장의 길에 힘입어 결국 예수님에 대한 그들의 신뢰가 점점 깊어지고 자랐기 때문인가?

과거의 우리라면 권위적이고 구속력 있는 '관계 규칙' 운운하며 답했을 것이다. 그러나 나는 **규칙**이라는 말을 그 자체보다는 본래의 의미에 맞추어 사용하고 싶다.

규칙rule은 헬라어로 '카논'kanon(영역·범위)이다. 그것이 라틴어로는 '곧은 막대, 장대'를 뜻하는 '레귤라'regula로 옮겨졌다. 베네딕트회 수사 데이비드 스타인들-라스트David Steindl-Rast는 '레귤라'의 어원적 의미가 '버팀목' 즉 식물이 하늘을 향해 똑바로 자라도록 대 주는 막대기임을 밝혀냈다. 혼자 서지 못하는 식물도 버팀목을 대 주면 계속 하늘을 향해 기어오를 수 있다. 이렇듯 원래 성 베네딕트의 규정집과 '규정 준수의 삶'에 대한 소명도 영적 성장의 틀을 제공하기 위함이었다. 그러한 생활 습성 덕분에 '오르는 자'는 더 높이 뻗을 수 있었고, '규정을 지

> 그대가 공동 규칙에 따른다면 오직 그리스도와 복음 때문에만 그리할 수 있다. [규칙의] 취지는 그대를 쓸데없는 족쇄에서 자유케 하여, 책임을 더 잘 감당하고 그대의 사역에 담대함이 넘치게 하기 위함이다.
> – 테제 공동체 설립자 로제 수사[8]

키는' 사람은 자유로이 하나님을 더 잘 섬기며 남들과도 깊은 연대감을 이룰 수 있었다.[9]

성장을 위하여

권력의 회랑에서 가장 큰소리로 아우성치는 '성장' 패러다임―확장을 통해 끝없이 발전한다는 개념―의 맹점을 나도 안다. 세상과 교회 공히 성장을 첫째이자 최고선으로 치는 성장 제일주의의 역풍逆風에 나도 공감한다.[10] "무한한 성장"이란 어불성설이라고 주장한 학자도 있다.[11] 숲은 벌거숭이가 되어 가고, 지하수는 점점 줄어들고, 빙하는 녹고, 산호초는 죽어 가고, 사막은 확장되고, 습지는 자취를 감추고, 토양은 산성화되고, 깨끗한 물은 사라지고 있는데, 그것을 대가로 계속 성장할 수 있다는 개념은 망상적 낙관론이라는 사실이 이제는 바르게 인식되고 있다.

무제한의 성장은 암세포, 전염병, 미래의 재앙, 멸종 따위를 상기시킨다. 전에는 발전의 척도였던 것이 이제는 인류의 가장 큰 문제들의 징후가 되었다.[12] '개발된' 토지는 이제 '파괴된' 토지를 뜻한다. 우리는 단풍나무를 다 뽑아 낸 자리에 쇼핑몰을 짓고는 우리 손에 죽은 것들을 기념하여 이름을 붙인다(단풍나무 쇼핑몰). 성장하는 도시에 사는 사람 아무하고나 얘기해 보라. 극심한 교통 정체로 인한 고역스런 삶과 자원 고갈에 대해 듣게 될 것이다.

그러나 자연을 보면 유기체, 숲, 개체, 정원, 가정 등 모든 것이 성장한다. 융 학파의 정신분석학자 제임스 힐먼James Hillman은 성장을 다른 시각에서 정의했는데, 그것이 현실의 관계적 본성과 더 잘 맞는다.[13] '환경 보전'이니 '성장 억제'니 '제로섬' 모델 같은 대안들을 내세워 성장 개념을 버릴 것이 아니라, 성장이라는 현실에 좀더 관계 지향적인 범주에서 다시 접근해 보자. 성장 개념을 비켜 간다는 것은 성경적으로 불가능하다. 사실 바울의 '온전함'이란 개념은 '장성한 상태'를 뜻한다. 그런 삶에는 성장과 성숙과 원숙을 위한 자리가 있다.

지난 20년 간의 리더십 서적들에서 발굴된 가장 중요한 발견은 성공적인 리더십의 지표가 되는 두 가지 징표다. 하나는 발전적인 관계들이고, 또 하나는 발전적인 관계들의 산물인 발전적인 이야기들이다. 흥미롭게도, 성공적인 리더십의 이 두 징표는 초대 기독교에서 너무도 중요했던 세 가지 '성령의 징표' 중 둘에 해당된다. 초대 교회는 진정성을 가려 주는 세 가지 시험을 크게 강조했는데, 그것을 '성령의 징표'라 하기도 했다.

첫째는 지난 20년 간의 리더십 서적들에 빠진 것으로, 그리스도의 주되심과 사도적 증거의 중심성이다.[14] 그리스도인들에게 다른 모든 것은 그리스도의 우월성에 비하면 퇴색되고 만다.

성령의 두 번째 징표는 그리스도인들의 삶 속에 발현되는 "성령의 열매"다.[15] 야고보는 우리에게 "마음에 심어진 말씀을 온유함으로 받으라"고 권면한다.[16] 하나님의 말씀은 열매를 맺되, 그 열매는 말씀을 깨달을 때 맺히는 것이 아니라 말씀대로 살 때―삶 속에 심고 이식할 때―맺힌다. 그리고 성령의 열매는 관계로 입증된다. 관계가 나빠지면 결실도 부실해지고 관계가 좋아지면 결실도 실해진다. 이는 교회 내 그리스도인들의 상호 관계뿐 아니라 기업 세계에도 똑같이 해당된다.[17]

성령의 세 번째 징표는 그런 영적인 발현이 교회에 미치는 유익이다.[18] 다시 말해, 관계가 좋아지면 그 발전적 관계를 뒷받침해 주는 이야기들이 생겨난다. 성경적이고 건강하며 정말 열매 맺는 성장인지 아닌지는 숫자가 아니라 관계로 판가름 난다. 어쩌면 지금은 교회의 통계에 대해 유예를 선언해야 할 때인지도 모른다. 그 대신 우리가 "교회에 영적 열매가 나타나고 있는가? 더 이상 통계 수치가 아닌 이야기들을 보여 달라"는 주문에 대해 답변만 내놓을 수 있다면 어떻게 될까? 교회를 향한 내 꿈은, 하나님의 사람들이 골프 이야기보다 하나님 이야기들을 더 많이 하는 것이다. 하나님이 하고 계신 일들에 대하여 사람들이 말을 멈출 수 없을 때, 그것이 진정한 대각성이다.

8장 | 바른 관계의 의식들
우리의 공동 생활은 원리 이상을 요한다

> 지구상에 교회가 존속하고 있다는 사실보다 더 확실히
> 하나님의 끝없는 자비를 내게 확신시켜 줄 수 있는 것은 없다.
> ─애니 딜라드[1]

1세기 때 그랬듯이 기독교는 오늘도 관계적 레퍼토리의 수단들을 발휘해 사람들을 끌어들인다. '서로'와의 진정한 영적 관계는 다섯 가닥 끈을 한데 꼰 관계 매트릭스 안에서 발생한다. 이런 견지에서 지금부터 영적 성장의 기틀이 되는, 서로 함께하는 삶의 5가지 '관계 법칙'을 살펴보자.

1. 관계는 깊어진다.
2. 관계는 강화된다.
3. 관계는 벗는다.
4. 관계는 반복된다.
5. 관계는 비워 간다.

이러한 법칙이 버팀목이 되어 줄 때, 성장은 어떻게 서로와의 관계 속에서 우리를 하나님께로 이끌어 줄까? 이 5가지 법칙이 한데 뭉쳐 버팀목이 되면, 우리는 거기에 기대어 깨어진 관계와 조각난 진실의 세상에서 순전하고 진실한 관계를 키우고 다듬어 갈 것이다.

1. 성장하는 관계는 깊어진다

깊어지는 관계는 아래로 내려간다. 그리고 깊어지면 더러워진다. 존 앰브로즈 우드John Ambrose Wood 목사는 저술가 캐서린 마샬의 아버지였다. 사역 기간 내내 그는 시골 교인들을 섬겼다. 하루는 그가 웨스트 버지니아 주 키저의 새 교우를 심방했다. 목사가 인사하며 손을 내밀자 B&O(볼티모어 오하이오) 철도회사 직원인 그 남자가 미안해하며 말했다. "제 손이 너무 더러워서 목사님과 악수를 못하겠습니다."

그러자 목사는 몸을 굽혀 양손에 석탄 가루를 묻힌 다음 그 사람에게 새까매진 손을 다시 내밀었다. "이제 괜찮겠습니까?"[2]

제임스 힐먼James Hillman은 깊어 가는 관계를 "흙먼지 속의 작업"이라 정의한다.[3] 식물은 먼저 아래로 자라지 않고는 하늘로 자랄 수 없다. 화려한 꽃은 칙칙하고 더러운 뿌리의 부산물이다. 꽃피는 관계는 무릎 꿇고 손을 더럽히며 밑바닥 이슈들로 파들어 간다.

이런 하향 이동을 긍정적으로 보기 힘들 때도 있다. 우리는 하나님을 우리 밑에 계신 분이 아니라 우리 위에 계신 분, 우리 '아래를 받치시는' 분이 아니라 '위를 두르시는' 하나님으로 생각하기를 좋아한다. 그러나 우리의 관계가 열매를 맺으려면 먼저 성령의 땅 속에 뿌리를 내려야 한다. 내적 성장이든 외적 성장이든, 성장이란 땅에서 제 뿌리를 뽑아내 독립하는 것이 아니다. 오히려 반대다. 성장이란 끊임없이 뿌리로 돌아가 양분과 활력을 얻는 것이다. 열매는 뿌리에서 온다.

궁극적 열매는 사랑의 맛을 내시는 예수님이다. 일부 초대 기독교

저작을 보면 예수님이 낙원의 "지식 나무"에서 나는 "이 열매"로 표현되어 있다. 그리스도 안에 접붙여질 때 우리는 사랑의 열매를 맺는다. 그리고 그 사랑의 열매를 통해 천국이 지상으로 뚫고 들어와 자라간다. 교회와 성례는 이 자라가는 천국―포도나무와 가지들의 공동체―의 '첫 열매'다. 이 공동체에서 건강한 관계란 서로를 계속 깊이 알아가는 것으로 정의된다.

> 크고도 작은 분!
> 만유를 끌어안는 그분의 출생으로…
> 천국은 지상으로 몸을 굽힌다.
> ― 케임브리지 학사, 시인 리처드 크래쇼[4]

성경에는 우리와의 관계를 위해 주저없이 손을 더럽히신 하나님 이야기가 나온다. 우리 하나님은 주도적으로 먼저 "내려오신다." 사상 최대의 하강은 하나님 자신이 우리 중 하나가 되어 내려오신 것이다.[5] 에베소서에는 그것이 "내리셨던 그가 곧…오르신 자"라고 되어 있다.[6]

성육신은 깊어 가는 관계 중 역사상 가장 위대한 것이다. 자연 세계에 중력이 있다면 영의 세계에는 은혜가 있는데, 그 은혜는 우리를 관계의 밑바닥으로 데려감으로써 오히려 높이 들어올린다. 그러나 예수님이 하늘에서 땅으로 내려오신 것으로 다가 아니었다. 하나님의 하강은 예수님이 몸을 낮추어 제자들의 발을 씻기심으로 하나님의 무한히 깊은 사랑을 구현하신 그때에 비로소 완성되었다. 1세기에 **발**은 인체의 가장 더러운 부분이었다. 예수님 외에 1세기의 어떤 랍비도 자기 제자들의 발을 씻겨 주지 않았다. 손을 더럽히며 적시지 않고는 발을 씻길 수 없다. 심판 날 우리에게 들려올 질문은 "네 손을 보자. 얼마나 더럽고 젖어 있느냐?"이다. 그런데도 우리 중에는 손을 깨끗이 간수하려는 사람들이 너무 많다.

예수님은 주종 관계의 도덕적 통념을 뒤집으셨다. "내가 진실로 너희에게 이르노니 주인이 띠를 띠고 그 종들을 자리에 앉히고 나아와 수종 들리라."[7] 만인의 주께서 만인의 종이 되신다. 종servant이라는 말은 문자적으로 '식탁에서 시중든다'는 뜻이다. 교회가 식탁에서 시중들기보다 자리에 앉으려 할 때 교회의 섬김은 인색해진다. 그리고 섬김이 인색하면 아무리 진찬을 푸짐히 차려 놓아도 식탁이 비게 마련이다.

당신의 품위가 걱정된다면 이것을 생각해 보라. 벌거벗고 십자가에 매달리는 데 품위가 어디 있나? 무릎 꿇고 남의 몸의 가장 더러운 부분을 씻기는 데 품위가 어디 있나? 말구유에서 태어나는 데 품위가 어디 있나?

깊어 가는 관계의 두 번째 측면은 뿌리를 내리는 것이다. 교회는 소통하며 살아가는 사람들의 뿌리 공동체다. 하나님의 이야기 및 서로의 이야기들과 얽혀 짜인 관계들이다.

물론 교회의 모습은 뿌리 공동체 외에도 여러 가지다. 교회는 그리스도의 용서가 시행되는 장이다. 교회는 그리스도의 임재의 성례다. 교회는 사람들이 서로 은사를 교환하고 키워 갈 수 있는 은사 나눔의 장이다. 교회는 보증금을 전혀 내지 않는 '서약'enechuron 공동체와는 다른 종말론적 '보증금'arrabon 공동체다. 교회는 하나님이 꿈꾸시는 미래의 맛보기다. 교회는 그리스도의 영께서 순환하시는 그러나 때로는 초월하시는 장이다. 성령은 기독교 공동체 안에서 못지않게 그것에 반反하여 일하실 수도 있기 때문이다.

그러나 무엇보다도 교회는 우리를 믿음의 조상들, 전통들, '사도들의 가르침,' 이야기들, 노래들 등 우리의 뿌리와 연결시켜 준다. "내 평생에 가는 길"을 눈물 없이 부를 수 있다면 당신은 그 노래의 이야기를 모른다. "나 같은 죄인 살리신"을 전율 없이 부를 수 있다면 당신은 복음 이야기를 모른다. 옷깃을 여미지 않고서 사도신경을 말할 수 있다면 당신은 교회 이야기를 모른다. 끊임없이 요동치는 세상에서 우리의 뿌리는 예수님 반석이다. 이 반석은 쥐라기의 어떤 암석보다 단단하면서도 어떤 암반 지하수보다도 생수가 콸콸 솟아나는 반석이다.

2. 성장하는 관계는 강화된다

소본푸 소메Sobonfu Somé는 온 가족이 생활 공간을 공유하고 다세대가 함께 살아가는 서아프리카 다노에서 자랐다. 그녀가 미국의 큰 집에서 남편 말리도마와 달랑 둘이 살고 있다는 말을 듣고 본국의 가족들은 그녀를 딱하게 여겼다. 사실 소메의 어머니는 고개를 저으며, 어쩌다 이런 세상이 왔느냐는 투의 목소리로 부르짖었다. "너 어쩌자고 그렇게 사는 거냐?"

소메는 이렇게 썼다. "나는 어머니에게 사람마다 자기 공간이 따로 있고 찾아갈 마을도 없다고 설명해 드렸다. 여기는 우리 삶의 장場인 가정이 없다. 어머니에게 '여기 오셔서 저와 함께 살아도 돼요' 했더니 어머니는 '아니다, 그런 데서는 못 산다' 하셨다."[8]

우리는 크고 거창한 것을 숭배하는 문화 속에서 살고 있다. 텅 빈 큰 집이 소메의 어머니에게 상상 못할 일인 것만큼이나, 대형화와 확장 대신 소형화와 강화에 기초한 성장 개념이 상상 못할 일인 까닭도 거기에 있다.

그리스도의 몸 안에서 관계가 강화되면 두 가지 일이 벌어지는데, 곧 공명이 많아지고 대화가 많아진다. 둘 다 주님을 "찬미(확장)하는" 일이다.[9]

> 눈송이는 자연의 가장 부서지기 쉬운 것 중 하나지만 그런 눈송이들이 서로 뭉쳐 무슨 일을 할 수 있나 보라.
> — 베스타 M. 켈리

참된 성공의 세계에 들어선다는 것은, 숫자와 결과에 연연하지 않고 공명과 소통과 공존의 영역을 항해하는 것이다. 궁극적 성공은 세상이 정의하는 성공에서 벗어나 그것을 앞지르는 것이다. 진짜 성공은 성공에 앞서 물리학자들이 말하는 '이상한 끌개'strange attractors—일상 속에 숨어 발견되기를 기다리고 있는 진리들—부터 찾아내는 것이다. 이상한 끌개가 드러나면 강력한 공명을 일으킨다. 처음에는 그것을 어떻게 생각해야 할지, 그것으로 무엇을 해야 할지 묘연하지만, 차차 그 공명이 세상을 뒤흔들기 시작한다.

역사의 주된 진보들은 공명의 원동력으로부터 초래되었다. 1840년대의 산과의사 이그나즈 필립 제멜바이스Ignaz Philipp Semmelweis는 손 씻기라는 '이상한 끌개' 하나를 발견했다. 그는 분만 중 여성 사망률이 그토록 높은 이유 하나가 의사들이 손을 씻지 않기 때문임을 확신하게 되었다. 그의 위생 대책 덕분에 분만 중 사망률이 연 9.92%에서 1.27%로 낮아졌음에도 불구하고, 비엔나는 그를 비웃었고 의학계는 그를 축출했다.¹⁰ 의사의 손 씻기가 환자의 열 예방과 무슨 관계가 있는지 1840년대 당시에는 아무도 상상할 수 없었다.

그로부터 수십 년 후 루이 파스퇴르가 동일한 '이상한 끌개'의 발견을 발표했다. 그는 전염병의 원인은 세균이라고 주장했다. 이 끌개가 어찌나 이상했던지 한 동료 과학자는 파스퇴르에게 결투를 신청했다. 프랑스 의료원은 너무 당혹한 나머지 파스퇴르의 회원 자격을 박탈해 버렸다.¹¹

기독교에도 고유의 이상한 끌개들이 있다. 죄의 삯은 사망이다. 그러나 의의 삯도 치명적일 수 있다. 그것은 박해와 모욕과 추방과 고립의 형태로 찾아온다. 예루살렘이 예수님에게 어떻게 했고 교회가 갈릴레오에게 어떻게 했는지 보라.¹² 영적 진리는 찬반 투표나 고개를 끄덕이는 것으로 계시되지 않는다. 기독교에서 도덕적 승리는 흔히 지는 쪽에게 돌아간다.

'성공'의 대중적 의미는 무리를 이기거나 주도하는 것, 남보다 앞서는 것, 으뜸이 되는 것이다. 그러나 **성공**success이라는 말에는 뒤따르거나 뒤잇는다는 뜻도 있다. 누군가의 '뒤를 이을'succeed 때, 당신은 다른 사람의 뒤를 계승하여 그의 정신적 유산을 수호하는 것이다. 때로 그리스도를 위한 성공은 그분을 뒤따라 걷는 것과 다름 없다.

예수님에게 성공이란 '카이로스'kairos다. 이는 궁술에서 성공리에 과녁을 맞힐 화살이 시위를 떠나는 순간을 가리키는 고대 헬라어 단어다. 화살은 아직 목적지에 이르지 않았다. 그러나 미래를 잉태한 신비의 순간은 이미 그 여정을 떠났다. 공명의 원동력을 통해 사람들은 미래의(그리고 하나님의) 음성을 좀더 잘 듣게 된다. 진리이신 그분의 음성을 우리 안에 공명시켜 주는 것이면—하나님 임재의 공명을 일으키는 것이면—미소, 농담, 포옹, 은유, 책, 발견 등 무엇이든 공명의 원동력이 될 수 있다. 공명은 우리가 받아들인 진리의 소리로서, 그 소리가 우리 영혼 안의 진리를 증폭시켜 준다.[13]

강화된 관계는 공명과 아울러 대화, 즉 밀접한 관계로 거미줄처럼 얽혀 있는 상호 소통을 낳는다. 상호 소통이 복잡할수록 지능도 높아진다. 오징어의 신경세포와 인간의 뇌세포 사이에는 사실상 뚜렷한 차이가 없다. 둘을 구분해 주는 것은 상호 연결된 세포가 인간에게 더 많다는 것이다. 인간의 뇌에는 1천억 개의 신경세포가 있는데, 두 신경세포 사이에 서로 연결된 곳이 최소 1천 곳이니 전체 연결고리는 100조 개에 달한다. 뇌의 다양한 부위에 고립된 곳이 적을수록 그 종種의 지능은 높아진다.

신앙 공동체든 기업체든 어떤 공동체를 논할 때, 그 공동체의 높은 지능은 고립된 개개인이 아닌 관계의 매듭—그룹, 네트워크, 단체—에서 비롯된다. 지능은 연계성과 소통의 직접적 결과다. 그리고 참된 소통은 곧 대화다.

그러나 아무 대화나 소통인 것은 아니다. 작금의 라디오 토크에서 대화랍시고 진행하는 것과 18세기 찻집의 대화를 비교해 보라. 후자의 경우 신사는 "대화의 남자"로 정의되었고 대화는 예술의 한 형태로 격상되었다. 그야말로 토론으로 세상을 발전시킬 수 있었던 것이다.[14] 아브라함이 소돔과 고모라 문제로 하나님과 논의하며 깨달은 것처럼,

최고의 대화 상대란 당신이 함께 논의도 할 수 있고 반박도 할 수 있으나 그를 빼놓고는 절대 토론이 불가능한 그런 상대다.

1931년 9월 19일, 휴고 다이슨Hugo Dyson과 J. R. R. 톨킨Tolkien과 C. S. 루이스 사이에 3자 대화가 벌어졌다. 저녁 후, 세 친구는 옥스퍼드 캠퍼스를 거닐며 신화와 은유와 메시아를 얘기했다. 세 석학 모두 그 날의 대화에 어찌나 매료되었던지 나중에 그것을 글로 남기지 않을 수 없었다. 톨킨이 먼저 자리를 떴다. 그 때가 새벽 3시였다.

> 예수님은 설교는 적게
> 대화는 많이 하셨다.
> 대답은 적게 질문은 많이 하셨다.
> 추상적 개념과 명제는 적게
> 이야기와 비유는 많이 하셨다.
> 이렇게 생각하라는 교시는 적게
> 스스로 생각하라는 도전은 많이 하셨다.
> 비종교적인 자들에 대한 정죄는 적게
> 종교적인 자들에 대한 지적은 많이 하셨다.
> ─ 저술가, 목사 브라이언 맥라렌15

루이스와 다이슨은 새벽까지 얘기했다. 둘은 서로의 두려움과 희망과 욕망을 들었고, 각자 자신이 하나님께 더 가까워지는 것을 느꼈다. 사실, 그로부터 12일 후 루이스는 한 친구에게 "이제 막 나는 하나님을 믿는 데서 그리스도를 확실히 믿는 자리로 넘어왔네.…그 밤 다이슨과 톨킨과 나눈 긴 대화가 큰 역할을 했다네"16라고 썼다.

최고의 대화는 우리가 생각하는 방식과 살아가는 방식을 바꿀 수 있게 해준다. 최고의 대화를 나누다 보면 진리에 맞닥뜨리지 않을 수 없다.

3. 성장하는 관계는 벗는다

성장하는 그리스도인 공동체는 벗는 교회여야 한다. 모든 성장하는 것은 벗는다. 살갗의 허물 벗기처럼 일정하게 예정된 벗음도 있다. 그러나 배반, 이혼, 죽음의 산불처럼 급작스럽고 비참하고 불확실한 벗음도 있다.

인생의 산불에 대비하는 최선책은 미리 태우거나 전략적으로 벗는 것이다. 강화가 다소 복잡한 과정이라면 벗음은 단순화다. 20세기의 위대한 성악가 매리언 앤더슨에 대해 이런 말이 있다. "그녀는 단순히 대단해진 것이 아니라 대단히 단순해졌다."[17] 나이가 들어갈수록 내 신학은 더 두껍고 복잡해지지만 내 믿음은 점점 단순해지고 있다. 아주 단순한 몇 개의 단어 특히 예수라는 한 단어를 중심으로 결정화하고 있다.

모든 벗음shedding에는 작업실sheds이 필요하다. 벗는 작업이 비교적 안전하게 이루어질 수 있는 곳 말이다. 지구의 경우 남극 대륙이 단순화 작업실이다. 남극 대륙은 지구 대기의 열을 식혀 준다. 모든 것을 단일 상태(얼음)의 단일 물질(물)로 환원시켜 단일 부산물(산소)을 방출한다. 만년설과 다우림(지구의 양대 허파)의 단순화 작용이 없으면 지구는 숨쉴 수도 성장할 수도 없다.

나는 저마다 특별한 용도가 있는 세 가지 작업실 주변에서 자랐다. 그것은 육묘장, 옥외 변소, 공구실(겸 나뭇간)이다. 이 셋을, 참된 성장을 위한 유익한 준비 과정으로서의 벗음을 은유하는 데 유용할 듯도 하다.

육묘장: 새로운 학습과 새로운 성장을 위한 곳

육묘장育苗場은 새로운 생장물을 배양하거나 기존의 생장물을 더 큰 화분의 새 흙에 옮겨 심어 뿌리가 자랄 공간을 주는 곳이다.

내 평생 가장 절친했던 관계 중 하나는 처음 만났을 때 연세가 아흔이 다 되었던 한 여자분과의 관계다. 그 때 나는 30대 중반이었고 막 어느 신학교 학장이 된 후였다. 부임 첫 주에 나는 "데이튼 시의 두 훌륭한 귀부인"으로 칭송받는 80대 할머니들에 대해 들었다. 그 도시를 애틋이 사랑했던 그들은 둘 다 그 곳 사람들의 삶에 우뚝 솟은 존재였으며 걸출한 박애주의자들이다. 그리고 두 이름 다 내가 만나야 할 사람들 목록 맨 위에 올라 있었다.

한 분에게는 만남을 제의했다가 대번에 거절당했다. 그러나 다른 분인 마리 얼Marie Aull에게 만남을 제의했을 때는 사뭇 달랐다. 마리는 각기 다른 나이의 사람들과 어울려 지내기를 좋아했다. 그녀의 '옛 친구들' 부대는 폭넓고 영향력이 컸다. 그럼에도 그녀는 자신의 여생이 영구차의 긴 행렬이 되지 않도록 하려면 측근 반경에 새 친구들을 불러들여야 함을 알았다. 아직 정신이 온전한 한(그녀는 105세까지 살았다) 마리는 인생을 육묘장에서 보냈다.

지상 명령("그러므로 너희는 가서 모든 민족을 제자로 삼아"[18])에 '제자'로 번역된 단어는 헬라어 명사 '마테테스'mathetes다.[19] 복음서에서 예수님을 따르는 자를 지칭할 때 가장 빈번히 사용된 이 단어는 문자적으로 '배우는 자, 학생, 도제'라는 뜻이다. 그리스도와 맺는 관계의 목표는 한 번 박식해지고 마는 것이 아니라, 평생 학생이 되어 새로운 지식과 새로운 친구들과 새로운 곳들에 마음을 열고 사는 것이다. 그리고 배운 것을 자신의 삶 속에 통합하는 것이다.

예수님이 오시기 전만 해도 하나님의 기름부음 받은 지도자들 앞에서 한 개인의 위치는 제자가 아니라 종이었다. 모세나 엘리야나 엘리사를 '따른' 사람들은 종이었다. 그러나 '마테테스'라는 말에는 '배우는 자, 학생' 이상의 뜻이 있다. 신약 성경에 이 단어가 쓰일 때는, 희생과 죽음도 불사할 정도로 '한 사람과의 가깝고 최종적인 관계'라는 의미가 들어 있다.[20] 제자는 배우는 자이되 스승이 이끄는 곳이면 어디든 가는 관계다. 예수님은 제자들에게 멘토이신 성령을 통해 평생 배우는 삶을 약속하셨다. "성령 그가 너희에게 모든 것을 가르치고 내가 너희에게 말한 모든 것을 생각나게 하리라."[21] 예수 학교는 절대 우리를 육묘장에서 졸업시키지 않는다. 지혜는 평생의 순례 길이다.[22]

성장하는 결혼 생활에서는 부부가 둘 다 항상 서로에 대해 뭔가를 처음으로 배우는 중이다. 모든 배우는 자들이 그렇듯이 물론 우리도 서로에게, 심지어 하나님께도 미련한 질문을 던지곤 한다. 예수님의 첫 제자들이 던졌던 미련한 질문들을 생각해 보라. "제가 주님의 오른편에 앉아도 됩니까? 우리를 거부한 저 도시에 불을 내려도 될까요? 몇 번이나 용서해야 합니까?"[23]

학식을 벗어 버리는 것은 단순화 과정이다. 바울은 고린도 그리스도인들의 마음이 "그리스도를 향하는 진실함[단순함]과 깨끗함에서 떠나"게 될까 두려워했다.[24] 영적인 길은 점점 단순화하여 벗어 버리는 길이다. 역사상 가장 위대한 발언들은 어부와 농부들의 투박한 언어로 평범한 사람들에게 주어져 코이네*koine*(평민 헬라어, 신약 성경은 이 언어로 쓰였다—편집자 주)로 보전되었다. 역사상 가장 위대한 기도의 모본은 단순한 문장 구조와 단순한 어휘로 되어 있다. 헬라어 신약 성경을 처음으로 영역한 윌리엄 틴데일은 '시골 농부들'을 위해서 번역했다. 헬라어 성경을 처음 독일어로 번역한 마르틴 루터도 '푸주한들과 구두 수선공들'을 위해서 번역했다. 플로렌스 나이팅게일은 신앙 전체가 "보라, 내니라"는 하나님의 말씀과 "주님, 제가 여기 있나이다"라는 우리의 반응, 그 두 마디 짤막한 말 속에 들어 있다고 했다.

> 기본적으로 내가 아는 것은 세 가지 뿐이다. 그 셋 중에서도 주어진 순간에 내가 기억할 수 있는 것은 둘 뿐이다.
> — 발달심리학자 브루노 베텔하임[25]

세상이 복잡할수록 우리의 단순성이 더 요긴하다. 단순성만이 복잡성 속을 항해할 수 있다. 아인슈타인은 $e=mc^2$라는 문자 셋과 숫자 하나로 우주의 신비를 풀었다.

공구실: 재학습을 위한 곳

내 삶의 가장 큰 벗음 중 일부—학습과 재학습—는 으레 나뭇간으로 겸용되던 공구실에서 벌어졌다. 공구실은 어렸을 때 내가 규칙을 어기거나 내 도덕적 우매함이 도를 넘었을 때 혼나던 곳이다. 내 삶이 내 배운 바에 부합하지 못할 때, 그 때는 재학습이 필요한 순간이었고 그 도구는 가죽띠였다. 이런 교훈은 "너희가 진리를 알지 못하기 때문이 아니라 알기 때문"이었다.[26]

나뭇간은 처벌 장소라기보다 재학습과 재정비의 장소다. 사막의 교부들이 한 장로를 찾아가 예배 중에 졸다가 발각되는 형제가 있으면 어찌해야 되느냐고 물었다는 멋진 이야기가 있다. "꼬집어야 합니까?" 그들은 물었다.

장로는 "조는 형제가 내 눈에 띄면 실은 나는 그 머리를 내 무릎에 누이고 그냥 쉬게 해주겠소"라고 대답했다.[27]

하나님이 우리를 벌하지 못해 안달이시라는 개념을 우리는 어디서 얻었나? 한 그리스도인은 "하나님이 가까이 계신다"는 말을 듣고 맨 먼저 떠오른 생각이 "그런데 그분은 위험하게 무장한 상태다"였다고 고백했다.[28] 교회는 어쩌다 이런 하나님상을 전했단 말인가? 우리를 바라보시는 하나님의 눈에 대한 성경의 은유들은 아버지의 자녀, 남편의 아내, 목자의 양, 신랑의 신부 등 이보다 더 친밀할 수 없다.

내가 가장 자주 예를 드는 공구실 이야기 중 하나는, 20세기의 위대한 기독교 사상가 루드비히 비트겐슈타인과 20세기 최고의 무신론자 철학자 중 한 명인 버트런드 러셀의 우정에 관한 것이다. 1911년, 젊은 비트겐슈타인은 영국 철학자 러셀의 지도를 받고자 케임브리지에 도착했다. 그러나 5학기 간의 공부와 깊어 가는 우정 끝에 비트겐슈타인은 더 이상 우정을 지속할 수 없다는 결론을 내렸다.

그 젊은이는 두 통의 편지에 이렇게 썼다.

당신의 가치 판단이 저만큼이나…건전하고 뿌리 깊다는 것과…제게 당신을 교화할 권리가 없다는 것을 저도 더할 나위 없이 잘 압니다. 그러나 바로 그 이유 때문에 우리 사이에 진정한 우정 관계가 존재할 수 없다는 것도 이제는 똑같이 분명해졌습니다.…**우리 자신들은 크게 다를** 바 없지만 우리의 이상은 이 이상 다를 수 없습니다. 그래서…가치 판단이 개입되는 어떤 주제에 대해서도 우리는, 위선을 부리거나 사이가 틀어지지 않고는 **절대로** 대화가 안 됩니다.[29]

만일 그리스도인인 비트겐슈타인이 러셀과의 관계를 계속 유지하기로 했다면 역사는 달라졌을지도 모른다. 러셀은 비트겐슈타인의 은사가 되기 원했고, 심지어 자기를 공격한 그의 작품에 서문을 써 주기도 했다. 하지만 비트겐슈타인은 관계보다는 '옳은 사람'이 되는 쪽을 택했다. 공구실의 재학습이 없었기에 그는 더 이상의 대화와 영적 교류의 문을 닫아 버렸던 것이다.

공구실에서 다시 배우면 사물을 보는 눈이 달라지고 일하는 방식이 달라진다. 역사가 스티븐 앰브로즈Stephen Ambrose는 마지막 인터뷰 중 하나에서, 2차대전 당시에 고속 상륙정을 제작했던 앤드류 잭슨 히긴스Andrew Jackson Higgins의 이야기를 했다. 히긴스는 공과대학 졸업생들을 일부러 임용하지 않았다. 그들이야말로 창의력을 말살시키는 자들이라고 확신했기 때문이다. 대신 히긴스 인더스트리 사社는 자발적으로 독학한 공학도들을 채용했다. 전쟁 초기에 그의 직원은 20명이었다. 전쟁이 한창일 때는 3만 명을 채용했는데, 결국 그들이 만들어 낸 고속상륙정은 2만 척에 달했다. 드와이트 아이젠하워 대통령은 직접 앰브로즈에게 "이 전쟁은 앤드류 히긴스가 이긴 겁니다. 엔지니어들

없이 그가 해냈습니다"라고 말했다.[30]

'전문가'가 되어야만 그리스도인으로 살 수 있는 것은 아니다. 단, 평생 나뭇간과 공구실에서 재학습을 해야 함은 분명하다.

옥외 변소: 탈학습을 위한 곳

나는 옥외 변소를 쓴 마지막 세대다. 웨스트버지니아 주 앨번의 보그즈가(家) 농가에 머물던 내 가장 오랜 추억이라면 한밤중에 일어나 달랑 구멍만 파인 변소에 가던 일을 빼놓을 수 없다.

관계가 자라려면 때로 탈학습이 필요하다. 우리도 구닥다리 학습을 버릴 변소 같은 학습 쓰레기장이 필요하다. 그래야 우리의 시스템을 막는 원망과 불평과 오해와 착각을 버릴 수 있다. 때로 우리는 파괴적인 관계도 벗어던질 필요가 있다.

출근길의 교통 체증이라면 누구나 겪어 본 일이다. 도로는 길고 긴 주차장으로 변한다. 정신적·영적 교통 체증이라는 것도 있다. 이는 도로 상의 교통 체증보다 빠져나오기가 더 어려울 수도 있다.

오늘날 학습을 벗어던져야 할 필요성은 그 어느 때보다도 절실하다. 지난 3년 간 수집된 정보가 태초 이후의 모든 정보보다 더 많다.[31] 우리가 살고 있는 세상은 "정보는 손가락 끝에 대 주지만 지혜는 손 닿지 않는 곳에 두는 경향이 있다."[32] 생성되는 정보량과 그 정보를 지혜로 전환하는 우리의 능력 사이에 엄청난 괴리가 있는 한 가지 이유는 그간 우리가 **탈학습** 숙제를 하지 않았기 때문이다.

요즘의 75년 인생은 지식과 경험과 여행 면에서는 300년에 가깝다.

신혼 부부든 십대 자녀를 둔 부모든 노부모의 자식이든, 우리는 다 늘 움직인다. 모든 관계는 변화하고 이주한다. 관계는 역동적이며, 새로운 지식에 기초하여 재협상해야 할 때도 있다.

> 인간은 자신의 무지를
> 잘 알수록 더 잘 배운다.
> – 중세의 신비가, 철학자,
> 교회 개혁가 쿠사의 니콜라스33

우리가 관계와 믿음 생활에 대하여 믿고 있는 것 중 더러는 변소에 버려야 한다. 그래야 새롭고 더 좋은 길들을 수용할 수 있다. 천국에 가면 확실한 것 하나는 내 신학을 편집해야 한다는 것이다.

4. 성장하는 관계는 반복된다

익숙해지면 만만해질 수 있다. 그러나 더 나아가, 익숙해지면 자족하는 마음과 돌보는 마음도 생긴다.

아이들은 이것을 잘 안다. 우리가 아이들 말을 듣지 않을 뿐이다. 잠자기 전 "달님도 잘 자요"라고 수없이 되뇌는 아이를 생각해 보라. 꼼꼼한 손놀림의 연속으로 더 수려한 작품을 내놓는 수예 기능자에게 물어 보라. 일상이라는 벽돌과 판자로 성소를 지어내는 주부에게 물어 보라. 반복이 없이는 아름다움도 있을 수 없다.

인도의 대중 영화를 '볼리우드'Bollywood라고 하는데 등장인물들이 천편일률적인 것으로 잘 알려져 있다(때로 그 때문에 비웃음을 사기도 한다). 그러나 반복과 익숙함은 볼리우드 영화 제작에 특별하다 못해 신성 불가침에 가까운 역할을 한다. 사실, 영화 관객들에게 즐거움을 선사하는 것은 익숙한 느낌이다. 각각의 볼리우드 영화는 독립된 영화라기보다, 볼리우드 우주 안에서 사람들을 한데 이어 주는 커다란 화환 속의 한 송이 꽃이다.

성장하는 관계는 반복을 요한다. 하나님 및 우리 서로와의 관계는 특히 그렇다. 기독교 전통에서는 반복을 의식儀式이라 한다. 의식은 우리를 신성한 세계로 데려다 준다. 의식이란, 왜곡된 생각과 부조화의 삶에 조화를 회복해 주는 활동들을 통하여 관계를 재정렬하는 것이다. 의식을 통해서 보면 모든 것을 관계 안에서 볼 수밖에 없다. 예컨대 병은 단순한 생물학적 문제가 아니다. 병은 당신의 생활 양식, 가정, 공동체, 직장의 문제이기도 하다. 의식을 통해 우리는 과거를 해방시키고 새로운 미래를 풀어 놓는다.

의식에는 여러 모양이 있다. 예컨대 성경을 반복해서 읽고 또 읽는 것을 '렉티오 디비나'*lectio divina*(신성한 독서)라 한다. 반복해서 외는 기도는 묵주 기도라 한다. 신조(사도신경, 니케아 신조)를 외는 것을 연도連禱라 한다. 사실, 주기도문 같은 반복 기도를 통해서도 우리는 기도하는 사람이 된다. 자신의 삶 전체가 하나의 '주기도문'으로 화하기를 원하는 사람이 된다.

> 화가를 만들어 내는 것은 화랑에서의 첫선이 아니라 (그것이 경력의 시초가 될지는 모르나) 작업실에서의 반복 활동이다.
> ─융 학파 '영혼 빚는' 정신분석학자 제임스 힐먼[34]

기도는 관계의 다른 이름이다. 예수님은 기도의 첫째 '원리'는 관계라고 가르치셨다. 즉 우리는 하나님을 "아바"라 부르며 편안한 관계에서 하나님께 말한다.[35] 물론 관계에─부모와의 관계에서도─좀더 격식을 차리는 사람들이 있다. 그들은 기도서에 나오는 기도문이나 성인聖

스들이 물려준 기도문을 선호한다. 반대로 좀더 자연스러운 사람들도 있다. 그들은 즉흥적인 기도를 더 좋아한다. 그러나 기도하려면 몸과 생각과 영혼 전체가 관계 안에 있어야 한다는 것만은 기독교 전통의 일치된 인식이다.

중세 수사들은 외워 둔 시편을 나직이 읊으며 기도의 대화에 몸을 끌어들였다. 거기에는 가슴과 머리와 손을 움직여 나란히 정렬하는 몸 자세의 변화도 수반되었다. 기도에 유일한 옳은 방법이 없듯이 자세―무릎 꿇는 자세, 서서 하는 자세, 부복하는 자세―에도 유일한 '옳은' 길이란 없었다. 사실, 기독교 역사상 최고의 신학자는 자기가 기도할 줄 모른다고 고백했다("우리는 마땅히 기도할 바를 알지 못하나"). 그는 우리가 특별한 기술에 의존할 것이 아니라 "말할 수 없는 탄식으로 우리를 위하여 친히 간구하시"는 성령을 의지해야 한다고 말했다.[36]

예수님이 십자가에서 죽으실 때 그분의 몸에서 세 가지가 나왔다. 숨과 물과 피다.[37] 예수님의 호흡은 교회가 되었고, 그분의 피는 성찬이 되었고, 그분의 물은 우리의 세례가 되었다. 사도 요한에 따르면 복음의 산 증거는, 죽어 가는 그리스도께서 남기시어 교회 생활을 통해 계속 재현되는 세 가지 유산, 즉 숨과 물과 피다.[38] 교회의 의식은 물과 피와 호흡으로 신자들을 관계 속으로 끌어들였다.

물의 의식

성경은 물로 시작되어 물로 끝난다.[39] 중간에도 물 이야기, 물 초청, 물 의식이 파도처럼 넘쳐난다.

예수님이 자신의 사역을 가리켜 가장 즐겨 쓰신 이미지는 우물, 시내, 강, "생수"[40] 등 물이었다. "누구든지 목마르거든 내게로 와서 마시라. 나를 믿는 자는 성경에 이름과 같이 그 배에서 생수의 강이 흘러나오리라."[41] 물에 대한 예수님의 가장 유명한 인용 중 하나인 이 구절은 구약 성경엔 나오지 않는다. 성경 맨 끝에만 나온다.[42]

양수표量水標와 지하수, 이 둘이 그리스도인을 말해 준다. 세례의 양수표는 언약의 인印을 뜻한다. 깨끗케 되고 다시 태어나 세상에서 새로운 방식의 삶과 죽음에 들어섰다는 표다. 예수님이 전통의 표현대로 '사망의 깊은 물'을 지나셨듯이 우리도 그분처럼 "그의 죽으심과 합하여 세례를 받"는 자리로 초대된다.[43] 그래서 우리도 출애굽을 겪은 이스라엘 자손들처럼 요단 저편의 새 생명으로 나올 수 있다. 세례의 양수표는 '죽어서 사는' 성공 전략을 이룬다. 즉 우리는 물에 빠져 자아에 대하여 죽음으로써 영원으로 살아난다.

우리는 양수표를 얻으려 물에 씻지만 또한 물을 마셔야만 살 수 있다. 그리스도는 우리의 갈증을 풀어 주시는 지하수다.[44] 아무리 말라서 타들어 가고, 저마다의 통곡의 벽에 울리는 우리의 절규가 아무리 처절해도, 성령의 물줄기는 언제 어디서나 생수의 강으로 흘러넘친다. 양수표를 얻은 사람들은 다른 사람들에게 지하수가 되어 줄 사명이 있다.

피의 의식

예수님과 제자들이 행한 전도의 본질은, 그 날의 이슈에 대하여 입장을 표명하거나 명제를 가르치는 것이 아니라, 표적을 행하여 하나님을 경험할 수 있는 지각의 문을 열어 주는 것이었다. 복음은 예수님이 표방하신 어떤 것이 아니다. 복음은 예수님이 행하신 일이다. 그분은 피를 흘리심으로 우리를 죄와 죽음에서 건지시고 새로운 백성으로 만드신다. 예수님은 원리를 위해 죽으신 것이 아니다. 예수님은 사람을 위해 죽으셨다. 예수님은 하나님의 메시지를 전하시는 그 목적만을 위해 존재하셨다. 그리고 그 메시지는 저주 받은 십자가 위에서 죽으신 그분의 죽음과 봉인된 무덤에서 살아나신 그분의 부활이었다.

성만찬[45]은 최악의 죄와 사망, 최선의 은혜와 생명이라는 두 극단을 하나로 이어 주는 잔치다. 최후의 만찬―패배와 죽음의 기념이자 축하의 잔치이기도 한―은 이해하기 쉽지 않았다. 사실, 제자들은 연신 오해만 거듭했다. 그러나 후에 그들은 기억했다. 부활 후 그분과 처음 조반을 먹었을 때, 그들은 최후의 만찬의 의미를 '터득했다.' 그들의 '기억' 능력은 대부분 식사 때 살아났다. 성찬을 통한 기억의 중요성이 거기서 나온다. 성찬을 통해 우리는 복음의 역설을 살아간다. 기쁜 소식은, 인간의 패배의 심연 속에서 하나님의 승리를 찾을 수 있다는 것이다.

"이를 행하여 나를 기념하라"는 말씀은 의식을 행하라는 명령인가, 아니면 그리스도의 생명을 우리의 생명으로 삼으라는 초대인가? 성만찬(문자적으로 '감사'라는 뜻)은 우리가 십자가라는 특이한 피뢰침을 인하여 무릎 꿇고 감사하는 신성한 가족 식사다. 성만찬은 사람들을 하나님과 더 깊은 관계로 이끌어 주고, 예수님 말씀대로 "내가 너희에게 행한 것같이 너희도 행"할 수밖에 없을 정도로[46] 그리스도의 능력과 임재를 생생하게 해준다.

희생과 구속과 공동체라는 기독교 특유의 이상理想은, 예수님의 제자들을 세상에 내보내 그들로 하여금 피 흘리고 "산제사"가 되어, 전혀 보상을 바라지 않고 다른 사람들을 먹이게 한다. 사도 바울의 말대로 우리는 "다만 **그를** 믿을 뿐 아니라 또한 그를 **위하여** 고난도 받"는다.[47]

호흡의 의식

교회는 피의 호흡과 물의 호흡으로 말하며, 그 둘은 함께 생명의 호흡을 이룬다. 인간은 하나님이 내쉬시는 숨을 들이마실 때에만 비로소 '숨쉬고'산다. 우리의 호흡은 하나님의 호흡과 박자가 맞아야 한다. 지구라는 녹로 위의 못생긴 흙덩어리에 하나님이 '생명들'(복수-남자와 여자)을 "불어넣으시니" 아담이 창조되었다.

바울의 핵심 단어 중에 **영**spirit이라는 말이 있는데, 이는 본래 '숨, 바람'을 뜻하는 라틴어의 '스피리투스'*spiritus*에서 왔다. 세상 속 하나님의 역사役事는 하나님의 호흡에서 온다. '영감'inspiration이란 문자적으로 '숨을 불어넣다, 위에 불다'라는 뜻이다. 시편 기자는 우리에게 "호흡이 있는 자마다 여호와를 찬양할지어다"라고 말한다.[48]

교회의 거룩함 여부는 그의 호흡 방식에 달려 있다. 유대인의 성전이 "강도의 소굴"과 "장사하는 집"이 된 것은[49] 과다 호흡으로 자신의 구취口臭를 들이마셨기 때문이다. 때로는 실내 환경이 최악의 유독有毒 현장이 되어 두통, 무기력, 안구의 쓰라림에서부터 천식, 고혈압, 암에 이르기까지 다양한 증세를 유발한다.[50]

예수님이 부여하신 호흡에 힘입어 사도들은 죄를 묶고 푸는 권세를 얻었다. 새로운 호흡이신 성령은 독성 치사致死 구역을 생명 구역으로 바꾸신다. '숨쉬는' 교회는 박진감 넘치며 예측을 불허한다. 우리 삶에 침투하셔서 우리를 놀래 주시는 성령과 호흡의 박자가 맞기 때문이다. 현대 교회는 '영감'(호흡)을 성경의 영감에만 국한시키고 창조, 상상력, 사랑, 찬양 등 다른 종류의 호흡과는 떼어놓았다.

가장 거룩한 호흡 의식은 입맞춤이다. 기독교 초창기에 교회는 '입맞춤의 공동체'로 알려졌다. 교회의 입맞춤 의식은 우리 주변에 넘쳐나는, 겉으로만 친한 척하는 그런 입맞춤이 아니었다. 초대 그리스도인들은 지나가다 사람들을 만나면, 병자들과 멸시받는 자들과 짓밟힌 자들과 입을 맞춰 주었다.[51]

얀 와인브래너Jan Winebrenner는 나바호 부족에서 자랐다. 거기서 그녀는 손가락으로 무엇을 가리켜서는 안 된다는 것을 배웠다. 나바호 문화에서 손가락으로 가리키는 것은 폭력 행위로 간주된다. 한 나바호 원로는 그것을 "손이란 뇌가 없이는 기만적인 것이고 영혼이 없이는 빌려온 것이다"라고 표현했다. 그래서 나바호 사람들은 절대로 무엇이든 손가락으로 가리키지 않는다. 대신 나바호 사람들이 제스처를 쓸 때는 전신 특히 머리로 한다. 그러나 흡사 입맞춤처럼 입술을 움직일 때가 가장 많다.[52]

호흡의 의식은 손가락질을 입맞춤으로 바꾸는 데 도움이 된다. 예수님의 제자들은 바른 호흡을 통해 험담, 시기, 거짓말을 비롯한 폭력의 무기를 버릴 수 있다. 서로 팔arms을 둘러 주어야 할 때 오히려 서로에게 무기arms를 겨누는 우리가 아니던가.

어쩌면 당신은 입맞춤까지는 마음이 내키지 않을 수 있다. 그러나 무언가를 손가락으로 가리킬 수 있다면 그대로 손을 내밀어 누군가를 잡아 줄 수 있을 것이다.

5. 성장하는 관계는 비워 간다

예수님은 빈손으로, 더러운 손으로, 손을 펴고 우리에게 오셨다. 당신의 손도 비어 있고 더럽고 펴져 있다면 곧 예수님의 손이다.

복음의 길은 자기를 비우는 길이다. 그래서 좁고 힘들다. 십자가에서 자신을 비우신 예수님은 영광으로 들림 받으셨고 우리까지 함께 들어올리셨다. 성경에서 비운다는 말은 '케노시스'kenosis다. 그리고 궁극적인 '케노시스' 행위는 성육신이다. "그는 근본 하나님의 본체시나 하나님과 동등됨을 취할 것으로 여기지 아니하시고 오히려 자기를 비워 종의 형체를 가지사."[53]

'케노시스' 행위는 관계 구축에 필수다. 하나님이 관계를 맺으시려고 세상을 창조하신 것도 그 자체로 '케노시스' 행위였다. 시몬느 베이유는 창조를 지고한 겸손의 행위라 했다. 그 순간 하나님은 만유이기를 멈추시고, 피조물도 뭔가가 될 수 있게 하셨기 때문이다. 하나님이 반역하는 세상과 관계를 회복하신 것은 또 다른 '케노시스' 행위였다. 관계가 깨지면, 그것을 치유할 수 있는 쪽은 피해자뿐이다. 피해자만이 용서할 수 있기 때문이다. 우리 죄는 우리와 하나님의 소통을 끊어

놓았다. 그래서 하나님은 우리 죄를 용서하셨고, 그 소통을 회복하시려 예수님을 보내셨다.[54]

관계는 주고받기를 통해 자란다. 하나님은 주시고 우리는 받는다. 하나님이 주시는 것을 받으려면 우리 손이 비어야 한다. 모든 관계의 기초는 처음부터 끝까지 상대와 대화를 하면서 서로 자기를 드러내고 계시하고 비우는 일이다.

부재의 수용

비움이란 근본적으로 여기에 없는 것을 인식하는 것이며, 그래서 부재는 존재에 결정적 힘이 된다. 소설가 존 업다이크는 "추위란 부재 즉 열의 부재이지만 그럼에도 하나의 존재로 느껴진다"고 말했다.[55]

부재와 존재는 모든 관계에 공히 필수적이다. 예수님이 더 강력하고 보편적인 형태로 존재하실 수 있으려면 떠나셔야만 했다. "내가 떠나가는 것이 너희에게 유익이라."[56] 때로 당신이 누군가에게 해줄 수 있는 최고의 일은 그 사람에게 부재자가 되는 것이다. 관계는, 존재보다는 오히려 부재의 결과로 가장 빠르고 강하게 성장할 수 있다.

심지어 믿음의 부재 내지 회의의 존재도 우리에게 성령 안에서 자라난 흔적을 남겨 줄 수 있다. 마들렌 렝글Madeleine L'Engle은 작품 활동 초기에 자신과 진리의 치고받는 우정에 대해 쓴 바 있다. "때로

> 아침마다 당신은 자리에서 깨어나 "나는 이 모든 것을 오늘 다시 믿을 수 있나?" 자문해야 한다.… 열 번 중 적어도 다섯 번은 대답이 부정으로 나와야 한다. 부정도 긍정만큼 중요하며, 어쩌면 그보다 더 중요할지도 모르기 때문이다.
> – 장로교인 소설가, 수필가 프레드릭 뷰크너[57]

나는 무신론의 발작이 다시 도질 것을 직감한다. 독감 같다. 영적 독감인 셈이다. 나는 사나흘 하나님과의 아득한 거리감과 회의를 겪을 각오를 한다. 그러다 하나님의 은혜로 어느새 영적으로 다시 회복되어 있다."[58]

혼돈의 수용

혼돈은 빈자리의 다른 이름이다. 관계에서 우리는 질서를 갈망하고 혼돈을 배척한다. 그러나 우리는 질서보다 혼돈을 귀하게 여겨야 한다. 질서 잡힌 관계는 안정되고 편하지만 성장하는 관계가 아니다. 혼돈만이 새로운 아이디어, 새로운 경험, 새로운 에너지를 낳는다. 혼돈만이 열려 있고 수용적이며 변화될 준비가 되어 있기 때문이다.

"다시 정상으로 돌아갈 수만 있다면." 당신이 얼마나 자주 하거나 들어 본 말인가. 그러나 정상은 절대로 좋지 않다. 사실, 일부 관계에 무엇보다도 절실히 필요한 것은 휘젓는 막대기다. 그 막대기가 정상을 뒤엎고, 예측 가능한 일을 걷어 내고, 혼돈을 부를 수 있다.

당신 아이의 방에 혼돈이 보이는가? 부정적으로 보지 말고 긍정적으로 보라.

직장의 당신 책상 위에 혼돈이 보이는가? 부정적으로 보지 말고 긍정적으로 보라.

당신의 관계에 혼돈이 보이는가? 잠재력과 가능성과 창의력을 보라.

질서는 이미 있는 것, 현 상태다. 혼돈은 앞으로 될 수 있는 것, 국면 전환이다. 물을 휘저어 잔잔함을 걷어 내기 전에는 치유도 없다. 혼돈에 질서를 강요하려 하지 말고 혼돈 속에서 질서를 찾으라.

인류학자 그레고리 베이트슨Gregory Bateson은 명망 있는 인류학자 마가렛 미드Margaret Mead의 남편으로도 유명하다. 베이트슨에 관해 내가 가장 좋아하는 이야기 중에 이런 것이 있다. 그는 어떤 동물원과 컨설턴트 계약을 맺었다. 수달들에게 문제가 있었다. 몸의 건강에는 이상이 없었으나, 평소 장난치며 놀기 좋아하는 이 동물들이 하루 종일 기운 없이 축 늘어져 앉아 있었다. 상황 진단과 대책 마련을 위해 베이트슨이 영입되었다. 그는 맥 빠진 수달들을 며칠간 관찰했다. 아무래도 우울증에 걸린 듯했다.

그래서 그는 직접 해결에 나섰다. 그는 보고서를 작성하려고 준비했던 종이를 꺼내 한쪽 끝에 긴 줄을 끼워서는 수달들이 꾸벅꾸벅 졸고 있는 곳 위에 매달아 두었다. 곧 수달 한 마리가 종이를 보고는 가지고 놀기 시작했다. 종이는 공중에서 그네를 탔다. 그러자 다른 한 마리도 호기심이 생겨 종이를 앞발로 차기 시작했고, 둘 사이에 경쟁이 벌어졌다. 어느새 전체 수달들이 함께 장난치며 놀고 있었다.

베이트슨이 종이를 치운 후에도 수달들은 계속 놀았다. 이렇게 '치유된' 수달들은 다시는 기운 없는 삶으로 돌아가지 않았다.[59]

매달린 종잇조각의 마력은 종이가 아니라 '휘젓는 막대기'였다. 그 막대기가 수달들의 환경을 뒤흔들고 뭔가 새로운 것을 내놓아 그들의 상호 작용을 활성화시킨 것이다. 관계가 너무 편해지고 뻔해지면 휘젓는 막대기의 개입이 반드시 필요하다. 그래야 성장이 이루어질 수 있다.

무지의 수용

예수님은 우리를 취하여 아는 자들로 만드신다. 아는 자란 생각하는 자가 아니다. 아는 자란 느끼는 자도 아니다. 아는 자란 **체험하는** 자다. 앎이란 자신이 아는 그것을 체험하는 것이다.

그러나 인간이란 무엇을 아느냐 못지않게 무엇을 모르느냐로 규정된다. 일찍이 누군가는 배움을 호수의 섬에 비유했다. 섬의 테두리가 곧 우리 무지의 경계선이다. 배움의 섬이 커질수록 우리의 지식도 늘지만 동시에 무지의 경계선도 더 길어진다. 아무것도 모른다는 인식이 있을 때 모든 것을 알 수 있게 된다.

> 내가 지금 모르는 그것을 그 때 알았더라면.
> ─스코틀랜드 시인 더글러스 던60

아브라함은 자기가 무엇을 알고 무엇을 모르는지 알았다. 하나님은 그에게 본토를 두고 여정을 떠나라 하셨다. 이 부분은 아브라함도 알았다. 하지만 어디로 갈 것인가? 아브라함은 자기가 그것을 모른다는 것을 알았다. "땅의 모든 족속"에게 복을 끼친다는 약속과 희망 하나만 가지고 아브라함은 낯익은 기지의 세계를 등지고 미지의 세계로 향했다. 이는 신념의 행위가 아니라 믿음의 행위였다. 신념의 행위란 자신이 아는 바에 기초하여 발을 내딛는 것이다. 반면 믿음의 행위란 자신의 무지를 인정하면서 발을 내딛는 것이다.

관계는 우리를 숨 막히게 할 수 있다. 있는지도 몰랐던 서로의 일면, 자신의 일면이 관계 속에서 드러나기 때문이다. 우리는 남들이 나를 있는 모습 그대로 알기를 원할까, 아니면 내가 보이려는 모습대로─그 의도대로 성공하는 정도는 다르지만─알기를 원할까?

실망의 수용

모든 관계는 실망을 부르게 마련이다. 겟세마네 동산에서 외로웠던 예수님은 지원이 필요하셨다. 그분은 제자들에게 "너희는 여기 머물러 나와 함께 깨어 있으라"고 당부하셨다.⁶¹ 그러나 제자들은 금세 잠들었다. 하나같이 다 그랬다.

자녀를 사별한 부부의 80% 이상이 이혼으로 끝나는 이유는 무엇인가? 서로의 고통과 고통 속의 서로를 끌어안기보다는 누군가 새 사람과—고통 없이—다시 시작하는 것이 쉽기 때문이다. 우리는 관계가 어렵거나 만족이 없으면 거기서 달아나는 경향이 있다. 상처에서 헤어나지 못하거나 눈물로 세월을 보낼까 봐 두려워서 그렇다.

> 나는 듣는 이 없는 것처럼 노래하고 싶고, 보는 이 없는 것처럼 춤추고 싶고, 아무런 상처도 없었던 것처럼 사랑하고 싶다.
> —출처 미상

관계는 실패를 맞을 수 있다. 그러나 큰 기쁨으로 우리를 깜짝 놀래 줄 수도 있다. 예컨대 혼전 계약 동거의 문제점은, 옳은 일보다 오히려 잘못될 수 있는 일에 그 초점을 둔다는 것이다. 아울러 거기에는 이 관계 아니라도 언제나 다른 관계가 쉽사리 가능하다는 생각이 전제된다.

모든 관계에는 펼 수 없는 주름이 있다. 그 중 좀 나은 경우도 있지만 어쨌든 완전한 관계란 없다. 모든 관계에는 약점이 있지만 모든 관계가 실패로 끝날 필요는 없다. 약속은 이것이다. 즉 우리는 불완전한 상태와 더불어 '데탕트'détente(긴장 완화)를 이룰 수 있다. 그리고 하이델베르크 교리문답을 구성하는 신실함—죄책, 은혜, 감사—이 당신의 모든 관계를 구성하는 신실함이 될 수 있다.

갈등의 수용

'관계'를 논한다는 것은 곧 '갈등'을 논하는 것이다. 대체로 남자들이 여자들보다 관계 면에서 더 힘든 가장 큰 이유가 아마 여기 있을 것이다. 남자들은 갈등에 부딪치면 마음을 닫아 버린다. 의사소통이 없으면 관계가 죽는다. 그런데 의사소통은 갈등 중일 때 가장 힘들다.

   진정한 공동체는 안락함보다는 혼란, 곰 인형보다는 고슴도치와 가깝다. 진정한 공동체는 이상하고 희한하고 저저분하다. 캔터베리 대주교 로완 윌리엄스Rowan Williams는 그리스도의 몸 안에 사는 것을 "지독히도 힘든 일"이라 했다. 우리는 "그리스도를 섬기는 삶에 관하여 위험한 망상적 신념"에 빠져 있을 가능성이 있어 보이는 이들과 더불어 꼼짝없이 매여 있다.[62] 그래서 교회는 회개, 화해, 용서라는 관계 의식儀式들을 부활시킬 필요가 있다.

   초인적 위업은 한달음에 고층건물을 뛰어넘거나 서핑보드 위에서 삼중 회전을 뽐내는 것이 아니다. 초인적 위업이란 놀라운 용서의 행위, 용기를 일깨우는 행위, 배반의 골짜기에 다리를 놓는 행위, 두려움을 극복하는 행위, 거부를 거부하는 행위, 사랑을 풀어 내는 행위, 신학 논쟁을 초월하는 행위다. 그리스도인들이 서로 사랑하지 않는다면 그리스도가 살아 계심을 사람들이 어떻게 알겠는가? 서신서에 "그리스도의 평강"이라는 말이 등장할 때마다 그것은 내면 상태를 두고 한 말이 아니라 서로의 조화로운 삶을 지칭한 것이다.[63] 세상의 눈에 비친 교회를 생각해 보라. 세상은 교회를 분노의 온상, 신학적 내분의 장으로 보고 있다. 교회의 옹졸함을 따라갈 수 있는 것은 세상에 아무것도 없다.[64]

안식일교회 신학자 피터 J. 프라임Peter J. Prime은 오늘날 교회의 도전은 에베소 교회가 당면했던 도전과 같다고 말한다. 에베소 그리스도인들은 "사랑의 교리를 희생시켜 가며 교리를 사랑했다."[65] 관계는 원리를 이긴다. 초대 교회의 더 나은 관계를 보고 세상은 어리둥절하여 이렇게 고백했다. "저들이 어떻게 서로 사랑하는지 보라." 예수님은, 교회가 서로 사랑할 때 그분이 아버지의 보냄 받으신 분임을 모든 사람이 알게 된다고 가르치셨다.[66]

내가 아는 캘리포니아 주의 한 교회에서는 성찬식 때마다 먼저 유명한 그 교회 담임 목사가 교인들 앞에 서서, 교회에서 제명된 사람들 명단과 자세한 제명 사유를 낭독한다. 이 살벌한 공동체를 요한서신의 증거와 대조해 보라. 요한의 세 편지는 신학 싸움과 분파 행위로 인해 부서지고 망가진 코이노니아 공동체를 향하여 쓴 것이다. 그런데도 사랑에 대한 말씀으로 가장 잘 알려져 있고 가장 잘 기억되고 있으니 얼마나 놀라운 일인가. 요한일서 저자는 교회들 사이에 나돌던, 완전함에 대한 일부 잘못된 개념에 큰 위험이 도사리고 있음을 지적했다. 그러나 그는 바른 신념이나 바른 가르침을 먼저 말하지 않았다. 대신 그가 가장 자주 반복한 주제요 핵심 관심사는, 사랑의 명령이 그리스도인들의 중심이 되어야 함을 그 공동체들이 통감할 수 있게 하는 것이었다.

제약의 수용

사람은 누구나 제한이 필요하다. 사람들에게 무한정 자유를 주면 사회를 이롭게 하기보다는 오히려 해치는 일을 더 많이 한다. '선택의 자유'는 분리를 낳는다. 그 자유는, 개인의 선택이 남에게 미치는 파장은 고려하지 않고 개인만 강조하기 때문이다. 관계가 빠진 선택의 자유는 자멸로 치닫는다. 선택의 자유가 많을수록 관계가 더 많이 필요하다. 관계의 제약 밖에서 '바른 짝,' '바른 길,' '바른' 무엇을 선택한다는 것은 불가능에 가깝다.

그러나 우리를 서로 묶어 주는 것은 규칙인가 관계인가? 예수님은 관계가 율법보다 구속력이 강하다고 역설하셨다. 관계는 제자도의 수준을 기성 종교가 강요하는 어떤 외적인 도덕보다도 더 높여 준다.

예수님은 "옛 사람에게 말한 바 '살인하지 말라…' 하였다는 것을 너희가 들었으나 나는 너희에게 이르노니 형제에게 노하는 자마다 심판을 받게 되고"라고 말씀하셨다.[67] "살인하지 말지니라"는 계명은 율법에 대한 순종 이상이다. 그것은 다른 사람들과의 비폭력적인―미움도 없고 시기도 없는―영적 관계다. 규칙과 규정은 기껏해야 우리를 개조한다. 그러나 부활은 우리를 재창조한다. 게다가 우리가 살고 있는 이 시대는 '옳고 그름'의 경계선이 흐려지고 있고, 사람들은 아직 기록된 규칙이 없는 전혀 새로운 일들을 당면하고 있다.

예수님은 입에 발린 말과 실천하는 섬김을 구분하셨다. 바울은 그것을 율법 순종과 마음 순종의 차이, 규칙 도덕 대 관계 도덕의 차이로 보았다. 중요한 것은 당신이 무엇을 표방하느냐가 아니라 무엇에 인생을 거느냐. 모세도 예수님도 사고방식보다는 '삶의 방식' 내지 '관계 속에 사는 방식'을 가르쳤다.

십계명에 가장 잘 맞는 제목은 '생활 수칙'이 아니라 '바른 관계 의식儀式'이다. 십계명은 우리에게 관계의 기술과 우정의 방법을 보여 주고자 마련된 것이다. 제7계명[간음하지 말지니라]은 혼외 정사의 금지 이상이다. 그것은 헌신된 관계를 약화시키는 모든 행위를 포괄한다. 제6계명[살인하지 말지니라]은 자신을 파괴하는 일을 삼가는 정도로 그치지 않는다. 우리는 자신과의 관계를 파괴하는 일도 해서는 안 된다.

코이노니아는 원리와 정책과 조직에 헌신된 것인가, 아니면 그리스도와 서로에게 헌신된 것인가? '공동체의 삶'에 대한 사람들의 문제 중 하나는 그들이 그리스도와의 관계보다는 자신들의 원리대로 살려고 한다는 점이다.

바울은 예수님이 처음 사용하신 멍에의 비유를 도입하여 우리에게 그리스도 안의 자유를 보여 준다. 멍에란 누군가의 통제를 받는 노예 생활에 대한 경멸의 상징이었다. 이집트인들은 히브리 노예들에게 멍에를 씌웠다. 농부들은 겨리에 멍에를 씌워 일정한 동선을 따라 노역을 반복시켰다.

그러나 예수님은 "나의 멍에를 메고 내게 배우라. 그리하면 너희 마음이 쉼을 얻으리니"라고 하셨다.[68] 예수님의 멍에는 사랑의 끈이다. "그리스도를 경외함으로 피차 복종하라."[69] 바울은 "그리스도의 사랑이 우리를 강권하시는도다"라고 증거했다.[70]

내가 거짓말을 해서라도 어색한 순간을 모면하거나 내 정당성을 내

세우지 않는 이유는 무엇인가? 내가 거짓말을 택하지 않는 이유는 걸릴까 봐 두려워서인가, 아니면 그리스도와의 관계가 나에게 정직하고 떳떳하게 살고 싶은 마음을 심어 주어서인가? 나를 정직하게 해주는 것은 관계다.

그리스도인들이 '나쁜 일'을 피하는 이유는 옳고 그름을 가르는 선을 넘어설까 두려워서가 아니다. 우리는 이미 다 그 선을 넘었다. 레스토랑 체인점인 잭인더박스Jack in the Box의 전 매니저인 토마스 마틴은 가게 문을 닫다가 307달러를 강도당했다고 신고했다. 그는 몽타주를 그리는 잭 리라는 경찰에게 혐의자의 인상착의를 자세히 말했다. 리가 종이를 내려놓으며 보니 몽타주는 바로 마틴과 똑같았다.

마틴은 자백했다.[71]

바울의 표현으로 "모든 사람이 죄를 범하였으매 하나님의 영광에 이르지 못하더니."[72]

우리를 하나님 쪽으로 나아가도록—하나님삶 관계 안에 거하도록—제약하는 것은 '그리스도의 사랑'이라고도 하는 예수님의 멍에다. 관계란 멍에와 같아서, 우리 머리를 똑바로 세워 주고 중심축인 등뼈를 고정시켜 주며 몸을 앞으로 나아가게 해준다.

그리스도와의 관계라는 멍에는 세상 모든 규칙과 규정보다 속박이 강하면서도 동시에 자유와 위안을 준다. 윤리의 뿌리는 관계에 있다. 바울은 계명을 어기는 것보다 자신의 하나님삶 관계를 욕되게 하는 것을 더 우려했다.

율법의 규칙이 인생을 지배할 때 우리의 가장 큰 두려움은 하나님의 진노를 사는 것이다. 그러나 관계의 규칙 즉 '사랑의 법'이 인생을 지배할 때 우리의 가장 큰 두려움은 하나님 마음을 아프시게 하는 것이다.

5부

믿지 않는 사람들, 우리와 다른 사람들과의 관계

9장 | '타인'을 사랑하기
예수님이 의인들보다 죄인들을 더 좋아하신 까닭

> 염소 춤을 추기란 너무 쉽다.
> 하지만 누군가를 사랑한다는 것은
> 어렵다, 정말 어렵다.
> —가수 겸 시인 그레그 브라운[1]

로맨스와 추리 소설은 출판계 베스트셀러의 태반을 차지한다. 사람들은 사랑할 사람과 살아갈 신비를 찾고 있다. 둘 다 관계와 얽혀 있음은 놀랄 일이 아니다.

관계는 우리 삶을 로맨스와 신비로 채워 주고, 소통과 호기심을 함께 가져다준다. 관계는 삶을 즐겁게 해주거나 적어도 견딜 만하게 해준다. 2001년 9월 11일 두 대의 유나이티드 항공사 비행기와 두 대의 아메리칸 항공사 비행기에서 걸려 온 전화에 대한 보도를 기억하는가? 비행기가 추락하는 것을 알고서 어렵사리 전화를 건 승객들은 배우자와 자녀들에게 "사랑한다"는 메시지 하나를 남겼다.

아침에 우리를 잠자리에서 일어나게 하는 것은 사랑이다. 그러나 사랑은 삶의 커다란 신비 중 하나다. 특히 인간의 우정은 우리의 이해를 초월한다. 우정 관계에 상응하는 것을 자연계 어디서도 찾을 수 없다. 우정은 하나님의 형상대로 지음 받은 종種에게만 나타나는 현상이다.

이 땅에서 남들과 부대껴 살면서 우정을 가꾸기란 어렵다. 하물며 장기간 실제적인 대인 접촉을 피한 채 사이버 공간에서 살아가는 것이 가능한 상황에서는, 더더욱 어려운 일이다. 테크놀로지 때문에, 우정처럼 고도의 정비가 필요한 관계를 피하기가 너무 쉬워졌다.

'다른' 부류와의 친밀한 만남

하나님이 우리에게 청하시는 바는 "입 다물고 들으라!"가 아니라 "나와 함께 걸으며 나를 도와 다른 사람들을 섬기라"이다. 하나님의 가장 큰 소원은 우리를 사랑하시는 것이다. 우리도 하나님과 다른 사람들을 사랑할 수 있도록 말이다. 하나님의 가장 큰 소망은 우리도 하나님과 합세하여 관계에 힘쓰는 것이다. 그 관계는 사람들을 돌려놓는 관계, 즉 '언제 터질지 모르는 사건 같은' 사람들을 오히려 '사건을 일으키는' 사람들로 바꿔 놓는 관계다.

하나님은 말씀하신다. "네 삶에 대한 최종 발언권과 결정권은 내게 있다만, 그러나 너는 내게 말하고 나와 씨름하고 내 친구가 되어라. 진짜 기쁜 소식으로 함께 이 세상을 깨워 보자."

기독교 신비가 린 페인Leanne Payne은, 믿음이란 하나님과 나란히 함께 걷는 것이라 했다. 그러나 나 혼자 걷는 편이 훨씬 쉽다. 예수님과 나란히 걸으려면 나와 하나님의 관계의 초점이 남이 되어야 한다. 반대로 나와 하나님의 관계의 초점이 **나**일 때는, 느긋한 마음으로 내 필요를 채우는 데만 집중하면 된다. 다른 사람들이 개입되지 않으면 매사가 훨씬 간단하다.

컨트리 가수 준 카터 캐시의 추도회에서, 조니 캐시의 딸 로잔은 자신의 새어머니를 두 부류의 사람밖에 몰랐던 분으로 회상했다. "그녀가 알고 사랑했던 사람들과 누구인지 모르고도…사랑했던 사람들."[2] 사랑의 목적은 남을 사랑하는 것이다. 천국의 진주문에서 "열려라 참깨" 대신 대답해야 할 질문은 이것이 아닐까. "너는 누구를 함께 데리고 왔느냐?"

대학살 생존자인 철학자 엠마누엘 레비나스Emmanuel Lévinas는 '타자'라는 문제와 우리 삶을 향한 '타인들'의 요구를 종교의 **궁극적** 문제로 보았다. 레비나스는 '제일의' 철학은 형이상학이 아니라 윤리학이라는 주장으로 철학의 수레를 뒤집어 놓았다. '존재'보다 더 근본적인 것이 있으니 곧 "관계 안의 존재"다.[3]

레비나스가 '타자'에 대하여 사용한 은유는 '얼굴'*le visage*이다. '타자'를 나 자신의 선입견과 기존 범주에 편입시키려 고집할 때, 우리는 상대의 "얼굴을 지우고" 그의 본 모습을 위축시키고 우리의 세상 이해에 대해 그가 기여할 바를 축소시킨다. 우리는 타인을 나 자신의 이야기에 끼워 맞추도록 부름 받은 것이 아니라, 그 사람의 이야기 속에 거하시는 하나님을 만나고 체험하도록 부름 받았다. 경청하는 관계 속에서만 우리는 상대의 얼굴을 "지우지" 않고 진정 "마주 볼" 수 있다. 그러므로 믿음의 결정적 시험은 "타자에게 공간을 내주는가?"이다.[5]

> 우리가 다시 서로의 말을 듣기 시작한다면 세상을 바꿀 수 있다고 나는 믿는다.
> – 리더십 전문가 마가렛 위틀리[4]

내 맏아들 덕에 나는 한꺼번에 두 배로 할아버지가 되었다. 내 손자들은 쌍둥이인데, 나는 둘을 구별하지 못한다. 부모만이 캐든과 카너를 구별할 수 있다. 이유는? 부모는 깊은 관계 속에 있기 때문이다. 깊은 관계 속에서만 우리는 타인의 '타인 됨'을 바로 인식하여 자신의 학습 곡선에 포함시킬 수 있다.

전도의 열쇠는 다른 사람들을 받아들이는 것이다. 다른 사람들을 이용하는 것이 아니라 타자이신 그분께로 안내하는 것이다. 다른 사람들을 받아들일 때 우리는 그들의 풍성한 타자성―그들의 경험, 사고방식, 이야기―에 들어간다. 그러나 다른 사람들을 이용할 때는, 그들에게서 뭔가(대화, 기부금, 내 주장에 대한 동의)를 얻어낼 심산으로, 그들을 물건 취급한다. 상대의 시각에 일일이 동의하지 않고도 그를 받아들이고 그의 이야기를 기뻐하는 것은 가능한 일이다. 초대 그리스도인들은 고대 세계의 다양한 종교를 바로 그렇게 대했다. 그들은 다른 종교를 비난하는 데 열을 올리지 않았다. 그저 예수님이 하나님의 아들이시라는 궁극적 주장을 그 안에 담긴 모든 것과 함께 선포했을 뿐이다.[6]

모든 제자는 전도자로 위임 받았으므로, 우리 모두는 사진사 잰 필립스Jan Phillips에게서 전도에 대해 배울 점이 있다. 그녀는 자기가 대화를 나눈 적이 없는 사람들의 사진은 찍지 않는다.[7] 베이징의 어느 호텔 로비에서 필립스는 한 영국인 사진사를 만났는데, 그는 그녀에게 자신의 최신 장비를 보여 주었다. 다른 사람들을 90도 각도에서 찍을 수 있는 렌즈였다. 그는 "카메라를 똑바로 앞쪽으로 향하고서 내 옆쪽에 있는 사람을 몰래 찍을 수 있습니다"라고 설명했다. 필립스는 그가 그것을 왜 그리 자랑하는지 의아했다. 그녀는 자신의 피사체에 "아무리 짧거나 제한된 소통일지라도 뭔가 소통이 반영되기를" 원했다. "그 소통이 치유를 낳는 부분이었다."[8]

어느 미드라시에 따르면, 하나님은 시내산에서 이스라엘 백성들에게 "얼굴을 대면하여" 말씀하신 것이 아니라 "여러 얼굴로" 말씀하셨다. 어떤 관찰자에게는 하나님이 서 계신 것처럼 보였다. 다른 증인에게는 하나님이 마치 앉아 계신 듯 보였다. 하나님은 이 사람에게는 젊은이로 보였는가 하면 저 사람에게는 노인으로 보였다.[9] 하나님은 우리에게 기뻐하시는 얼굴, 위로하시는 얼굴, 웃으시는 얼굴 등 많은 얼굴을 보여 주신다. 마찬가지로 하나님께 우리의 참된 얼굴들을 보여 드리는 것은 우리의 특권이다. 우리가 그럴 마음만 있다면 말이다. 아브라함이 모리아 산까지 사흘 길을 걷는 동안 고개를 푹 숙이고 하나님께 자기 얼굴을 보여 드리지 않았다는 사실은, 그가 이제껏 하나님과 가졌던 친밀함을 접어 두었다는 것을 여실히 보여 준다.

다른 사람들을 통해 알아 가는 하나님

우리 그리스도인들은 타자이신 그분과의 관계 속에서 그리고 '타인들'—믿음의 권속 밖에 있는 사람들—과의 관계 속에서 자신을 알게 된다. 우리는 타인들과의 관계를 통하여 타자이신 그분과 자기 자신을 발견한다. 나는 다른 사람들에게 감으로써 하나님께로 간다. 예수님은 구원론과 '이웃론'—타인에게 이웃이 되어 주는 기술—을 서로 떼신

적이 없다.

생애의 마지막 한 주 동안 예수님은 성전에서 가르치셨다. 전통을 수호하는 바리새인들이 그분을 덫에 빠뜨리려고 질문을 던졌다. "선생님, 율법 중에서 어느 계명이 크니이까?"

답은 물론 만인이 아는 것이었다. "네 마음을 다하고 목숨을 다하고 뜻을 다하여 주 너의 하나님을 사랑하라."

이어 예수님은 다른 성경 말씀을 나란히 병치하심으로 세상에 대변혁을 몰고 오셨다. "둘째도 그와 같으니 '네 이웃을 네 자신같이 사랑하라' 하셨으니 이 두 계명이 온 율법과 선지자의 강령이니라."[10]

이 강령은 양면적이다. 우리의 소중한 목숨이 거기 달려 있는가 하면 동시에 그것은 우리를 심판한다. 안식일에 일하지 않는 것으로는 부족하다. 거짓말하지 않는 것으로는 부족하다. 믿음은 세상과의 관계를 요한다. '믿음으로 나지' 않은 사람들과 관계를 맺어야 한다. 우리가 관계 속에 있어야만 제복 속에 숨은 사람은(그들이 제복 대신 다른 무엇 속에 숨어 있든지 간에) 살아 있는 진짜 인간이 된다. 그런 관계 속에 있을 때 우리는 낯선 사람 속에서 인간이 되시는 하나님을 보게 된다.[11]

낯선 사람들을 가까이 하는 삶

낯선 사람을 환영한 고전적 본문은 아브라함이 마므레에서 세 낯선 사람을 대접한 대목이다.[12] 아브라함은 하나님과 함께 기도에 푹 빠져 있다가 낯선 사람들이 나타나자 기도를 중단하고 식사를 준비했다. 나중에 그는 그 낯선 사람들이 미래의 메시지를 들고 온 천사들이었음을 알게 된다. 메시지는 아브라함과 사라가 꿈꾸던 것과는 달라도 너무 달랐다. 바로 이 만남을 염두에 두고 히브리서 기자는 "손님 대접하기를 잊지 말라. 이로써 부지중에 천사들을 대접한 이들이 있었느니라"고 권고했다.[13]

하나님은 낯선 사람으로 꾸미고 아브라함에게 오셔서 그의 상에서 드시고 그를 친구라 부르셨다. 하나님이 낯선 사람들을 통해 아브라함에게 나타나셨다는 사실은 우리에게 '타자'를 존엄하게 대해야 함을 일깨워 준다. 기도하던 아브라함이 깨달은 것처럼, 기도는 우리를 자기 속으로 더 깊이 빠져들지 않게 하고 타인들 속으로 더 깊이 들어가게 한다. 초대 교회는 기도를, 우리를 하나님 및 다른 사람들과 더 친하게 해주는 하나님과의 대화[14]로 보았다. 기도는 하나님의 주목을 당신 쪽으로 끌려고 하는 일이 아니다. 기도는 당신 안에 하나님께 주목할 마음이 생기게 하려고 그리고 다른 사람들에게 주목하려고 하는 일이다.[15]

하나님이 신성을 벗고 "세상 속으로⋯신의 생명을 그 속에 가져오셨다."[16] 성육신에 대해 이보다 더 좋은 정의가 있을까? 성육신을 통하여 하나님은 '타인'이 되신다. 더 이상 천상의 하나님이 아니라 필멸의 육신을 입은 하나님이 되신다. 하나님은 '타인'인 우리를 관계 속으로 끌어들이시려고 인간이 되셨다. 이는 정말 이상한 말이다. 하나님이 인간이 되셨다는 말은 꼭 원을 정사각형이라고 하는 말과 같다.

사도 바울은 예수님의 제자들이 "손 대접하기를 힘쓰"도록[17] '예정' 내지 '부름'을 입었다고 믿었다. 신약 성경에 주로 쓰인 손 대접에 해당하는 헬라어 단어는 둘이다. 하나는 '옆으로 데려가다, 대동하다'라는 뜻의 '프로슬람바노마이'*proslambanomai*다. 다시 말해, 택하여 나란히 데려간다는 뜻이다. 또 하나는 '필록세니아'*philoxenia*로, 이는 낯선 사람을 단순히 환영하는 차원을 넘어 사랑한다는 뜻이다.[18]

'낯선 사람들을 택하여 사랑하라'는 예수님 말씀에는 저녁식탁에 대한 얘기가 거의 빠지지 않는다. 예수님은 식탁을 가르침과 신앙 훈련의 본거지로 활용하셨다. 지상 사역을 시작하면서 그분은 어느 혼인 잔치에서 물로 포도주를 만드셨다. 음식과 믿음과 축제가 한데 얽힌 혼인 잔치에서 데뷔하신 예수님의 그 사역은, 그분의 사역 전체의 궤도를 알려 주는 전조가 되었다. 부활 전에 예수님이 제자들과 함께 마지막으로 하신 일은 그들에게 떡과 포도주를 먹이신 것이었다. 그리고 부활 후, 다시 사신 주님과의 가장 진한 만남들은 식사 때 이루어졌다. 엠마오에서 예수님의 정체가 밝혀진 것도 그분과 함께 먹는 행위를 통해서였다.

예수님의 식탁 손 대접에는 두 가지 두드러진 점이 있다. 첫째, 그분은 혼자 드시는 것을 좋아하지 않으셨다. 둘째, 그분은 누구하고라도 함께 드셨다. 사람들은 예수님의 사역의 이 두 가지 특징을 한데 묶어 그것을 채찍처럼 휘둘렀다. "보라, 먹기를 탐하고 포도주를 즐기는 사람이요 세리와 죄인의 친구로다."[19] 와서 먹거나 마시지도 않고 죄인들을 책망했던 세례 요한과는 달리, 예수님은 언제나 먹고 마셨고 죄인들을 식탁의 벗으로 환영하셨다. 그러지 않고는 못 배기셨던 것 같다.

혼자 드시는 것을 좋아하지 않으신 예수님

예수님은 종종 혼자 하신 일들이 있지만 혼자 드시는 것만은 좋아하지 않으셨던 것 같다. 그분은 전제 조건 없이 낯선 사람들과 친구들을 불러 함께 드셨고, 누가 식사 초대를 하든 거의 다 받아 주셨다. 예수님은 음식에 대한 배고픔 못지않게 함께 식사할 사람들에 대한 배고픔이 있었다.[20]

함께 먹다 보면 관계가 깊어진다. 현재까지 남아 있는 세계 최고最古의 조리법이 사교 음료인 맥주라는 사실은 우연이 아니다.[21] 건강한 가족 관계의 가장 큰 지표 중 하나는 식사를 함께 하는 것이다. 함께 먹는 가정은(매주 다섯 번의 저녁 식사) 갈라지지 않는다.[22]

예수님은 사람들에게 하나님을 소개하고 자신의 '길'에 합류하도록 초대하는 방편으로 식사를 활용하셨다. 식탁 교제는 하나님과 사랑의 관계에 들어간 뒤에 오는 보상이 아니었다. 식탁 교제는 하나님과 사랑의 관계에 들어서자는 초대였다.

몇 번이고 거듭하여 예수님은 음식 이야기들을 들려주시고 음식과 관련된 의식들을 행하시어 사람들로 하여금 하나님의 손 대접을 되새기게 하셨다.[23] 사실, 예수님은 음식을 어찌나 사랑하셨던지 자신의 사역을 "양식"으로 정의하셨을 정도다.[24] 영의 양분은 우리가 하나님의

> 주님, 또 한 번 함께할 기회를 주시니 감사합니다.
> – "심슨 가족"의 호머 심슨

뜻을 행할 때만 온다. 그것이 우리의 양식이다. 사람들이 예수님과 함께 식사할 때면 메뉴에는 **언제나** 빵이 있으니 곧 생명의 떡이신 그분이다. 어거스틴의 「고백록」에 보면 위에서 이런 음성이 들려왔다는 고백이 나온다. "나는 장성한 사람들의 양식이다. 너도 자라라, 그러면 나를 먹을 수 있다. 네 몸이 먹는 음식은 너로 바뀌지만 나는 너로 바뀌지 않는다. 반대로 네가 나처럼 바뀔 것이다."[25]

식생활 장애의 주원인은 관계 장애다. 나쁜 식생활은 좋은 관계를 망치고, 거꾸로도 마찬가지다. "실컷 먹고 설사 내는 약을 쓰면 된다"는 식의 접근이 친밀한 관계에까지 그대로 퍼진 것은, 서로(믿음의 식구들)와의 관계와 타인(믿지 않는 사람들, 우리와 다른 사람들)과의 관계를 둘 다 제대로 지속할 줄 모르는 우리 모습의 산 증거다. 거식증은 깊고 친밀한 관계에 저항하는 문화의 상징이다. 대식증은 모든 유형의 관계를 잠깐 섭취하고 서둘러 내보내는 '뛰면서 먹는' 문화의 상징이다. 우리는 사랑에 뛰어들었다가 금방 게워 낸다. 비만은 패스트푸드를 먹으며 연신 채널을 바꿔 대는 문화의 상징이다(미국인 성인의 셋 중 둘은 뚱뚱하다[26]). 이 문화는 관계에 훈련되어 있지 않고, 기대를 자꾸만 '슈퍼사이즈'로 키우며, 유명 연예인에 대한 사랑의 환상을 게걸스레 먹어 대고 있다. 할리우드 영상물은 세상을 향한 미국의 수출품 1호이며, 비만은 이제 세상 최대의 공중 위생 문제다. 2000년에 세계보건기구(WHO)는 비만을 세계적 '전염병'의 하나로 지목했다.[27]

우리는 믿음 밖에 있는 사람들을 피하고, 그들이 우리의 우정을 얻고 싶으면 먼저 우리의 신조에 동조해야 한다고 고집하거니와, 이는 우리 모두에게 식생활 장애가 있다는 증거다. '타인'과의 관계에는 위험과 자원을 함께 나누는 일이 포함된다. 정직한 관계에는 갈등, 오해, 긴장, 화해의 기간이 있게 마련이다. 이는 관계의 지극히 정상적인 차원이건만 우리는 한사코 그것을 피한다. 대신, 누군가 우리를 화나게 만들면 우리는 달아난다. 누군가 우리의 잘못을 지적하면 도망가거나 숨는다. 누군가 우리에게 잘못하면 침묵으로 일관하고 나중에 원망을 품는다. 우리 중에는 다른 인간과의 부딪침을 피할 수만 있다면 못할 일이 거의 없는 사람들이 있다.

사람들은 하물며 최상의 시기에도 더불어 사는 것을 몹시 어려워한다. 본래 정서적인 친밀함과 거리가 먼 사람들이 있다. 치명적 결점 때문에 관계를 어렵게 만드는 사람들도 있다. 사실, 역사에 가장 크게 기여한 사람들 중에는 관계에 어려움을 겪은 사람들이 있다. 아이작 뉴턴은 성인이 된 후 모든 형태의 개인적 친분을 피했고, 살아 있는 시료試料들보다 자기 머릿속의 실험실을 더 좋아했다. 헨리 나우웬은 우리 많은 이들에게 하나님 및 서로와의 관계에 더 깊이 들어가도록 감화를 끼쳤지만 정작 자신은 다른 사람들과 친하게 잘 지내지 못했다. 창의적인 사람들에게 관계 장애가 많다.

2차대전 중에 유고슬로비아에 머무는 동안 영국인 풍자 소설가 이블린 워Evelyn Waugh와 그의 친구 랜돌프 처칠Randolph Churchill(윈스턴 처칠의 아들) 사이에는 늘 싸움이 끊이지 않았다. 어느 날 처칠은 "나는 그래도 자네가 그리스도인이고 천주교인인 줄 알았네"라며 버럭 화를

냈다. 그러자 워는 "그것도 아니라면 내가 얼마나 더 못됐겠는지 생각해 보게"라고 받았다.[28]

그러나 우리가 살고 있는 이 문화는 관계에 대한 갈증을 자극하면서도 정작 관계는 더 어렵게 만든다.[29] 시장 경제가 점점 세계화할수록 시장이 아닌 모든 사회 관계에 대한 공격은 더 매몰차진다. 인간들이 살아가는 사회적·생태적 그물망을 강화해야 하는 교회의 역할이 그래서 한층 더 중요해진다. 안타깝게도 문화가 교회보다 이것을 더 잘 인식하고 있는 것 같다. 우리의 빈곤해진 관계 기술을 거론하는 가장 눈에 띄는 사람들은 닥터 필Dr. Phil, 닥터 로라Dr. Laura, 오프라Oprah 그리고 (내가 제일 좋아하는) 딜라일러Delilah 같은 '관계 전도사들'이다(모두 토크쇼 진행자—역주).

우리가 경험하기를 열망하는 것과 실제 경험 사이의 대비를 몇 가지 생각해 보라.

- 나의 부모는 내게 스크래블(알파벳이 적힌 작은 타일로 단어를 만드는 게임—역주)을 가르쳐 주고 함께 놀아 주었다. 요즘 부모들은 자식에게 솔리테어(혼자 하는 카드놀이—역주)를 가르쳐 줄 소지가 더 높다.
- 현재 미국인의 3분의 1은(35%) 지난 10년 간 적어도 한 번은 연애 관계가 깨졌다고 말한다.[30]
- 미국인 열 명 중 하나 이상은(12%) 금요일 밤을 혼자서 보낸다.[31]
- 그리고 현재 미국인 넷 중 하나는 혼자 산다.[32] 남편과 아내와 한 자녀로 구성된 가정보다 1인 1가구에 혼자 사는 미국인이 역사

상 처음으로 더 많아졌다.³³ 휴대전화 저쪽에서 들려오는 음성-"여보세요? 우리 그만 헤어져요!"-이 우리 시대의 표어가 될 법도 하다.

노마 진 모튼슨 Norma Jean Mortenson은 유년기의 태반을 수양 가정들에서 보냈다. 그 중 한 곳에서 한 하숙생이 여덟 살의 그녀를 강간한 후 5센트짜리 동전을 주었다. 그러고는 "자, 가져. 대신 이 일을 아무한테도 말하면 안 돼"라고 말했다.

노마 진은 수양어머니 글레이디즈 베이커에게 그 일을 말했다가 늘씬 얻어맞았다. 노마 진이 들은 말은 "그 하숙생은 하숙비를 꼬박꼬박 잘 내는 사람이야. 다시는 그 사람에 대해 나쁜 말을 하지 마라!"였다. 노마 진은 남한테 이용당하고 5센트짜리 동전을 받는 것이 어떤 것인지, 내면의 상처와 외로움을 표현하려 했다가 매를 맞는 것이 어떤 것인지 나이 여덟에 배워야 했다.

> 우리 모두가 함께-각기 따로-처한 일이다.
> - 유머 작가이자 배우 릴리 톰린³⁴

결국 그녀는 할리우드로 도망하여 마릴린 먼로로 이름을 바꾸었다. 트레이너들이 그녀를 '섹스 심벌'로 만들어 주겠다고 하자 그녀는 심벌이 무엇인지 모른다고 털어놓았다. 머리 나쁜 금발 미인 역할은 마릴린 먼로가 처음 만들어 낸 것인데, 세트장에 있는 사람들은 그녀의 미모에도 불구하고 하나같이 그녀를 미워했다. 그녀는 제작진을 몇 시간씩 기다리게 만들었다. 그들은 그녀가 몸치장하는 줄 알았다. 그러나 대부분의 경우 그녀는 너무 무서워 분장실에서 토하고 있었다.

그녀는 세 번의 결혼을 겪으며 매번 물었다. "당신은 나를 하나의 인간으로 보았나요?"

어느 토요일 밤, 마릴린 먼로는 서른다섯의 나이로 목숨을 끊었다. 가정부가 시체를 발견했을 때 보니 전화선이 뽑혀 있었다.

예수회 신학자 존 포웰John Powell 신부의 한 책에 "끝내 사랑을 찾지 못했던 사랑의 여신 마릴린 먼로를 죽게 한 진짜 이유는 무엇인가?"라는, 클레어 부스 루스Claire Booth Luce의 질문에 대한 이야기가 나온다. 클레어 부스 루스가 보기에는 대롱거리는 전화선이 마릴린 먼로의 일생에 대한 상징이었다.[35] 그녀는 끝내 누구와도 통하지 못해 죽었던 것이다.

우리는 계속 헤어진다. 관계는 우리의 내면 상태를 그대로 보여 준다. 부와 명예는 우리의 제약을 풀어 관계가 더 좋아지게 해주는 것이 아니라 오히려 우리를 옭아맬 때가 많다. 물질 만능주의는 으뜸가는 세속 종교가 되었다. 연구 결과들에 따르면, 우리가 자신을 재물과(지갑 포함) 동일시할수록 지저분한 기분, 부정적인 태도, 관계 장애도 더 커진다. 사실, '행복' 지수가 경제 발전을 따라가지 못하는 주된 이유는, 삶의 좋은 것들이란 좋은 '물건들'이 아니라 좋은 관계—친구, 가족, 사랑하는 이들—이기 때문이다.

우리가 관계적인 까닭은, 신형 SUV를 소유하는 것과 똑같은 방식으로 관계를 소유해서가 아니다. 우리가 관계적인 까닭은 다른 사람들과의 소통 속에서만 삶에 의미가 있기 때문이다. 관계 속에서만 우리는 사랑을 알고 서로에게 알려진다. 조 마이어스Joe Myers가 「소속을 찾아서」The Search to Belong에서 환기시켜 주는 것처럼, 우리의 참된 '소속'

은 소유가 아니라 관계다.[36]

한 사람이 변화를 일으킬 수 있다. 단, 그가 한 사람이라서 변화가 일어나는 것은 아니다. 사람들이 변화를 일으키는 것은 서로 연결되어 있기 때문이다. 더 확실한 결정보다는 더 많은 소통 속에서 내리는 결정이 낫다. 미래는 사람들 사이의 소통을 도와주고 관계를 강화시켜 주는 이들의 것이다.

공식 정보량이 많아질수록―우리의 이 시대는 유례없는 수준이다―비공식 의사소통이 더 소중해진다. 최신 데이터를 전해 주는 정보기술이 얼굴을 맞댄 격식 없는 대화로 얻는 지식과 지혜를 몰아내려 위협하고 있다. 이제 비공식 네트워크는 너무 희귀하여 공식 네트워크보다 더 소중해졌다.

그러나 우리가 찾는 관계는 네트워킹과 다르다. 네트워킹에서는 인간의 상호 작용이 사업 기회가 되며, 때와 장소에 맞는 적절한 인맥을 구비함으로 승자가 되는 것이 우리의 초점이 된다.

타인과의 참된 관계는 자아를 중심에서 내려오게 한다. 그것은 우리를 자기 밖으로 나오게 하며, 세상에 나만 있는 것이 아님을 가르쳐 준다. 또 타인과의 관계는 우리를 갈라놓는 경계를 허문다. 성찬에 참여할 때마다 우리는 경계를 허물고 관계를 세우는 삶을 받아들이는 것 아닌가? 타인에 대한 두려움을 이겨 낼 때마다 우리 자신의 믿음이 강해지는 것 아닌가? 마르틴 루터는 자기 믿음이 남들이 생각하는 것만큼 컸던 것이 아니라 신자들 및 타인들과 함께 믿음을 얘기하는 사이에 자기 믿음이 자랐다고 고백했거니와, 그 말의 진실성을 모르는 목사나 신학자가 있을까?

다른 사람들을 보는 우리의 눈은 '단일 자아' 개념—단일 형태로 삶을 영위해 가는 고정된 정적인 자아—에 기초한 지 너무 오래되었다. 삼위일체 하나님의 형상대로 지음 받은 인간이 마음, 머리, 손이라는 자아들의 삼위일체임을 우리는 이제야 깨닫기 시작하고 있다. 바꿔 말해서, 한 인간은 자아들의 공동체다. 자아를 고정된 단일 용기容器에 우겨넣는 것은, 우리의 자아의식이 활동하는 장場인 관계의 그물망이 얼마나 복잡한지 모르는 처사다. 건강한 '자아'란 내적 부분들과 과정들이 끊임없이 상호 작용하는 조화로운 관계다.

모든 사람은 가볍게 지나가는 관계, 깊은 영적 관계, 평생 지속되는 관계 등 폭넓은 관계가 필요하다. 우리는 평생 한 번의 큰 죽음에 부딪치는 것이 아니라 일련의 작은 죽음들에 부딪친다. 관계는 오고 가며, 그 중에 어떤 관계가 늘 우리의 바람대로 회복되는 것은 아니다.[37]

모든 관계는 배양과 보호를 요한다. 친구들 특히 가장 '절친한 친구들'confidants(러시아 숙어로 '부엌 친구들'로 번역된다)과의 소통에 우리 각자가 하루 30분만(아니 15분이라도) 바친다면, 삶이 얼마나 달라지겠는가?

관계는 즐거운 사귐과 소속감 같은 보상도 가져다주지만 또한 잡초와 원치 않는 생장물도 만들어 낸다. 모든 관계는 아픔과 고난을 유발한다. 모든 관계에는 우리 잘못이 아닌 단층선이 흐른다. 인간 외에는 자연계 어디에도 '우정'이 없듯이, 우는 종種도 유일하게 인간뿐이다. 친구가 있는 것과 울어야만 하는 것은 어쩌면 생각보다 더 관련이 깊을지도 모른다.

다치기 쉽다는 뜻의 vulnerability라는 단어는 '상처'를 뜻하는 라틴어 단어 *vulnus*에서 왔다. 인간으로 존재한다는 것은 상처 받을 수 있다는 것이다. 모든 우

> 내게 안 맞되 꼭 맞는 방식으로
> 안 맞는 그 특별한 사람을
> 나는 찾아낼 것이다.
> – 저술가, 활동가 앤드류 보이드[38]

정에는 '못할 말을 했던' 역사가 있게 마련이다. 그러나 당신의 손을 잡고 엉뚱한 말을 하는 사람이 차라리 거리를 두고 바른말을 하거나 아무 말도 하지 않는 사람보다 귀하다. 의사소통 없이 관계란 없고 지속적인 대화 없이 의사소통이란 없다.

모든 관계에는 슬픔이 있다. 그러나 슬픔이 원망으로 굳어질 것이냐 그렇지 않으냐는 우리가 하기 나름이다. 인간의 한평생은 길어야 65만 시간이다. 우리에게 있는 시간이라곤 그게 전부다. 원망과 한을 품고 살기에는 인생이 너무 짧다.

예수님은 우정의 가치도 아셨지만 친구의 손에서 올 수 있는 깊은 상처도 아셨다. 그래도 그분은 혼자 드시는 것을 싫어하셨다. 식사를 혼자 하시거나 관계를 나누지 않기에는 사람들을 너무 사랑하셨다.

누구하고라도 함께 드신 예수님

예수님은 혼자 드시는 것을 싫어하셨을 뿐 아니라 누구하고라도 함께 드셨다. 그분과 관계를 맺을 기회는 누구에게나 균등했다. 낯선 사람들뿐 아니라 이상한 사람들을 식탁 관계에 초대하는 특성이 그분의

DNA에 있었다. 예수님의 실제 DNA를 생각해 보면 이해가 된다. 예수님의 다윗 계보 앞머리에, 금지된 이방인인 한 모압 여인(룻)이 등장한다. 룻기는 다윗의 족보로 끝나는데, 거기에는 유대인뿐 아니라 모압 사람이 함께 나온다. 그리고 "이를 행하여 나를 기념하라"는 예수님의 말씀은 우리도 똑같이 하라는 지시였다. 곧 모압 사람들과 레위인들을, 룻처럼 우상을 섬겼던 아웃사이더들과 다윗처럼 간음을 저지른 인사이더들을 불러 식탁 교제를 함께 나누라 하신 것이다.

12세기 말, 드비즈의 리처드Richard of Devizes로 알려진 한 얌전빼는 수사가 혹 런던 방문을 생각 중인 경솔하고 무지한 자들에게 이런 엄한 경고를 발했다.

> 포주들 무리와 어울리지 마라. 값싼 식당들의 패거리와 사귀지 마라. 주사위와 도박, 극장과 선술집을 피하라. 거기서 프랑스 전체를 합한 것보다 더 많은 허풍선이들을 만나게 될 것이다. 기생충 같은 자들의 수는 무한하다. 배우들, 어릿광대들, 수염을 민 청년들, 흑인들, 아첨꾼들, 미동들, 여자 행색의 사내들, 남색자들, 노래하고 춤추는 여자들, 야바위꾼들, 배꼽춤 추는 자들, 주술사들, 착취자들, 야밤에 배회하는 자들, 마술사들, 무언극 광대들, 거지들, 익살꾼들—이 모든 족속들이 집집마다 즐비하다.[39]

이들이야말로 예수님이 일부러 식탁에 초대하신 바로 그 부류의 사람들이다. 영국 설교자 J. H. 주웨트Jowett는 예수님을 "망가진 자들을 받아주신 분"이라 불렀다.[40] 그분은 온갖 밑바닥 인생들을 불러 모으셨다. 사랑스러운 자를 사랑하는 것이 무슨 승리냐고 예수님은 물으셨다. 건강한 사람을 고쳐 주는 것이 무슨 성공이냐고 물으셨다. 스위스 정신과 의사 폴 투르니에는, 하나님이 의인들보다 불의한 자들을 더 사랑하신다고 말하는 유일한 종교는 기독교라고 역설했다. 기독교는 내 '옳음'을 입증하는 것과는 별로 상관 없고, 바른 관계—강자가 약자를 보호하고, 부자가 가난한 자를 섬기고, 인사이더가 아웃사이더에게 자리를 내주는—를 세우는 것과 더 상관이 많다.

예수님과 함께 저녁 식사에 갈 것이냐 아니면 관계를 거부할 것이냐는 우리가 선택하기 나름이다. 다만 그분의

> 그 잃어버린 자를 내가 찾으며 쫓긴 자를 내가 돌아오게 해[리라].
> —하나님, 선지자 에스겔의 대언41

초대는 만인에게—심지어 우리에게까지—열려 있다. 반항하고 불순종하며 사는 자들에게 예수님은 언제나 부드러우시다. 그분은 범죄에 너무 무른 메시아라고 비난 받았다. 반면 예수님은 율법과 규정밖에 모르는 부류에게는 언제나 엄하셨다. 그들은 자신의 의 때문에 눈이 멀어 하나님 및 '바른' 집단 바깥에 있는 이들과의 바른 관계를 보지 못했다. 언제나 예수님은 망가진 자들과 이상한 자들과 열두 제자 사이에 저녁 데이트를 주선하셨다.

예수님은 제자들을 고립된 가정 생활과 부락 생활에서 빼내어 외국인들, 낯선 사람들, 아이들, 여자들, 나병환자들과의 관계 속으로 떠미셨다. '세상 나라들'은 낯선 사람들을 적대적인 담장 안에 가두었고, 그들을 여간해서 신뢰하지 않았으며, 따뜻한 인정일랑 일가친척에게만 제한시켰다. 이와는 완전히 대조적으로 '하나님 나라'는 날마다 낯

선 사람들을 대접하여 식탁을 나누었고, 외국인들과 범죄자들에게 동정을 베풀었으며, 가난한 자들에게 안전한 안식처가 되어 주었다.

초대 교회의 가르침처럼 우리 몸이 성령의 전일진대, 우리는 다른 모든 사람을 성전으로 보고 친절하게 존중하는 마음으로 대해야 한다. 다른 사람들에게 상처를 주는 것은 어떤 의미에서 하나님을 대적하는 것이다.

타국에 온 이민자들의 경우와 마찬가지로, 우리는 낯선 사람들이 우리에게 가져오는 것들—다양성, 재능, 근면, 새로운 음식, 아울러 '타인들'이 끌릴 정도로 좋은 장점을 지닌 우리 조국에 대한 새로운 인식—을 인해 그들을 귀히 여길 수 있다. 아니면 낯선 사람들이 우리에게 할지도 모르는 일들—공공 유산을 퇴색시키고, 정치를 분열시키고, 주류 문화를 훼손하는 등—을 인해 그들을 두려워할 수도 있다. 우리가 타인들에게서 받는 진짜 선물은 바로 그들의 '타인 됨'이 아니던가?

숲 속과 골짜기를 지나던 여정 중에 빌보 배긴스Bilbo Baggins와 그 일행은 엘론드Elrond의 집에서 쉬게 된다.

> 각자의 좋아하는 것이 음식이든 잠이든 일이든 이야기든 노래든 그냥 앉아서 사색에 몰두하는 것이든 아니면 이 모두의 즐거운 혼합이든 [엘론드의 집]은 완벽했다.…
>
> 조랑말들까지 예외 없이 모든 일행은 거기서 며칠 보내는 동안 새로운 기운과 힘을 얻었다. 그들의 옷뿐 아니라 상처와 기분과 희망까지도 원상을 되찾았다.[42]

우리의 예배 처소들에 대해서도 그렇게 말할 수 있을까? 세상에서 그리스도의 사명은 사람들을 하나님삶 관계 속으로 이끄시는 것이었다. 지금도 하나님은 친구들을 사귀려 하신다. 우리도 다른 사람들의 친구가 되도록 그리스도의 사명으로 부름 받았다.[43] 어떤 사회 제도들은—심지어 일부 교회 제도들조차도—친구를 사귀기보다는 낯선 사람들을 대량 생산하는 데 오히려 더 능하다.

교회는 우리가 이상한 사람들, 소원해진 사람들과 친구가 되는 법—그들에게 배우고, 그들을 사랑하고, 그들의 말을 들어 주고, 풍성한 하나님삶 관계를 베푸는 법—을 배우는 곳인가? 오천 명을 먹이신 사건을 생각해 보라. "다 배불리 먹고 남은 조각을 열두 바구니에 차게 거두었으며."[44] 결핍은 극에 달했고 필요는 엄청났다. 수천의 배고프고 지친 영혼들이 먹을 것이 없었다. 그런데 예수님이 그들의 필요를 풍성히 채워 주셨다.

물론 우리는 예수님이 혼자 드시는 것을 얼마나 싫어하셨는지 안다. 그런데 교회에 대해서도 똑같이 말할 수 있을까?

10장 | 예수님과 밑바닥 인생들
'타인들' 속에서 하나님 발견하기

> 너희가 여기 내 형제 중에 지극히 작은 자 하나에게
> 한 것이 곧 내게 한 것이니라.
> —예수[1]

예수님은 정말 취향이 이상하셨다. 그분은 가난한 자들, 주변인들, 잊혀진 자들과 함께 있기를 유난히 좋아하셨다. 식탁에 누구를 초대해야 할까? 불구자들, 밑바닥 인생들, 무시당하는 자들[2]—특정 종교 공동체들에서 식탁에 절대 끼워 주지 않던 바로 그 사람들—이었다. 예수님의 뜻은 "가난한 자들과 기타 밑바닥 인생들아, 너희가 알아서 교회를 찾아라"가 아니었다. "교회 사람들아, 너희가 나서서 가난한 자들과 밑바닥 인생들을 찾아라"였다.

신약 성경은 교회가 그리스도의 몸이라고 가르친다. 예수님은 증오와 압제의 피해자들이 곧 예수라고 가르치신다. "너희가 여기 내 형제 중에 지극히 작은 자 하나에게 한 것이 곧 **내게** 한 것이니라."[3] 그러므로 교회가 만일 가난한 자들과 잊혀진 자들과 동화하지 않는다면 그것은 곧 예수님께 등을 돌리는 것이다. 그런 교회는 그리스도와 한몸이 될 수 없다.

서글프게도, 교회는 사람들을 예수님에 대한 **추억** 즉 '전에 계셨던'

예수님이나 아니면 '장차 오실' 재림 예수님에 대한 약속과 연결시켜 주느라 여념이 없다. 그 사이 교회는 '지금 계신' 예수님, 우리 주변 도처에서 가난한 자들과 병자들과 불구자들과 박해 받는 자들과 죽어 가는 자들의 삶 속에 살고 계신 예수님은 간과하고 있다.

진짜 무신론

누가 예수님을 따르는 자이고 누가 무신론자인가? 가톨릭 워커Catholic Worker의 도로시 데이Dorothy Day는 자기 기관의 봉사자들에게, 진짜 무신론자는 가난한 자들의 얼굴 속에서 예수님을 볼 줄 모르는 사람이라고 늘 일깨웠다. 테레사 수녀가 종종 탄식했던 것처럼, 가난한 사람들에 관하여 말하는 것은 인기가 있다. 그러나 가난한 사람들**에게 직접** 말하는 것은 그다지 인기가 없다. 당신이 주장하는 정의와 자유의 원리가 무엇이냐가 아니라 당신이 걷고 있는 자유의 길이 무엇이냐, 그것이 관건이다. 극빈자 층은 잠깐 접어 두자. 일하는 빈민들, 최저임금을 받고 있는 사람들을 생각해 보자. 당신 교회의 식탁에서 교제를 나누는 사람들 중에는 가정부, 창구 직원, 말단 요리사, 웨이터, 보육원 직원, 출장 간병인, 이발사, 기타 저임금 노동자들이 얼마나 되는가?[4]

하나님은 당신 교회를 보시고, 욥과 같이, 맹인의 눈이요 다리 저는 사람의 발이요, 빈궁한 자의 아버지라고 평가하실 수 있을까?[5] 아니면 당신 교회에는 성 존 크리소스톰John Chrysostom이 부유한 안디옥 그리스도인들에게 준 다음 말이 더 잘 어울릴까?

너희 개는 배불리 먹는데 그리스도는 굶주려 야위어 가신다. 그리스도는 아사하실 지경인데 너희는 호화로이 즐기고 있느냐? 그리스도는 묵으실 곳이 없어 굶주리고 헐벗은 채 객으로 떠도시건만 너희는 경박한 허영에 젖어 성 밖에 욕실이며 테라스며 무수한 방이 딸린 저택을 짓는구나. 그러면서 그리스도께는 조그만 오두막 한 구석도 내드리지 않는구나.[6]

무한히 부유한 세상에 끈질기게 이어지는 빈곤은 우리 시대의 치욕이다. 부자 나라들은 가난한 자들을 무시한 대가를 톡톡히 치를 것이다. 나이지리아 어느 부족 추장의 말대로, "당신들이 우리에게 당신들의 부를 나누어 주지 않으면 우리가 당신들에게 우리의 가난을 나누어 줄 것이다." 지구 반대편 사람들의 빈곤과 절망으로부터 '차단된' 사람은 아무도 없다. 우리가 9.11 참사에서 배운 것이 있다면 이것이다. 즉 개발도상국가들의 건강 문제가 세상의 부자들의 건강에 영향을 미치고 있다는 것이다. 가난한 자들의 경제 문제가 부자들의 경제를 훼방하고 있다. 가난한 자들의 분노가 이미 세상 부자들의 자유를 제한하고 있다.

가난한 자들에게 필요한 것은 우리의 돈이나 해답이라기보다 우리와의 관계다. 일부 연구들에 따르면, 대외 원조는 부유한 나라에 사는 가난한 자들의 돈이 빈곤한 나라에 사는 부자들한테 넘어가는 확실한 방법으로 입증되고 있다.

해답이 아니라 관계

도덕과 가치관과 윤리는 관계로 성육신한다. 우리의 믿는 바를 날마다 실천하는 삶이야말로 우리의 어떤 말이나 글보다 더 설득력 있게 가닿는다. 엔론Enron사의 공식 정책상 윤리는 중요한 문제였다. 엔론은 윤리 자문단을 자랑했고 신입사원들에게 입사 전 윤리 서약에 서명할 것을 의무화했다. 그런 엔론이 지금은 기업 윤리를 가장 비열하게 배신한 본보기가 되었다.

존슨앤드존슨Johnson & Johnson은 접근이 달랐다. 소소한 공식 정책을 개발하는 대신, 윤리가 회사 문화에 배어 있었다. 도덕적 철학은 모든 결정 과정의 일부였고, 윤리는 회사의 관계망에 편만했다. 1980년대, 높은 판매고를 자랑하는 자사의 진통제 타이레놀에 청산靑酸이 입혀진 것이 발견되었을 때 존슨앤드존슨이 어떻게 대처했는지 생각해 보라. 회사는 즉시 일반 소비자에게 경고를 발한 뒤 엄청난 비용을 들여 각 매장 진열대에서 타이레놀을 수거했다. 이 용감하고 윤리적인 행동 덕에 존슨앤드존슨은 가장 높은 기업 윤리 수준의 본보기가 되었다. 이 회사는 공식화된 윤리 정책은 없었지만 관계의 윤리를 실천했던 것이다.

공식 정책이 버젓이 있어도 결정권자들은 스스로 책잡힐 것 없다고 착각하면서 그 정책을 어길 수 있다. 우리는 다 죄인이고 잡종이다. 우리는 다 '중간' 나라에서 왔다. 생각이 얼빠지고 마음이 강퍅한 우리는 교회의 주된 종교적 기능이 관계임을 쉬 망각한다.

> 사고를 정립하려면 공식을 암기하는 것도 필요하지만 믿음은 그런 식으로 암기하는 공식 따위가 아니다. 믿음은, 눈먼 자의 눈이 뜨이고 귀먹은 자의 귀가 열리고 오래 침묵했던 자의 혀에 불이 붙도록, 막힌 것들을 벗겨 내는 행위다.
> – 영국 사회학자 데이비드 마틴[7]

아프리카의 원로 셋이 서구를 방문했다는 옛 이야기가 있다. 누군가 방문객들에게 물었다. "밤이 끝나고 낮이 시작되는 때를 어떻게 아십니까?"

첫째 사람이 대답했다. "감람나무와 무화과나무를 구별해 볼 수 있게 되면 밤이 끝나고 낮이 시작된 것을 압니다."

둘째 사람은 이렇게 답했다. "초원에 동물들의 형상이 보이면 어둠이 떠나고 밝은 낮이 찾아온 것을 안다오."

셋째 방문객은 방향이 완전히 달랐다. "흑인 여자와 백인 여자가 서로 '자매'라 부르고 가난한 자와 부자가 서로 '형제'라 부르는 모습이 보이면, 비로소 어두운 밤이 걷히고 환한 낮이 온 것이오."

이 사람은 질문의 깊은 의미를 알았다. 어둠은 시간이 되었다고 걷히는 것이 아니라, 관계를 실천할 때 걷힌다.

원수에게 선을 베풀기

우리는 예수님처럼 죄인들의 친구가 되도록 부름 받았다. 그러려면 우리의 도덕적 우주의 궤도 밖에 거하는 사람들과 관계를 맺어야 한다. 그들의 친구가 되고 그들을 사랑해야 한다. 그들과 그들의 차이점을 받아들이고 기꺼이 그 차이점에서 풍성한 유익을 누려야 한다. 설마 예수님이 계실까 싶은 곳들과 그런 사람들 속에서 그분을 발견하는 것이다.

다음번 식사가 당신의 마지막이라면 당신은 누구와 함께 앉고 싶은가? 이 때야말로 마차들에 빙 둘러싸여 당신의 동지들한테서 힘을 얻을 때가 아닌가? 당신이 식탁에 **원치 않을** 단 한 사람이 있다면 당신의 철천지 원수, 당신을 배반하여 지상에서 마지막 저녁 식사를 하게 만든 그 사람일 것이다.

예수님은 그렇지 않았다. 그분의 마지막 저녁 식사는 최악의 원수에게, 베드로를 비롯한 기타 배신자들에게, 그리고 예수님에 대한 걱정보다는 누가 그 나라에서 가장 높은 자리에 앉을 것이냐에 더 관심이 많았던 자기 중심적인 제자들에게까지 열려 있었다. 스티브 아이어스Steve Ayers 목사가 요긴한 지적을 했다. "예수님이 유다를 사랑하셨음을 절대 잊지 말라. 21세기 교회는 바로 그러한 관계적 이해를 향하여 나아가야 한다. 우리는 신실한 제자보다 유다에 더 가까워 보이는 문화와 나라를 사랑해야만 한다."[8]

내 삶에서 예수님은 해답보다 문제일 때가 더 많다. 예수님은 "다른 사람들의 고난을 져라. 나는 너를 자아 실현보다 자기 희생으로 부른다. 자기 보호는 최고의 가치가 아니다"라고 말씀하신다.

> 위험을 각오하지 않는 사랑이 혹 가능할지는 모르나, 우리 경우는 그렇지 않다.
> – 콘스탄티노플 주교 성 존 크리소스톰[9]

세상은 "너는 세상의 구세주가 아니다. 너 자신을 구원할 걱정이나 하면 된다. 네가 너를 챙기지 않으면 누가 챙겨 주겠느냐?"고 말한다.

내가 누구의 말에 따르기를 더 좋아할 것 같은가?

그러나 예수님을 따르면서 내가 가장 골머리를 앓는 것은 "나는 너희에게 이르노니 너희 원수를 사랑…하라"는 말씀이다.[10] 이는 아마도 그분의 모든 가르침 중 가장 뜻밖의 내용일 것이다.

세상과 그 안의 모든 것 특히 자기 원수를 미워하는 것은 쿰란의 에센Essene 공동체의 중심 교의였다. 오늘날까지도 파키스탄에서는 농부들이 자신에 대해 말할 때 통상적으로 "내 처, 내 땅, 내 자식들, 내 소 - 그리고 내 원수"라는 어구를 쓴다.[11] '원수'가 오죽 인간 정체성의 한 요소였으면, "그 사람의 원수가 누구인지 알면 그 사람이 누구인지 알 수 있다"는 말까지 있을까.

기부금이 많이 들어오게 하는 최선책은, 당신이 원수와의 싸움에 열과 성을 다하고 있음을 밝히는 것이다. 그 사실을 터득한 기독교 사역 기관들이 지금도 항공로를 가득 메우고 있다. 오사마 빈 라덴은 종교의 집단성을 응집시키는 최선책은 원수가 누구인지 밝히고 그 원수를 상대로 전쟁을 벌이는 것임을 철석같이 믿는 자다.

그래서 원수를 사랑하라는 예수님의 교훈은 너무도 과격했고 지금도 그렇다는 말이다. 그러니 성경에서 아브라함이 자기 원수들을 구해 달라고 하나님께 무릎 꿇고 간구하는 장면은 지금도 우리에게 충격으로 다가온다. 원수를 사랑하기보다는 하나님께 원수를 벌해 달라고, 원수에게 복수할 길을 보여 달라고 간구하는 쪽이 우리한테는 더 쉽다.

원수 명단을 품고 사는 것은 정치가들만이 아니다. 당신 자신의 원수 명단에서 맨 위를 차지하는 사람을 떠올려 보라. 이번에는 예수님이 그 사람을 위해 죽으셨다는 사실을 생각해 보라. 예수님은 당신에게 그 사람을 사랑하라 명하신다.

원수를 사랑하기

하나님은 그 신실하심을 절대 자신의 친구들에게 국한하시지 않는다. 하나님은 그분의 원수들에게도 신실하시다. 아브라함은 하나님의 친구이자 또한 하나님의 원수였다.

최악의 원수는 언제나 우리 자신이다. 주님은 우리와 역동적인 관계를 맺기 원하시건만 우리는 다 그 관계에 불성실한 패배자다. 그래도 하나님은 계속 우리에게 오시며, 가까이 머무실 길을 항상 찾으신다. 우리는 사랑이 와도, 원치 않을 때 왔다고 낑낑댄다.

바울은 "어떤 자들이 믿지 아니하였으면 어찌하리요. 그 믿지 아니함이 하나님의 미쁘심을 폐하겠느냐. 그럴 수 없느니라"고 썼다.[12] 우리는 하나님을 버렸고 신실하지 못한 자로 드러났지만 그럼에도 불구하고 하나님의 신실하심이 우리의 불성실함을 이긴다. "곧 우리가 [하나님의] 원수 되었을 때에 그의 아들의 죽으심으로 말미암아 하나님으로 화목하게 되었은즉 화목된 자로서는 더욱 그의 살아나심으로 말미암아 구원을 받을 것이니라."[13]

원수를 사랑하지 않고는 자신을 사랑할 수 없다. 우리는 원수를 만났다. 바로 우리 자신이다. 우리 모두 안에는 약간씩 유다가 있다. 아브라함은 함량 미달의 연속이었다. 그는 사라를 욕되게 했고, 하갈을 버렸으며, 이스마엘을 유기했고, 이삭을 제물로 바쳤다. 성경은 일부러 특별한 사람들을 택하시지 않는 하나님을 우리에게 거듭거듭 보여 준다. 하나님이 택하시면 사람들이 특별해진다. 아브라함 이야기의 주제는 하나님에 대한 아브라함의 순종이라기보다 아브라함을 향한 하나님의 신실하심에 있다. 하나님께 택함 받은 사람들은 자기들이 특별해서 택함 받은 것이 아니다. 하나님이 특별하셔서 택함 받은 것이다. 그리고 하나님과의 관계로 말미암아 그들은 특별해진다.

마이클 린드벌Michael Lindvall은 아랍과 이스라엘 간의 마지막 전쟁 후에 베이루트에서 사역한 아랍인 기독교 목사 푸아드 바흐난Fuad Bahnan이라는 친구의 이야기를 소개한 바 있다. 1983년 이스라엘 군이 레바논을 침공하자 많은 교회들은 이스라엘이 포위 공격을 할 것이라는 소문에 대비해 통조림 식품을 최대한 많이 사들이기 시작했다. 곧 서부 베이루트는 완전히 고립되었고, 사들인 양식의 배분 방법을 정하기 위해 교회 회의가 열렸다.

두 방안이 쟁점이 되었다. 하나는 양식을 교회 식구들끼리 먼저 나누고, 그 다음에 다른 그리스도인들, 마지막으로—남은 것이 있다면—이웃 회교도들에게 주는 것이었다. 또 하나는 달랐다. 양식을 이웃 회교도들에게 먼저 주고, 그 다음에 다른 그리스도인들, 마지막으로—남은 것이 있다면—교회 식구들에게 주는 것이었다. 회의는 여섯 시간이나 계속되었다. "연로하고 존망이 두터운 한 얌전한 할머니의 발언으로 회의는 끝났다. '여기서 우리가 그리스도의 사랑을 보여 주지 못하면 누가 하겠습니까?' 그리하여 두 번째 방안이 통과되었다."[14]

하와의 잎사귀, 아담의 추락 그리고 벌거벗은 진리

내가 가장 좋아하는 고대 페르시아 지혜의 단편 중에 "코끼리 비위를 맞춰 줄 각오가 없이는 당신의 장막에 코끼리 조련사를 들이지 말라"는 충고가 있다. 누구든 식탁을 개방하는 사람은 죄라는 보이지 않는 코끼리를 상대할 각오를 하는 것이 좋다. 영혼의 흉한 이면은 절대로 표면에서 멀지 않다.

「갱 단원에게」*Dear Gangster*라는 베스트셀러 교훈서에 이런 서신 교환이 나온다.

> 갱 단원에게:
> 이 세상에 뭔가 대단히 잘못된 게 있는데 도대체 뭔지 모르겠소. 사랑은 애매한—아니, 지저분한—아니, 치사한 것 같소. 알다가도 모를 게 사랑이오. 도무지 내 손에 걸려들지도 않고, 살려 달라고 소리치지도 않으니 말이오. 이 세상에 잘못된 게 도대체 뭐요? 간단히 말해 주지 않겠소?
> —두 단어 이하면 좋겠소.
>
> 두 단어 이하에게:
> 당신과 나요.[15]

전도서 기자는 "선을 행하고 전혀 죄를 범하지 아니하는 의인은 세상에 없"다고 명쾌히 말했다.¹⁶ 세상이 지금과 같은 이유는 바로 당신과 나다. 캘리포니아 주 뉴포트비치에 있는 세인트 앤드류 장로교회에서는 존 A. 허프먼 주니어John A. Huffman Jr. 박사가 때로 광고 시간에 이런 말로 손님들을 환영한다.

> 죄인들 모임에 오신 것을 환영합니다. 우리 세인트 앤드류 사람들은 자기가 본래부터 완전하다고 주장하지 않는 남녀들의 집단입니다. 우리 모두 옷을 잘 빼입어 멋있어 보일지 모르나, 사실은 한 사람도 예외 없이 죄인이며 날마다 '더 높은 힘', 창조주, 부양자 하나님의 도움이 필요한 사람들입니다. 하나님이 그 아들 예수 그리스도께서 하신 일로 말미암아 우리에게 은혜와 용서를 베푸시며, 성령의 능력으로 말미암아 우리에게 하루하루 살아갈 힘을 주십니다.¹⁷

우리 모두 안에는 미녀와 야수가 **함께** 살고 있다. 가인도 인류의 조상이고 아벨도 인류의 조상이다. 우리 각자의 탈을 벗기면 시기와 살인과 탐욕의 성향이 나온다. 우리는 다 피해자도 되고 십자가형을 집행한 자도 된다. 우리는 거짓말하고 속이고 험담하고 욕심 부린다. 감리교 창시자 존 웨슬리John Wesley는 30분 이상 대화를 유지하면서 못할 말을 전혀 안 한다는 것은 불가능하다고 했다. 우리는 다 결점이 있다. 우리 중 가장 낫다는 사람들도 처참히 실패한다(마르틴 루터의 1543년 논설 「유대인과 그들의 거짓말」*The Jews and Their Lies*을 굳이 읽지 않아도 된다).

20세기에 발생한 전쟁 관련 사망자가 1억 6천만 명이라는 사실에 우리는 경악한다.[18] 2차대전 이후 150회의 큰 전쟁에서만 2천3백만 명이 죽고 6천만 명이 부상당했다는 사실에 우리는 몸서리친다. 그러나 폭력과 잔학함과 사디즘은 '규범'의 일탈 현상이 아니라 인간의 본성적 충동이다. 우리 모두의 안에 악이 도사리고 있다. 20세기 시인 중 내가 가장 좋아하는 데니스 레버토브Denise Levertov는 그녀의 첫 기독교 시에서 "우리의 손/ 우리의 살인적 손에/머무는" 어떤 힘을 인정한다.[19]

누군가 인간에게는 두 부류 즉 하수구와 난방기가 있다고 했다. 우리는 축축하고 차갑고 더러운 지하 하수관을 땜질하는 일보다는 따뜻한 히터에 둘러싸여 있기를 좋아한다. 그러나 교회 사역의 큰 부분은 하수구 사업이다. 20세기 최고의 설교자 중 하나인 오스틴 패러는 콘스탄티노플에 나돈 역병에 관하여 이런 일화를 소개했다.

> 그리스도인 황제는 기독교 교황과 상의하였고 그들은 하나님의 진노를 돌리기 위한 속죄와 국가적 회개 의식을 명했다. 하나님의 진노를 받아 마땅한 것은 백성들이고 물론 성직자들은 안전지대에 있다. 백성들은 언제나 진노를 받아 마땅하다. 어느 시대를 막론하고, 악이 너무나 횡행한다는 진단보다 더 안전하게 내놓을 수 있는 진단은 없다. 그러나 더 정확한 진단을 목표 삼은 한 의사가 그 곳 황도皇都에 있었다. 그는 콘스탄티노플 사람들에게 하나님의 진노를 부른 특정한 악이란 바로 하수구를 방치한 것이라고 진단했다. 시정 노력이 전혀 없이 잘못만 고백하는 것은 위선이므로

이번에는 종교 의식보다 위생 대책이 하나님을 더 기쁘시게 할 것 같다는 것이 의사의 제안이었다. 그들이 그의 말에 수긍했을까? 아니, 그들은 불경죄로 그에게 족쇄를 채웠다. 사나운 역병은 하나님의 화살이었다. 우리가 감히 그분의 활시위를 끊거나 화살을 무디게 하여 심판을 돌리기를 바란단 말인가? 아니, 우리는 납작 엎드려 기도해야 한다.[20]

때로 우리는 하수구—죄라는 잊혀진 하수구—는 방치한 채 종교 의식만 늘린다. "진노하신 하나님의 손에 놓인 죄인들"(조나단 에드워즈의 설교 제목—역주)에서 "이해심 많은 심리치료사의 소파에 앉은 자존감 낮은 내담자들"로 옮겨 간 것은 얼마나 잘못된 일인가. 죄는 자기 경멸과 자기 기만 이상이다. 개혁 신학자 코넬리우스 플랜팅가Cornelius Plantinga는 죄란 "처음부터 끝까지 하나님을 대적하는 힘"이라 표현했다.[21] 이 개념을 빼놓은 채 죄악의 삶을 '병'이니 '중독'이니 '건강치 못한 생활 방식'으로 대체하는 담론들이 너무 많다. "하나님을 대적하는 힘"이 빠져 있다. 죄의 대상은 궁극적으로 하나님이다.

그러나 교회의 '죄' 담론에 빠진 것이 또 있다. 죄는 관계적 개념이다. 죄란 하나님, 타인들, 자신과의 관계에 대한 침입이요 위해 행위다. 하나님의 은혜는 관계의 선물이다. 성경적으로 하자면 죄도 은혜도 법률적 관점보다 관계적 관점에서 정의해야 더 맞다.

기독교도 옛 유대교의 전철을 그대로 밟았다. 약속과 은혜와 무조건적 사랑으로 된 하나님의 언약을 계약으로 바꾸려 한 것이다.[22] 계약의 경우는 양측에서 일체의 허점을 메워 버린다. 반대로 하나님과 아브라함의 언약과 특히 예수님의 새 언약처럼, 언약의 경우는 끝이 열려 있다. 그러나 우리는 그 열린 상태대로 즐거이 뛰놀며 하나님만 의지하기보다는 느슨한 부분의 매듭을 단단히 조이기를 더 좋아한다.

죄는 **명령**을 어기는 것이 아니라 **관계**를 깨는 것이다. 죄를 지을 때 우리는 돌로 제본된 법전을 어기는 것이 아니라 마음에 새겨진 사랑을 깬다. 그래서 죄의 해결책은 더 나은 교육이나 더 나은 의지력이 아니라, 관계에 화해와 회복을 이루는 더 나은 길 즉 십자가다.[23] 예수님은 우리가 그냥 빠져나가게 두지 않으신다. 그분은 그저 우리의 손이나 한 번 치고 마시는 분이 아니다. 예수님은 때로 우리의 손을 잡아 불에 대신다. 단 그분이 우리 손을 함께 붙잡고 계신다.

> 죄란 나쁜 것을 원하는 것이 아니다. 나쁜 것이란 없다. 모든 것은 하나님께 지음 받았다. 죄란 사소한 것들을 갈망하는 것이다. 예컨대 재물은 선하고 하나님께 지음 받은 것이지만, 세상을 창조하신 하나님을 사랑해야 할 마음으로 재물을 사랑하는 것은 죄다.
> 우리 소유도 아니고 소유할 수도 없는 것들이 우리가 소유할 수 있는 것들보다 더 크다.
> – 도미니크회 수사 맥케이브[24]

죄는 '못된 행실,' 성화는 '바른 행실'이 올바른 정의라면 회심 전의 바울은 무죄한 사람이었다. 바울은 "[내가] 율법의 의로는 흠이 없는 자"라고 했다.[25] 제럴드 휴즈Gerald Hughes는 어느 본부 건물에 새겨져 사람들에게 "순종, 근면, 정직, 질서, 청결, 절제, 진실, 희생, 애국"을 독려하는 말을 인용했다. 이 말은 포로들이 자주 읽을 수 있도록 다차우Dachau 나치 수용소의 한 본부 건물 천장에 새겨져 있다.[26] 이 '바른 행실' 문구는 회개를 촉구하는 것이 아니라 우상 숭배를 촉구하고 있다.

이어 휴즈가 내놓는 죄의 정의는 기독교 역사상 최고의 정의 중 하나다. 죄란 "당신 안에서 하나님을 하나님 되게" 하지 않는 것이다.[27] 거룩함은 고성능 전도체다. 우리가 연결을 늘이려고 전원을 꽂으면 죄가 연결 부위의 전도(傳導)를 가로막는다. 죄는 하나님삶 관계의 흐름과 형성을 막는 차단 장치다. 그렇다면 회개는 우리의 생명과 인생의 계획을 우리 자신이 아닌 하나님께 넘겨드리는 관계로 다시 돌아가는 길이다. 회개는 하나님과 연결시켜 전도율을 높여 주는 세라믹이나 구리 '전도체'다.

먼 곳은 지척에 있다

"어떤 사람이 두 아들이 있는데…."[28] 많은 사람이 이 단순한 이야기를 사상 최고의 단편 소설이라거나 가장 일반적으로는 복음 속의 복음이라 불렀다. 화가 렘브란트에서 작곡가 클로드 드뷔시, 시인 존 메이스필드, 안무가 새들러 웰스, 작가 찰스 디킨스에 이르기까지 가장 위대한 예술가들의 일부가 이 이야기에서 영감을 얻었다. 디킨스의 「크리스마스 캐럴」은 탕자들 이야기의 변형판이다. 냉담하기 그지없던 스크루지도 결국 인간의 울타리 안에 도로 받아들여진다.

탕자의 비유에는 복음의 핵심이 있고 기독교의 영원한 본질이 있다.[29] 이는 죄와 회개, 그리고 그 회개 외에는 아무 조건도 없는 값없는 용서로 이루어진 구원의 전형이다. 사실 아버지는 용서를 구하는 말을 굳이 기다리지도 않는다. 그는 달려가 아들을 맞이하여 끌어안고 입맞

춘다. "아버지가 그를 보고 측은히 여겨 달려가"―모든 이야기를 통틀어 이보다 아름다운 말이 있을까. 나는 본 적이 없다.

이 이야기의 진짜 '탕자'는 누구일까? 형 탕자일까? 아버지 탕자일까? 모든 설교에 가장 많이 등장하는 성경 인물이지 싶은 동생 탕자일까? 아니면 혹 하나님 탕자일까?

아니 어쩌면 이야기의 모든 등장인물이 **탕자**라는 단어의 다른 면을 보여 주고 있는지도 모른다. 사실, 우리 각자는 그 두 아들일지도 모른다. 이 두 부류의 인간은 따로 둘로 존재하는 것이 아니라 우리 각자 안에 있는 양면일지도 모른다.

요즘은 형을 진짜 '탕자'로 보는 것이 유행이 되었다. 밭에서 돌아오던 그는 떠들썩한 소리를 듣고 "이 풍악과 춤이 다 뭐냐?"고 물었다. 동생이 돌아와 아버지가 레드카펫을 깔고 송아지를 잡아 거대한 파티를 열었다는 말에(형의 대화에 "살진 송아지"라는 말이 몇 번이나 나오나 보라) 그는 발끈했다.

둘째 아들이 미리 유산을 청한 것은 아버지에게 고통을 주는 일이었다. 어떤 학자들은 그 요구를 아버지가 죽기를 바라는 것("어서 서둘러 죽으시지 그럽니까?")과 다를 바 없다고 해석했다. 동생의 진짜 죄는 무엇인가? '방탕한 삶'이 아니라 아버지와의 관계 속에서 **살지 않은** 것이다. 그는 아버지한테서 얻을 재물을 아버지와의 우정보다 더 높이 쳤다. 사실, 헬라어 본문에는 '방종한 삶'이니 '방탕한 삶'이니 하는 말이 아예 없다. 허버트 맥케이브의 말로 "영어 번역자들은 이야기 후반에 나오는 형의 악의적인 중상에 속았다. 원문에는 그가 마치 내일이 없는 것처럼 돈을 썼다고만—'돈에 매달리지 않고'—되어 있다. 그의 죄는 호색과 매음에 있지 않다. 그의 죄는 훨씬 더 중하니 곧 아버지 집을 버린 것이다."[30]

게다가 동생이 창기와 놀아났는지 형이 어떻게 아나? 의인의 의무라도 되는 양 형은 자진하여 아버지에게 이 정보를 제출했다. 아버지의 아들인 이 건달이 창기와 함께 "아버지의 살림"을 먹어 버렸다는 것이었다. 동생이 용서를 구한 후에도 형은 스스로 옳게 보일 기회를 떨칠 수 없었다. 그래서 그는 동생을 헐뜯었다. 하지만 조심하라. 사람들이 무엇 때문에 남들을 비방하는지 잘 들어 보라. 비방하는 자 자신의 속셈이 고스란히 드러난다. 다른 사람에게 돌을 던지면 그 돌에 당신이 다친다.

'살림을 나눠 달라'는 동생의 요구는 아버지에게 엄청난 사적인 공격이었다. 그러나 아버지의 잔치에 동참하지 않겠다고 거부한 형의 공개적 모욕은 더 엄청났다. 마을 유지들이 다 와 있었다. 형이 '들어가서' 잔치에 동석하지 않은 것은 굉장한 공개적 모욕이었다. 사실, 이 거부당한 사랑의 고뇌는 아버지와 둘째 아들 사이 못지않은 심각한 균열을 아버지와 맏아들 사이에 불러왔다.

맏아들을 멀어지게 한 것은 무엇인가? 왜 그는 그런 문제아가 되었나? 그는 늘 순종했다. 충실했다. 고분고분 시키는 대로 했다. 부모로서 그 이상 무엇을 더 바라겠는가?

그러나 그의 아버지는 그 이상을 원했다. 그는 사랑하는 아들과의 교제를 원했다. 그러나 둘째 아들이 돌아와 "아버지와 다시 잘 지내고 싶습니다"라고 했을 때 아버지는 감격했지만 맏아들은 심기가 뒤틀렸다. 원리 원칙에 의거한 형 입장에서 볼 때, 동생이 빈털터리 노숙자가 된 것은 자업자득이었다. 자기가 좋아서 간 길이니 자기가 대가를 치러야 했다. 형은 아버지를 위해 노예처럼 일했다. 그래서 무엇을 얻었나? 형은 자기 의義와 시기심 때문에 잔치를 즐길 수 없었다. 우리 구주 예수님은 종을 원치 않고 친구를 원한다 하시건만,[31] 이 이야기의 형은 그런 그분을 도무지 이해 못할 사람이었다.

이야기 속의 아버지는 치욕스런 대우를 받고 이용당했다. 그런데도 용서하고 잔치를 베풀었다. 이야기 속의 형으로 말하자면 부당 대우를 당한 것이 없다. 그런데도 그는 용서하지 않으려 했다.[32]

우리도 다 한 번쯤 먼 나라에서 길을 잃은 적이 있다. 먼 나라는 매혹적이고, 우리의 '먼 나라'는 각기 다르다. 그러나 당신은 집에서도 똑같이 길을 잃을 수 있다. 집에 '착하게' 있으면서도 이역만리 땅 끝까지 간 것처럼 길을 잃을 수 있다. 집에 있었던 형은 모든 덕을 구비했으나 사랑 하나가 없었다. 사랑 없는 자는 누구나 아득히 길을 잃은 자다.

교회의 역할은 모든 탕자에게 잔치를 열어 주는 것이다. 교회의 역할은 "당신의 먼 나라가 어디든—정말 먼 곳이든 아니면 집이든—하나님이 당신을 찾아가 잔치를 베푸실 수 없을 만큼 멀지는 않다"고 선포하는 것이다. 탕자의 비유는 잔치들 이야기다. 탈진과 파멸만 남긴 '먼 나라'의 잔치도 있고, 흥겨움과 축하의 본 모습인 집의 잔치도 있다.

우리를 하나님 및 서로와 이어주는 끈이 잔치 의식意識에서 나온다.

기독교계 전반에 잔치 문화가 필요하지만, 그 중에서도 가장 요긴한 곳은 축제를 모르는 미국 교회다. 미국 교회는 우는 자들과 함께 울 줄은 알지만 먼 나라에서 돌아오는 자들을 축하하는 일에는 불안해한다. 우리는 원수들을 위해 잔치를 베풀 수 있을까? 아직 잔치를 베풀어 주기에 '합당하다'고 간주되지 않는 그들을 위해서 말이다.

이 비유는 가출에 대한 책망이 아니라, 하나님이 사람들을 집 안에 들이기 원하신다는 확증이다. 이는 이 기적인 자녀들을 두신 탕자 하나님에 관한 이야기다. 그들은 아버지의 심정 따위는 안중에도 없다. 그럼에도 하나님은 모든 탕자를 아낌없이 후하게 사랑하신다. 당신이 어떤 식의 탕자든—자기 의에 빠진 '형' 탕자든 젊은 날을 방탕하게 보낸 '동생' 탕자든—비유 속의 아버지가 두 아들에게 나간 것처럼 하나님도 나와서 당신을 맞아 주시며 가족 잔치에 함께 가자고 청하신다.

> 그는 당신한테 칭찬 받을 자격은 없을지 모르지만 언젠가 그렇게 될 것처럼 대우 받을 자격은 있다.
> – 제임스 리처드슨[33]

이 순간 당신은—우리 모두는—둘 중 하나로 묘사된다. 우리는 하나님과 멀리 있어 점점 가까워지는 중이거나 하나님과 가까이 있어 점점 멀어지고 있는 중이거나 둘 중 하나다. 당신은 어느 쪽인가? 어느 쪽이 하나님을 더 기쁘시게 할 것 같은가?

아버지가 형에게 말한 것처럼 당신은 "즐거워하고 기뻐하는 것이 마땅하다." 역사상 가장 유명한 단편 소설은 이런 말로 끝난다. "그들이 즐거워하더라." 하나님은 "동 서로부터 많은 사람이 이르러 아브라함과 이삭과 야곱과 함께 천국 [잔치]에 앉"게 되기를 원하신다.[34] 어떻게 하면 당신도 잔치에 들어와 동석할 수 있을까?

전도는 탕자들을 잔치에 초대하는 것이다. 전도는 "내 것이 다 네 것"이라며 집으로 반가이 맞아들이려 기다리시는 하나님을 다른 사람들에게 소개하는 것이다. 그러나 우리가 만일 스스로 옳다고 고집하며 하나님과 깨어진 관계로 남으려 한다면, 어찌 낯선 사람들을 하나님의 잔치석상에 초대하기를 바랄 수 있는가? 하나님의 가족들이 아버지와 깨어져 있고서야 어찌 다른 사람들을 잔칫집 주인과의 관계로 끌어들일 수 있겠는가?

하나님의 집 밖에 있는 사람들과 더불어 하나님이 명하신 관계를 추구하려면, 우리와 하나님의 관계의 중심에 다른 사람들이 있음을 알아야 한다. 다른 사람들과의 관계 속에 있을 때 우리가 글자 그대로 예수님을 만난다는 것과, 우리 자신도 낯선 자들이요 이방인들임을 알아야 한다. 타인들과의 관계를 피한다면 우리는 예수님을 우리 삶 밖으로 몰아내는 것이다.

도널드 밀러Donald Miller는 재즈 음악의 이질적인 소리 때문에 그것을 좋아한 적이 없다고 말한다. 게다가 재즈의 음악적 주제는 협화음으로 풀리는 적이 없으니 듣는 자들은 어정쩡한 상태가 되기 일쑤다. 그러다 그는 시각이 바뀌었다.

어느 밤 포틀랜드 바그다드 극장 밖에서 나는 색소폰 부는 남자를 보았다. 나는 15분간 그 자리에 서 있었고 그는 한 번도 눈을 뜨지 않았다.

뭔가를 사랑하는 사람을 보고 나서야 자신도 그것을 사랑하게 되는 때

가 있다.³⁵

내가 사랑하는 사람들이 그것을 사랑해서 나도 사랑하게 된 것이 많이 있다. 내 딸 소렌이 에이브릴 라빈(캐나다 작곡가, 가수-역주)을 사랑해서 나도 에이브릴 라빈을 사랑하게 되었다. 내 아들 에질이 스펀지밥(노랗고 네모난 주방용 스펀지 모양 만화 캐릭터-편집자 주)을 사랑하는 것을 보고 나도 스펀지밥을 사랑하게 되었다. 내 아내가 린다 론슈타트(미국의 가수-편집자 주) 음악을 사랑해서 나도 린다 론슈타트의 목소리를 사랑하게 되었다.

예수님이 잃은 영혼들과 꼴찌들에 약하신 분이라서 나도 괴짜들과 이상한 커플들로 통하는 사람들을 사랑하는 법을 배웠다.

예수님이 특정인들을 사랑하시는 것을 보고 나도 그들을 사랑하는 법을 배웠다.

6부

하나님의 피조 세계와의 관계

11장 | 하나님의 작품과의 화해

하나님이 만드신 것들을 사랑하기

> 하나님의 관심이 종교에만 있다거나
> 주로 종교에 있다고 생각하면 착각이다.
> ㅡ대주교 윌리엄 템플[1]

하나님과 아브라함은 함께 걸어가는 관계였다. 둘은 산책을 즐겼다. 이 허물없는 관계에서 하나님이 맨 처음 하신 일 중 하나는 아브라함과 그 후손에게 주겠다고 약속하신 강과 들판의 광경과 소리를 자랑하신 것이다.[2]

그 이전의 노아 언약은 하나님이 "모든 육체를 가진 땅의 모든 생물"[3]과 더불어 맺으신 것이다. 자연과 인류는 불가분의 관계다. 그래서 하나님은 애굽 왕이 똑바로 알아들을 때까지 모세를 계속 바로에게 보내 협상하게 하셨다. 마침내 바로는 "좋다, 이스라엘 남자들만 가서 여호와를 섬기라"고 했다. 모세는 "미안하지만 그걸로 부족하다"고 했다. 모세에게 '백성'이란 여자들과 아이들도 포함되었던 것이다. 그뿐만이 아니었다.

'언약 백성'은 모든 생물로 정의되어야 했다. "[생축] 한 마리도 남길 수 없으니."[4]

하나님을 만날 때 우리는 하나님의 세상을 만난다. 하나님은 우리에게 얼마나 놀라운 세상을 주셨던가! 우리는 창조주와 피조물 둘 다 와의 관계 속에 있는 만큼만 하나님과 함께 있을 수 있다. 교회 초창기 신학자들은 피조 세계 자체를 하나의 성례, 하나님 임재의 '징후,' 하나님이 우리와 의사소통하시는 거룩한 언어라 했다. 우리 영적 조상들도 모든 피조 세계가 구속救贖의 드라마에 함께 들어 있을 뿐 아니라 하나님 계시의 원천—성경 및 전통과 동일한 차원은 아니지만—이라 믿었다.[5]

오늘날 그리스도인들은 많은 에너지와 노력을 들여 성경을 바로 주해하는 법을 배운다. 그런 주해는 우리가 하나님을 알고 이해하는 데 도움이 된다. 그러나 우리는 하나님의 작품인 자연을 주해하는 법도 배우고 있나? 일례로, 나무라고 알려진 "수목 속의 신의 현현"을 보라.[6] 에덴의 나무들, 마므레의 나무, 레바논 백향목, 삭개오의 뽕나무 등 성경의 여러 나무들을 생각해 보라.

나무에는 깊은 신학적 의미가 있다. 나무는 땅에서 나와 세상에 양식과 집을 주고 산소를 공급하고 약을 대준다. 나무 한 그루를 심고 물을 주고 보살필 때 당신은 그 나무와의 관계를 시작하는 것이다. 나무는 친구가 된다. 물론 당신의 배우자나 단짝 같지는 않지만 그래도 친구는 친구다. 당신은 하나님의 피조 세계 중 이 부분—우리를 이토록 후하게 부양하는 나무라는 생명줄—과의 관계가 어떤가? 그리스도인들이 감투나 재물을 숭배하는 사람들보다 나무를 숭배하는 사람들을 더 문제시하는 듯한 이유는 대체 무엇인가?

예수님은 관계의 신비 중 하나인 나선형에 우리의 주의를 끄셨다.

우리는 자기 '밖으로' 나감으로써 자기 '안으로' 들어간다. '자기를 찾으려면' 어떻게 해야 하나? 예수님은 타자 안에서 '자기를 잃으라'고 하신다. '타자'란 사람일 수도 있지만 장소일 수도 있다. 하나님과의 친밀함은 부분적으로 우리와 자연계의 교류 속에 즉 하나님의 피조 세계와의 관계 속에 있다.

예수님은 이 나선형의 신비를 삶으로 보이셨다. 그분이 즐겨 찾으신 신성한 장소들이 있었다. 예수님은 하나님과의

> 물질 세계 전체는 말하자면 하나님의 손가락으로 쓰신 책이다.
> – 12세기 신학자 성 빅토르의 위고

관계를 든든히 지키기 위해 산과 광야와 호수와 바다가 필요했다. 그분이 가장 좋아하신 기도 처소는? 광야와 동산이라는 양극단이었다.

굳이 '땅의 여신'이 되지 않고도 우리는, 새와 나무 등 자연이 우리의 형제자매라 한 성 프란체스코의 말에 공감할 수 있다. 자연은 우리의 신이나 창조주가 아니라 우리와 동일한 창조 재료로 만들어진 것이다. 성 보나벤투라 Bonaventura가 대비한 흔적과 형상의 개념이 피조 세계를 생각하는 데 도움이 된다. 모든 피조물은 하나님의 흔적을 지니고 있으나, 하나님의 형상 내지 "뚜렷한 모양"을 지닌 존재는 인간뿐이다.[7] 현대 세계는 우리 자신과 자연계를 단절시킴으로써 기독교 전통의 그 풍성한 면을 잃고 말았다. 자연에 대한 지배와 착취를 불러온 것은 기독교가 아니라 18세기 계몽운동의 합리주의였다. 합리주의는 무조건 손 닿는 것마다 통제하고 정복하려는 욕심에, 모든 피조물에 내재된 신성한 의미와 하나님의 증거를 말살해 버렸다. 영화 "반지의 제왕"에 "마음이 금속과 톱니바퀴로 되어 있어…성장하는 것들을

돌아볼 줄 모르는" 존재로 묘사된 세상의 '사루만'들을 계몽주의 사상이 만들어 냈다.[8]

지구 사랑

흑인 신학자 하워드 서면Howard Thurman은 하나님 나라를, 하나님이 꿈꾸시는 바 우호적 하늘 아래 우호적 사람들로 가득한 우호적 세계의 다른 이름이라 정의했다. 오늘 우리의 하늘이 얼마나 비우호적인지 생각해 보라. 사실 하늘은 비우호적인 수준을 넘어 죽음을 부르고 있다. 모든 태양광선은 흑색종腫을 양산한다. 이는 우리가 피조 세계와의 관계에 실패했음을 보여 주는 하나의 징후에 지나지 않는다. 미국 국방부는 이제 기후 변화를 '안보' 문제로 보기에 이르렀다.[9]

내가 자랄 때만 해도 생선은 마지막 야생 음식이었다.[10] 북대서양에 대구가 하도 많아서 대구 등만 밟고도 "신발을 적시지 않고 대서양을 걸어서 건널" 수 있을 정도라는 이야기를 듣곤 했다.[11] 그러나 1992년 즈음에는 대구 개체수가 격감하여 케이프 브렌튼 해역이 폐쇄 조치되었다. 다시 어류가 증식할 기회를 주려고 해저 고기잡이를 금지한 것이다. 그 해역은 그 뒤로 지금까지 폐쇄되어 있다.

2003년 4월, 뉴펀들랜드에 죽은 대구가 떠오르기 시작했다. 일각에서는 2차대전 후 케이프 브렌튼 해안에 폐기된 열차 여러 대 분량의 이페릿mustard gas[미란성靡爛性 독가스—역주] 때문으로 보고 있다. 잔뜩 부식한 그 통들이 드디어 터지면서 끈적끈적한 이페릿 덩이를 쏟

아내고 있다. 그런데도 캐나다 식품청의 식품 검사관은 해안으로 밀려온 대구를 인간이 먹어도 좋다고 승인했다. 그는 "죽었다는 사실 외에는 대구의 상태가 아주 양호하다"고 말했다.[12]

그리스도인치고 생태학자가 되지 않아도 될 구실은 전혀 없다. 생태학이란 유기체와 주변 환경과의 관계를 다루는 학문에 다름 아니다. 종교 지도자란 거룩한 공동체 안에서 건강하고 조화로운 환경을 유지할 책임이 있는 '영적 생태학자'다. 환경 생태학은 자연계에 조화로운 관계를 유지하는 비결을 연구하고 이해하는 학문이다. 신비가들만이 "피조 세계를 창조주의 눈으로 보는" 것이 아니다.[13]

종種 보존에 대한 작금의 접근들은 생태학적으로 미흡하다. 지구를 관계의 관점에서 보지 못하기 때문이다. 그 결과, 이런 노력은 현존하는 생태학적 필수 연결고리들을 보호하지 못한다. 숲 하나를 만들려면 8년쯤 걸린다. 그러나 관계가 풍성한(즉 다양한 생명체가 사는) 숲을 가꾸려면 2백 년쯤 걸린다.

일부 신세계 식물(오세이지 오렌지, 사막 호리병박)의 열매들을 먹을 수 없거나 해롭거나 둘 다인 까닭은 무엇인가? 다른 신세계 식물(수엽나무, 계수나무)의 열매들이 식용이긴 하나 어떤 동물도 까낼 수 없을 정도로 크고 딱딱한 껍질에 싸여 있는 까닭은 무엇인가? 이런 열매들은 사라진 관계로 인하여 길을 잃은 채, 이제는 '환영'幻影이 되어 버린 코끼리며 코뿔소며 하마며 기린이며 공룡 같은 거대 동물 군群의 철갑 같은 위장과 창자에서 소화될 날만 고대하고 있다.[14]

내 친구 브라이언 맥클라렌Brian McLaren은 특이한 취미가 있다. 그는 거북이와 남생이의 복지 옹호자다. 그 집 지하실과 담장 둘린 뒷마당은 멸종 위기의 거북이들을 기르는 데 대거 할애되고 있다.

브라이언의 한 책에 실린 설명에 따르면, 남생이는 양분과 미네랄의 적절한 균형이 필요하다. 음식을 잘 배합하여 먹이지 않으면 병에 걸린다.[15] 브라이언은 우리의 영적 양분에도 비슷한 '배합'이 필요함을 설득력 있게 피력한다. 그러나 이러한 문제 제기에 삶을 바쳐 온 그도 익히 알고 있는 것처럼, 많은 종들을 멸종 위기로 몰아가는 진짜 문제는 양분의 균형이 아니다. 진짜 문제는 우리가 야생 지역들을 잘 간수하지 못한 데 있다. 야생 거북이들은 영양사와 훌륭한 거북 옹호자가 없어도 건강하기만 하다. 병이 들면 어떤 식물을 먹어야 낫는지 자신들이 안다. 브라이언의 거북이들에게 없는 것은 그들을 건강하게 지켜주는 관계망이다.

동물들은 음식을 양분으로만 아니라 약으로도 먹는다. 적절한 식물 섭취를 통한 동물들의 이러한 자가 치료 현상을 전문용어로 '동물 생약 치료'zoopharmacognosy라 한다. 동물들은 흙을, 특히 땅 속의 찰흙을 먹는데[이를 geophagy(흙을 먹는 습성)이라 한다], 이는 특정 식물들이 먹히지 않으려고 자기 보호 차원에서 만들어 내는 독을 찰흙이 해독시켜 주기 때문이다.[16] 지구 기후가 열대성이 되어 갈수록 식물들 속의 독의 양이 증가하므로 열대 지방의 초식 동물이 먹는 흙의 양도 그에 비례하여 증가한다.[17]

또 다른 예로, 찌르레기가 자칫 가려움증을 유발하기 쉬운 둥지에 푸른 식물을 섞는 이유는 푸른 식물에 진드기를 몰아내는 성질이 있기 때문인 것으로 보인다.[18] 소는 아직도 살이 붙어 있을지 모르는 젖은 뼈를 갉작거리는 법이 없다. 소는 허옇게 마른 뼈만 갉아먹는다.[19] 1980년대 초, 가두어 기른 영국의 소들은 사료로 던져진 뼈를 그대로 먹는 수밖에 없었다. 광우병이라는 인재人災 전염병은 그래서 생겨났다. 혈액 검사를 통해 누누이 밝혀진 대로, 야생 동물들은 야생 섭생 덕에 그런 바이러스성 및 세균성 질병들을 이기는 저항력이 있다.[20]

문제는 야생 동물을 가두어 놓고 적절한 양분 배합을 찾아 먹이는 것이 아니다. 문제는 동물원 자체다. 우리가 야생 지역들과 야생 생물과 야성적인 것들을 잘 간수하지 못했다는 사실은, 우리에게 야성과 신성함을 떼어놓으려는 성향이 있다는 증거다. 거북이에게 음식과 집을 주는 것은 필요 조건이지 충분 조건은 아니다. 거북이에게 생식生殖의 기회를 주는 것도 필요 조건이지 충분 조건은 아니다. 거북이를 거북이 되게 하는 것은 관계라는 그물 구조와 주위 환경이다. 그런데 우리는 하나님의 피조 세계를 존중하지 않음으로 그 그물 구조를 해체시켜 버렸다.

20세기 최고의 자연 작가로 빼놓을 수 없는 배리 로페즈Barry Lopez와 리처드 넬슨Richard Nelson이 '야성'의 본질에 관한 토론에 참여했다. 로페즈는 본래

> 우리는 거룩한 것을 모독하지 않도록, 우리의 교리로 신비를 덮지 않도록 조심해야 한다.
> — 랍비, 신학자 아브라함 헤셸[21]

의 서식지에서 잡아다 동물원에 둔 곰은 여전히 포유 동물의 형태는 띠고 있으나 곰은 아니라고 주장했다. 넬슨은 "동물원에 있어도 곰은 곰이다"라고 받아쳤다. 로페즈는 "곰이 아니다"라는 주장을 고수했다.[22]

따먹을 검은딸기를 찾아다닐 수 없고 광활한 영토를 활보할 수 없다면 곰이 아니다. 겨울잠 잘 동굴을 직접 택할 수 없고 교미할 짝을 마음대로 고를 수 없다면 곰이 아니다. 곰을 곰 되게 하는 것은 관계와 소통이다. 마찬가지로 그리스도인을 그리스도인 되게 하는 것도 관계와 소통이다.

독일의 작가 요한 볼프강 폰 괴테Johann Wolfgang von Goethe는 1770년대에 '영웅' 하나를 창조하여 유명해졌다. 「젊은 베르테르의 슬픔」*Die Leiden des Jungen Werthers*의 주인공은 신임 교구목사 부인의 친구였다. '학자인 체하는 태도'가 있던 그 여자는 사제관 정원의 호두나무를 모두 잘라 버렸다. 고등 성경 비평 서적들을 읽으려면 '빛이 더 잘 들어야' 했던 것이다.[23]

"하늘이 하나님의 영광을 선포"함을 볼 줄 모르면 그리스도인이 아니다. 호두나무와 "궁창이 그의 손으로 하신 일을 나타내는" 것을 볼 줄 몰라도 마찬가지다.[24]

한 기자가 어느 굴지의 다국적기업 CEO를 인터뷰했다. 사장실로 안내된 기자는 창밖으로 내다보이는 로키 산맥의 장관에 숨이 막혔다. 그러나 CEO는 "자주 보는 편이 아닙니다"라고 털어놓았다. 회사의 산더미 같은 과거 때문에 그는 육중한 책상에 쌓인 서류 뭉치에서 눈을 뗄 겨를이 없었던 것이다.[25] 안타깝게도, 그 역시 많은 사람들처럼 하나님의 피조 세계가 가져다주는 축복과 새 힘을 잃어버린 채 살고 있었다. '나의 도움이 오는 산을 향하여' 눈을 들지 못한다면 당신은 그리스도인이 아니다.[26]

피조 세계에 나타난 하나님의 은혜

우리는 물리적 몸 안에 있는 영적 존재다. 그리고 우리의 생물학적 자아는 자연을 필요로 한다. 하나님삶 관계—피조 세계와의 관계를 포함하는—안에 살면 건강상 큰 유익이 따른다. 숲 속을 걷든 경치 좋은 길을 드라이브하든 하다못해 벽에 걸린 자연 사진이라도 쳐다보든, 자연과의 접촉은 치유를 가져다줄 수 있다. 정원과 기타 푸른 공간 등 피조 세계를 조금만 접해도 그 효과가 누적된다. 큰 일로 스트레스를 받은 사람들이 자연 비디오를 보면 불과 5분 만에 맥박과 피부 저항과 근육 긴장이 가라앉을 수 있다. 수술 후에 나무가 내다보이는 방에 있는 사람들은 벽돌 담장을 내다보는 사람들보다 회복도 빠르고 진통제도 덜 필요하다.[27]

미시간 대학교 사회 연구소에서 5년 간 423쌍의 노인 부부의 관계를 추적 조사했다. 그 기간 동안 134명이 죽었는데, 베푸는 관계에 있었던(친구를 돕거나 아이를 보거나 심부름을 거드는 등) 사람들의 사망률은 그렇지 않은 사람들의 절반밖에 되지 않았다.[28] 베푸는 정신에는 건강상의 유익이 공짜로 따라온다. 흥미롭게도, 그 유익은 도움을 받는 자들 쪽에는 쌓이지 않고 베푸는 자들 쪽에만 쌓인다. 서로 필요를 채워 주려면 우리는 베풀어야만 한다. "종교적 활동의 결핍이 사망률에 미치는 영향은 40년 간 하루 한 갑씩 담배를 피운 것에 맞먹을" 정도로, 베풂의 필요성은 기본적인 것이다.[29]

우리 개인의 실존은 물론 행성의 실존도 피조 세계와 관계를 맺는 우리의 능력에 달려 있다. 예수님은 우리가 "지극히 작은 자[것]"—여기에는 모든 생물이 포함된다—에게 하는 모든 일이 곧 우리 자신과 하나님께 하는 것이라고 경고하셨다. 소련 우주비행사 블라디미르 코발료노크Vladimir Kovalyonok는 사하라 상공의 모래바람으로 형성된 주황색 구름이 결국 필리핀에 비가 되어 내리는 현상을 통해 "우리가 다 한 배에 타고 있음"을 배웠다고 했다.[30] 과연 우리가 다 한 배에 타고 있을진대, 1등석에 살고 있는 10억의 인간들이 배 밑창에 살고 있는 20-30억 인간들로부터 공간 침입과 침해로 인한 불편을 면할 줄로 기대해서는 안 된다. 과연 우리가 다 한 배에 타고 있을진대, 물이 새어 배가 가라앉고 있다는 하층의 긴급 보고에 상층 사람들이 "아래쪽 선실은 왜 그렇게 불평이 많나? 이쪽은 다 괜찮은데"라고 대응할 수는 없다.

풍요도 빈곤도 양쪽 다 지구의 자원을 과용하고 있다. 양쪽 다 짐을 과적하여 배를 가라앉히고 있다. 1976년, 빵 한 덩이의 가운데를 자른 뒤 땅콩버터와 바나나와 바삭바삭한 베이컨 1파운드를 차례로 끼워 만든 샌드위치 하나 먹으려고 5,500갤런의 기름을 써 가며 개인용 제트기를 타고 멤피스에서 덴버까지 갔다가 다시 멤피스로 돌아온 엘비스 프레슬리에게 우리는 경멸조로 고개를 젓는다.

그러나 우리는 몸무게 54kg의 사람이 빵 한 덩이나 베이컨 1파운드를 사려고 근처 편의점에 무게 1,600kg짜리 차를 몰고 가는 현실은 이의 없이 받아들인다. 후자의 에너지 효율은 엘비스의 경우보다도 더 낭비이며, 이를 승객 1인당 1마일을 이동하는데 드는 수송 원가로 비교하면 초음속 콩코드 제트기를 이용한 국제 여행보다도 나쁜 수준이다. 우리는 다 같은 식탁에 앉아 양쪽 다 죽어 가고 있다. 한쪽은 과식으로 죽어 가고 있고 한쪽은 기아로 죽어 가고 있다.

인근 해물 식당 체인점에 새우 요리 '무제한' 특선 광고가 나붙을 때마다 나는 아찔해진다. 껍질을 벗겨 먹는 새우를 웨이터가 한 접시씩 식탁에 가져올 때마다 가오리, 뱀장어, 가자미, 나비물고기, 기타 잡동사니 '부대 어획물'―주낙과 저인망에 곁가지로 걸려 나와 바다에 버려지는 어종들을 일컬어 어업 분야에서 '잡어' 대신 사용하는 용어―도 **보이지 않게** 한 접시씩 딸려 나온다. 새우잡이 그물에는 그 밖에도 불가사리, 메기, 성게, 산호, 해면, 소라 등 무게조차 달지 않고 버리는 '부대 어획물'이 다량 걸려 나온다.[31]

인류가 지구에 미치는 영향은 "인간 소행성"이라 표현되어 왔다.[32] 사실, 단 한 사람이 지구에 미치는 영향도 소행성처럼 보일 수 있다. 당신의 낡은 컴퓨터를 더 빠르고 성능 좋은 모델로 바꿀 때 당신은 이전 컴퓨터를 어떻게 버렸나? 대부분의 컴퓨터에는 수은과 카드뮴과 최고 7파운드의 납이 들어 있는데, 이는 수십 년간 지하수를 오염시킬 수 있는 독성 물질들이다. 미국의 화학자 토마스 미즐리Thomas Midgley는 "지구 역사상 다른 어떤 단일 유기체보다 대기에 가장 큰 영향"을 미친 사람으로 꼽혀 왔다. 그는 1921년에 납을 첨가한 휘발유를 만들어 내 1923년에 그것을 최악의 오염 물질 중 하나인 에틸 휘발유로 시장에 내놓았다. 이어 그는 1930년부터 이듬해에 걸쳐 프레온을 만들어 냈다. 이 비활성 기체는 냉장고와 에어컨에는 유용하지만, 살아 있

는 유기체에게 자외선 방사능을 차단해 주는 오존층을 파괴한다.[33]

한 신학자의 표현대로 우리는 "생태학적 종말"을 살고 있다.[34] 케임브리지 대학교 천체 물리학자이며 영국 왕립 천문학자인 마틴 리즈 경Sir Martin Rees은 2020년까지 "생물학적 사고나 생물학적 테러"가 1백만의 인명을 앗아갈 것이라고 1천 달러를 걸고 예언했다. 우주학의 세계적인 선두 주자인 그는 "지구의 현 문명이 이번 세기 끝까지 살아남을 확률은 내가 보기에 기껏해야 50대 50이다"라고 썼다.[35]

하나님은 지구를 우리 소관에 넘겨 우리 홀로 책임지게 하지는 않으셨다. 그러나 하나님이 각 사람을 심판하실 근거의 하나로 "네가 내 땅을 어떻게 취급했느냐?"고 물으시리라는 공정한 경고는 성경에 분명히 나온다.[36] 우리는 하나님이 택하신 지구의 관리인이다. 그러나 우리는 관리하고 있나? 우리는 관리에 힘써 왔나, 아니면 나 몰라라 했나? 우리는 하나님이 지으신 세상을 관리하지 않은 죄에서 우리를 구원해 줄 종말의 휴거를 고대하고 있지는 않나?

예수님은 "까마귀를 생각하라.…백합화[가 어떻게 자라는가] 생각하여 보라" 하셨다.[37] **생각하라**는 그분의 말씀은 대충 쳐다보거나 기분 좋게 사색하라는 뜻이 아니다. 그것은 살아가면서 만나는 백합화와 까마귀에게 **당신의 모든 것을** 내준다는 뜻이다.

짐승들이 작은 공간을 튼 것은 정말 하나님을 위해서였다.
– 랄프 A. 르윈[38]

다시 말해, 꽃들과 새들로 더불어 관계 속에 있으라.[39] 이제 우리는, 피조물이자 또한 창조자이며 자연의 일부이자 또한 자연과 떨어져 있는, 자연 속에서의 우리 인간의 이중적 위치를 인정할 때다. 백합화와 까마귀로 더불어 관계를 맺음으로써 우리는 "만유 위에 계시고 만유를 통일하시고 만유 가운데 계시"는 분과 관계 속에 거하는 것이다.[40]

"만민에게 복음을 전파"할 때[41] 우리는 그리스도와 모든 피조물 사이의 물리적 연결성을 구현하는 것이다. 예수님은 "내가 땅에서 들리면 **모든 것들**(개역개정과 NIV에는 '모든 사람'all men – 편집자 주)을 내게로 이끌겠노라"고 하셨다. 헬라어의 정확한 번역은 "모든 사람"이 아니라 "모든 것들"이다.[42] 바울은 온 세상을 예수님 자신과 화목케 하는 그분의 일에 동참하는 것이 우리의 사명이라고 했다.[43] 부활하신 그리스도의 몸은 새 하늘과 새 땅을 아우른다.

성경에 나타난 땅은 도덕적으로 민감하다. 가인이 아벨을 죽이자 땅이 호소한다. 십자가에 달리신 예수님을 위해 돌들이 부르짖는다. 제자들이 잠잠하면 돌들이 부르짖으리라고 그분이 예언하신 그대로다. 예수님이 세례 받으실 때 하늘이 열린 것처럼 그분이 십자가에 달리실 때 땅이 열리고 터졌다. 우리 인간도 나머지 피조 세계와 더불어 "그[분의] 고난"에 동참한다.[44]

내 첫 교회에서 하나님은 여태 내가 섬겨 본 가장 치사하고 적대적인 교인 중 하나를 치유해 주셨다. 같은 교회에서 나는 내 삶에 축복이 되어 준 가장 아름다운 성도 중 하나를 땅에 묻었다. 하나님은 왜 착한 사람들을 치유해 주시는 착한 하나님이 되실 수 없나? 내 형은 왜 소아마비에 걸려 평생 다리를 절어야 했나? 내 아들은 왜 아기 때 뇌염에 걸려 평생 그 피해를 안고 살아야 하나? 내 어머니는 왜 돌아가시기 전 그토록 처절한 고통에 시달리셔야 했나?

관계 속에 있다는 것은 아파한다는 것이다. 가지려면 베풀어야 한다. 자라려면 아파야 한다. 살려면 죽어야 한다.

그거다. 인생은 고난이다. 불평해 봐야 아무 소용없다. 그게 인생이다.

우리는 매번 기회 있는 대로 긍정적인 말을 하도록 배웠다.[45] 우리는 고난이 우리를 더 살아 있게 한다고, 고난이 예술로 승화될 수 있다고, 고난이 삶의 덕목을 배우는 학교일 수 있다고 말할 수도 있다. 전부 사실이다.

그러나 내가 자연계에서 아무리 많은 경이와 신기한 현상을 보고, 아무리 많은 양귀비와 해바라기가 하나님에 대한 내 공상에 영감을 불어넣어 준다 해도, 자연은 여전히 파괴와 붕괴와 폭력의 어두운 세력들로 사납다. 존 업다이크는 역사에 끈질기게 존재하는 감기는 "우주가 우리를 사랑하지 않음을 인간에게 일깨우는 철학적 가치가 있다. 감기와 캄캄한 무덤이 절대적 사실로 우주를 지배하며, 햇빛은 국지적 현상일 뿐이다"라고 지적했다.[46]

아침에 일어나 옷을 입거나 식탁에 앉아 음식을 먹거나 성경책을 꺼내 읽을 때마다 나는 그 팽배한 냉기와 어두운 세력들에 대항하여 무장하는 것이다. 다른 형태의 생명체와 우리의 관계는 복잡하고 신비롭다. 생명은 생명을 먹고 산다. 이는 우호적 섭생일 수도 있다. 산소를 생각해 보라. 한 부류의 유기체(푸른 식물)가 뿜어내는 독성 폐기물이 다른 유기체에게 생명줄이 된다. 반면 이는 희생이 따르는 섭생일 수도 있다. 내가 살려면 뭔가가 죽어야 한다.

동물이든 식물이든 어떤 생명체가 자기를 희생했기에 내가 먹을 수 있다. 유심히 보았는지 모르지만, 최고급 레스토랑들은 우리의 저녁거리가 우리를 위해 정확히 어떻게 죽었는지 그 방법을 점점 메뉴판에 자세히 기술하고 있는 추세다.

"낚시로 잡은 아삭아삭한 야생 줄무늬 농어." 생선을 그물로 잡지 않고 낚싯줄과 바늘로 잡았다는 뜻이다.

"당일 배에서 잡은 아귀에 스위스식 감자전, 달달하게 볶은 콜리플라워, 보르돌레즈 소스를 얹은 대하." 낚싯배가 바다에 24시간만 체류했음을 보여 준다.

"작살로 잡은 펌프킨 황새치." 물론 이 생선은 아무거나 같이 걸려드는 그물에 잡히지 않고 작살에 찍혔다.

"트롤 어선으로 잡아 오븐에 구운 알래스카산 큰 연어." 배가 움직인다는 것만 빼고는 일반 낚시와 똑같은 트롤 낚시로 잡힌 생선이다.

"올가미로 잡아 버터에 살짝 튀겨낸 오징어에 마늘, 토마토, 바질, 엉두이유andouille 소시지." 오징어를 올가미로 잡으면 '타박상'이 생기지 않는다는 사실을 인간에게 환기시키고 있다.

"메인 주에서 다이버가 잡은 가리비를 올리브 부추 유액과 함께 쪄낸 요리." 인간이 직접 물속에 잠수하여 가리비를 잡았으며 그래서 당신이 비싼 돈을 내고 그것을 먹고 있다는 뜻이다.

내 생선이 어떻게 죽었는지 알아야만 나 자신을 보호할 수 있다는 것일까. 레스토랑 탱크에 살아 있는 물고기가 어떻게 거기까지 왔는지 궁금한 적이 있는가? 분사식 플라스틱 병을 찬 다이버들이 산호초 틈새로 액체 청산가리를 뿜어낸다. 그러면 물고기들이 죽거나 기절한다.

그 중 죽지 않은 것(대략 4분의 1)을 잡아 저장 용기에 담아 전 세계 고급 레스토랑으로 공수한다. 거기서 물고기들은 생으로 먹히거나 결국 다 죽는다.[47]

동물이 자기 은신처를 희생하였기에 나는 험한 곳도 마음 놓고 안전하게 나다닌다. 바울 자신도 그 친구 브리스길라와 아굴라처럼 피혁 노동자였다.[48] 내 주석 성경은 한마디로 얇게 썬 나무를 죽은 소가죽으로 싼 것이다. 구텐베르크 성경(641장)을 양피지에 인쇄하려면 사본 1권당 300마리의 양 가죽이 필요했다.

예수님을 본받는 동물 사랑

예수님과 동물의 관계는 따로 책 한 권의 주제가 될 만하다. 예수님은 인간의 집이 아닌 동물의 집에서 태어나셨다. 그분이 세례 받으실 때 내려온 새는 힘센 매나 독수리가 아니라 흰 비둘기라는 시시한 새였다. 예수님은 참새와 까마귀 등 예루살렘의 다른 성가신 새들에도 특별한 자상함을 보이셨다. 광야에서 마귀와 결투를 벌이신 후 그분은 이름 없는 들짐승들의 수종을 받으셨다. 나귀를 타고 예루살렘에 '승리'의 입성을 하실 때, 예수님은 어미와 새끼가 떨어지는 것을 원치 않으셔서 둘 다 데려오게 하셨다.

예수님의 '성전 분노'의 최소한 일부는 동물 제사 제도의 악용에 대한 격분이었다. 사실 기독교 전통에는 동물 제사라는 것이 아예 없다. 그리스도인들은 원형극장 유희에 대항한 것으로 유명하다. 원형극장 유희에서는 아침나절 내내 유혈의 맹수 사냥이 계속되었고, 대낮에는 인간을 짐승 취급하며 범인들을 공개 처형했으며, 오후에는 검투사들이 싸우다 주검이 되었다.

감리교 창시자 존 웨슬리는 일찍부터 창조 신학자였다. 18세기에 웨슬리는 동물과의 관계를 독려했다. 사실 그는 천국 갈 때 우리의 단짝 동물도 함께 간다고 확신했다. 우리의 상처도 천국에 가지고 가는데 개나 말이라고 안 될 것이 없다고 생각했던 것이다.

예수님의 제자들은 모든 관계에서 후광을 찾으며, 모든 관계에 거룩함의 후광을 씌운다. 동물과의 합당하고 거룩한 관계가 우리에게 축복이 될 수 있는 것만큼이나 확실한 것은 동물과의 부당하거나 거룩하지 못한 관계가 우리에게 저주가 될 수 있다는 것이다. 에이즈와 에볼라 바이러스는 아프리카의 절반쯤 벌목된 정글에 사는 원숭이한테서 왔다. 사스는 중국 남부에서 대나무 우리에 식용으로 기르는 사향고양이로부터 비롯됐다. 콜레라의 진원지는 갠지스 강둑의 대변에 꼬이는 쥐였으며, 광우병으로 알려진 스테로이드성 알츠하이머병은 뇌에 바이러스성 전염병이 걸린 양을 먹어 미친 소를 다시 우리가 먹을 때 생긴다.

많은 교회들이 여태 모르고 있지만 이제 동물은 다분히 '가정'의 일부가 되었다. 1인 가구들은 **가정**이라는 단어에 새로운 의미를 부여하고 있다. 이제 가정은 의미가 확대되어 독서 클럽, 단짝 고양이, 요가 수업, 채팅방도 다 가정에 포함된다. 전통적 가정은 아니지만 그럼에도 엄연히 소통망이다. 교회는 스스로 사람들의 '가정'의 핵심 부분이 되기 위한 길을 찾아야만 한다. 우리의 교회들 가운데 '동물 친화적인' 곳이 얼마나 될까? 동물과 인간의 관계가 가장 거룩한 순간을 맞이하는 크리스마스 때만이라도 말이다.

**내 작은 개가 나를 안다.
고로 나는 존재한다.**
- 소설가 거트루드 스타인[49]

유대교의 '샬롬'*Shalom* 개념은 바른 관계, 평안과 웰빙의 상태다. 이는 인간과 피조 세계 사이의 바른 관계와 조화로운 상호 작용의 파생물이다. 예수님께 삶의 목표는 샬롬 즉 타락 이전의 본연의 창조 상태였다. "땅에서는…평화로다"라는 말은 지상에 실현 중인 천국에서 삼위일체 하나님이 누리시는 조화로운 관계를 보여 주는 이미지다. 그러나 샬롬은 우리가 얻어내는 것이 아니라 하나님의 선물로 주어진다. 성령께서 우리 안에 조화와 평화의 관계를 이루실진대 자연과 동물에 대한 우리의 관계도 마땅히 조화와 평화가 특징이 되어야 한다.

성경의 마지막 환상은 예수님의 성공과 승리 안에 만물을 함께 끌어들인다.[50] 그러나 예수님의 성공과 승리는 정치가나 철학자나 경제학자나 장성의 언어로 표현되지 않는다. 승리의 언어는 유기적 관계(생물학과 심리학)의 언어다. 국경도 없고 수비대도 없고 성벽도 없고 성문도 없는 세상에 다시금 물("생명수의 강")이 있고 그 강 좌우에 나무("생명나무")가 있다. 성장과 열매와 거룩함과 "만국[의]…치료"가 있다. 생물들과 피조 세계와 창조주 사이에 관계가 회복된다.[51]

그러나 무엇보다, 우리의 평강이신 예수님이 있다.[52]

우리와 하나님의 관계에는 하나님이 창조하신 만물과의 관계가 필연적으로 포함된다. 만물이 하나님을 함께 찬양하고 예수님의 고난에 함께 참예할진대, 어찌 우리가 하나님이 지으신 것들의 중요성을 간과할 수 있으랴. 하나님의 피조 세계와 바른 관계에 있지 못하면 우리는 하나님과 바른 관계에 있지 못한 것이다.

1984년 오하이오 주 데이턴으로 이사한 후 내가 새 친구 마리 올한테서 처음 들은 이야기 중의 하나는 TV(대머리수리의 'Turkey Vulture'를 줄여서—역주)라는 이름의 새에 대한 이야기다. 1960년대 후반, 부상 입은 대머리수리 한 마리가 데이턴의 올우드 오듀본 농장 및 학습 센터에서 치료를 받고 보금자리를 얻었다. 대머리수리는 세상에서 가장 수려한 동물은 아니다. 그러나 '못생긴' 대머리수리와 '위풍당당한' 흰머리독수리의 유일한 차이는, 하나는 머리가 작고 발톱이 약한 반면 다른 하나는 머리가 크고 발톱이 강하다는 것이다. 어느 쪽이 어느 쪽일지 맞혀 보라.

TV는 오듀본 학습 센터 창턱에 앉아, 자연의 신비를 배우는 아이들을 지켜보며 수업이 다 끝날 때까지 기다리곤 했다. 아이들이 나오기가 무섭게 새는 창턱에서 뛰어내려서는 고개를 수그려 재빠르게 움직이며 아이들한테 걸어갔고, 그러면 아이들은 새를 쓰다듬어 주며 인사하곤 했다. TV는 사람들을 사랑했고, 고개를 수그려 재빠르게 움직이는 그 동작은 자기를 살려 주고 보금자리를 마련해 준 사람들을 향한 특이한 인사법이었다.

오듀본 센터의 마스코트가 된 TV는 길에서 차에 치였다가 "올우드 친구들"의 도움으로 소생했다. "올우드 친구들"이란 정원과 농장과 오듀본 학습 센터를 후원하는 명문가 사람들 및 고액 기부자들을 지칭하는 멋진 이름인데, 특히 그들이 후원하는 학습 센터는 전체 오듀본 네트워크에서 규모가 가장 크다. 데이턴의 이 귀부인들이 자기네 벤츠며 링컨 타운카를 세우고는 차에 치인 새를 안아 올렸을 때, 지나가던 운전자들이 어떻게 생각했을지 상상해 보라.

어느 현충일 날, 새는 오듀본 센터 입구에 머리가 산산조각 박살난 채 죽어서 발견되었다. TV의 사망 기사가 신문 1면에 실렸다. 어떻게 된 일인지는 아무도 확실히 모른다. 다만 어떤 방문객이 TV의 인사를 공격으로 잘못 생각하고 머리를 세게 내리쳤을 가능성이 가장 높아 보인다.

우리 인간들은 자연의 얼마나 많은 다른 인사들을 잘못 읽고 있는 것일까? 우리 인간들은 피조 세계의 얼마나 많은 다른 경이들을 완전히 놓치고 있는 것일까? 우리 인간들은 삶의 얼마나 많은 다른 신비들을 죽이고 있는 것일까?

하나님을 사랑한다면 하나님이 지으신 것들도 사랑해야 한다.

7부

상징물, 예술품, 인공물, '사물'과의 관계

12장 | 우리를 하나님과 가까워지게 해주는 '사물'들

천상의 의미를 지닌 지상의 인공물들

> 그림이나 시를 짓는 것도 사랑을 나누는 것과 같다.
> 온전히 포옹하고, 아무것도 감추지 않는다.
> – 화가 호안 미로[1]

예술가가 자신의 작업 재료를 멸시할 수 있을까? 가장 위대하신 예술가인 하나님이 자신의 작업 재료를 멸시하실 수 있을까?

우주는 하나님의 예술이다. 지구는 하나님의 최고의 예술 형태다. 자연은 하나님의 최고 작품이다. 그리고 인간은 하나님의 걸작이다.

삶의 '재료'가 삶의 알맹이는 아니다. 하지만 삶의 껍데기도 아니다. 우리는 창의적으로 창조물들과 함께 살아감으로써 하나님 안에 살고 있다. 우리는 문학, 영화, 음악, 미술로 삶에 아름다움과 은혜를 입히는 작은 창조자들이다.

성육신 교리 때문에 기독교를 모든 종교 중에 가장 "물질적인" 종교라 부른 사람들이 있다. 세상의 물질에서 달아나면 하나님을 만날 수 없다. 세상의 물질 속에 들어가야 하나님을 만난다. 신비mystery라는 말은 '성례'를 뜻하는 헬라어 어근 '미스테리온'mysterion에서 왔다. 하나님을 성육신의 눈으로 이해하면 신비와 성례, 보이지 않는 것과 보이는 것, 영의 세계와 물질 세계가 하나가 된다. 말씀이 육신이 되었음을 잊지 말라. 복음이 우리를 세상과 이어 주지 못한다면 복음이 아니니다.

역사가들은 이를 가리켜 "생활 종교"라는 표현을 즐겨 쓴다.[2] 근현대 세계는 영성과 "생활 체험"을 분리시켰다. 그러나 생각에만 국한된 종교는 삶이 되지 못한 것이다. 그것은 사색하거나 상상하거나 토의한 것일 뿐, 체험적 삶의 의미에서 보면 실체가 아니다. 인류학자 메러디스 맥과이어Meredith McGuire의 대단히 통찰력 있는 말대로, "물리적 몸의 전면적 개입이 없다면 종교는 인지[신념, 지론, 신학적 관념 같은]의 영역으로 전락하기 쉽다. 구현된 실생활─노래나 식사 준비처럼 일상적이고 특별할 것 없어 보이는 활동들을 포함하여─이야말로 우리 인간의 물성物性과 영성을 이어 준다."[3]

기독교는 예수님의 생활 종교를 지속하는 삶이다. 예수님은 몸이 있으셨다. 한때 사람들이 그분과 몸으로 접촉했다는 말이다. 그러나 예수님의 몸의 생활 종교는 커다란 몸집의 이야기와 관습과 노래와 의식儀式을 낳았고, 그래서 그것들을 통해 동일한 생활 종교가 현재 속에 지속되며 미래로 전수되고 있다.

자기를 비우는 성육신이란 하나님이 물질적, 육신적 실체를 통해 세상에 알려지셨다는 뜻이다. 예술가의 작품 속에 그 예술가가 있듯이 하나님은 돌, 뼈, 규소, 유리, 물, 섬유질 속에 임재하신다. 인격은 몸을 입는다. 당신의 믿음에 영지주의적 반反물질주의가 어느 정도나 있는지 시험해 보려면 이렇게 자문해 보라. **나는 왜 '위기의 순간에 용기를 구하는' 기도는 진지하게 하면서 누군가 '이번 취직'을 위해서나 '잃어**

버린 결혼 반지를 찾게' 해 달라고 기도하면 웃음이 날까?

돌 수집

관계와 관련하여 내 가장 오래된 추억 중 하나는 돌과의 추억이다. 내 어머니는 가족들이 어디를 가든 특별한 돌을 한 개씩 수집하셨다. 한참 차를 타고 가고 있는데 어머니는 갑자기 "정지! 당장!" 하고 소리 지르곤 하셨다. 그러면 아버지는 브레이크를 끽 밟아 길가에 차를 세웠다. 어머니는 뛰어내려 '추억'을 집어 왔다. 어머니는 그 돌들을 집 안과 마당 도처에 들여놓아, 가족이 함께 방문했던 곳들을 자신과 우리에게 환기시키셨다. 이런 물체에는 중요한 장면과 추억과 사건을 되살려 주는 특별한 힘이 있다. 이렇듯 물체는 과거에 추억과 의미를 부여한다.

평범한 것들 속에 성례의 역량, 즉 하나님의 임재와 목적을 구현해 주는 힘이 있다. 라합의 창窓, 나봇의 포도원, 삼손의 머리털, 보디발의 집, 삼갈의 소 모는 막대기, 발람의 나귀, 모세의 지팡이, 요셉의 채색옷, 다윗의 물맷돌, 도르가의 바늘을 생각해 보라. 이런 물체들과의 관계가 유대-기독교 전통 전체의 노정을 빚어냈다.

당신과 나는 예술 작품이다. 대량 생산품이 아니라 하나님의 수공 예술품이다. 다른 수공 예술품들과의 관계를 통해 우리는 창조주와의 관계는 물론 우리의 동료인 작은 창조자들과의 관계에 들어간다.

예술과 예술품(창조된 아름다움)은 제품이라기보다 거룩한 세계와의 관계다. 예술을 제품 수준으로 전락시키는 것은 "욕설로 기도하는 것과 같다."[4] 사고파는 경제적 교역을 관계가 빠진 상업적, 비인격적 상호 작용으로 전락시키는 것은 우리의 경제 생활로 매춘 행위를 하는 것이다. 사물과 건강한 관계를 가꾸도록 사람들을 도와주지 못한 우리의 무능이 사실상 소비 만능과 물질주의를 부추겼다. 물질주의의 오용을 지지하지 않는 부분에서 불교가 기독교보다 더 잘한 한 가지 이유는, 불교는 삶의 '부동산'을 재산이 아니라 관계로 받들었기 때문이다. 성경이 말하는 부富는 창의적으로 삶의 질을 높여 주는 관계적 부다. 그것은 하나님과의 평안과 계시의 관계, 다른 사람들과의 관계, 세상과의 관계다.

역사를 보면 분명 기독교계에도 탈레반Taliban(로켓과 탱크를 동원해 유례 없는 유적 파괴 행위를 일삼은 아프가니스탄 무장 세력-편집자 주) 계열이 있을 만큼 있었다. 이들 성상 파괴자들은 예술품을 파괴했고, 생명이 없는 것은 무의미하게 여겼으며, 바른 용어와 바른 신앙 공식을 사용하지 않는 신도들은 화형대에 세웠다. 그러나 가장 본연의 기독교 전통에서는 물질이 영적인 세계를 전달해 준다고 본다.

예술과의 관계

인간이 성령 충만했다고 가장 먼저 기술된 성경 본문 중 하나는 장인匠人 브살렐과 오홀리압에 관한 내용이다.[5] 예술적 수완과 공교한 창작력은 성령의 은사다. 당신 집이나 교회에 그림 한 점을 걸어 놓는 것은 무미건조한 그림을 직사각형 액자에 넣어 전시하는 것 이상이다. 예술작품이라는 물체를 주변에 늘어놓는다는 것은 성령으로 우리 삶을 에워싸는 것이다.

예술이란 하나님의 창의력이 인간의 상상력을 통해 지속되는 것이다. 사실, 교회 교부들은 성령을 "자연의 멋과 예술의 솜씨 둘 다"와 연관시켰다.[7] 종종 지적되는 것처럼, 요한복음 3:16의 "하나님이 세상을 이처럼 사랑하사"에서 **세상**이라는 단어는 헬라어로 '코스모스'*cosmos*다. 그런데 이 '코스모스'라는 단어에는 우주/세상이라는 뜻[cosmology(우주론)에서처럼]만 아니라 꾸밈/장식이라는 뜻[cosmetics(화장품)에서처럼]도 있다. 우리는 예술을 단순한 물체로 대하는가, 아니면 하나님 자신의 아름다움과 그분이 지으시고 아끼시는 아름다움을 반사해 주는 '아름다움'으로 대하는가?

> 한 가지 일 그것을 구하리니…
> 여호와의 아름다움을 바라보며.
> ㅡ 시편 기자[6]

무에서 창조되거나 따로 분리되어 생겨나는 물체란 없다. 모든 물체는 공동체 안에서 태어나며 이 때 이야기와 노래와 춤 같은 다른 모든 예술이 동반된다. 이는 다시 새로운 공동체를 만들어 내고, 거기서 다시 더 많은 물체가 태어난다.[8] 창의력이란 지성의 활동이라기보다 관계의 산물이다. 지성은 창의력의 산파 역할을 하지만, 창의적 충동은 세상과 더불어 점을 연결하고 소통을 이룰 때 잉태된다.

세상을 변화시키는 예술에는 오염이나 타협의 얼룩이 없지 않다. 예술이 관계하는 현실은 있는 그대로의 현실이다. 우리가 머릿속에 구성해 내는 현실이 아니라 세상을 그대로 상대해야만 하는 실제 관계다. 세상을 변화시키려면 그 속에 들어가 그것과 맞물려야 한다. 교회가 세상을 변화시키려면 '현실에 거리를 두는' 태도보다는 '현실 속에 뛰어드는' 태도를 더 독려해야 한다.

나는 예술가와 작가들로 더불어 무형의 공동체를 이루고 있다. 나는 날마다 그들에게 말한다. 그들도 자기가 놓여 있는 책장이나 벽에서 내게 말한다. 하워드 핀스터 목사는 내게 새 예루살렘을 말해 주려 한다. 피카소는 나를 서클 댄스로 초대한다. 앤디 워홀(팝아트 화가—역주)은 내 여정에 맞을 새로운 형태의 보행 신발을 권해 준다. 내 서재에 걸려 있는 초기의 한 십자가에는 각각 예수님의 상처를 상징하는 다섯 개의 원이 있다.⁹

저자 겸 목사인 토마스 R. 호킨스Thomas R. Hawkins는 자기 부엌 식탁 옆에 안드레이 루블레프Andrei Rublev의 1410년 작 성삼위일체 성화 사본을 걸어 두었다.

아브라함과 사라를 방문한 세 손님을 상징하는 세 천사가 식탁에 둘러앉아 있다. 이 세 천사는 삼위일체의 세 위를 의미한다. 세 천사가 앉아 있는 모습을 보노라면 그들 사이에 흐르는 기운과 사랑이 눈에 보일 것만 같다. 그들이 앉아 있는 식탁 앞쪽에 작은 정사각형 모양의 빈 공간이 있다. 그림은 우리를 그 빈자리로 초대한다. 성부, 성자, 성령의 교제에 우리도 동참하라 한다.

이 성화 밑에서 식사하면서 우리는 우리 가정의 식탁 교제에도 세 천사의 식탁 교제가 묻어나기를 소원한다. 그들의 식탁 교제에 동참할 때, 우

리도 그 친밀한 관계의 일부가 되며 그로 말미암아 변화를 입는다.[10]

예술과 문화의 창의적 에너지 부재 현상은 어느 도시, 어느 쇼핑몰, 어느 주택가에나 확연하다. 모두 똑같아 보인다. 감동을 주지 못하고 싱겁고 고리타분하다. 추하디 추한 외관은 교회에도 너무 많다. 아름다움을 낳지 못하는 것은 성령에 대한 모욕이다. 아름다움의 부재는 성령의 부재를 암시한다. "하나님의 피조 세계의 아름다움을 파괴하거나 추한 것을 만들어 내는 자들은 성령을 대적하는 죄를 짓는 것일 수 있다"고까지 당차게 말한 신학자도 있다(나는 그 정도까지는 아니지만).[11] 그러나 아름다움과 추함을 생각할 때 우리는 하나님의 미학이 세상의 미학과 크게 다름을 잊지 말아야 한다. 기독교에서 말하는 아름다움에는 남의 발을 씻기는 불결함, 나병환자를 만지는 극단의 모험, 볼품없는 나귀 행렬, 심지어 미련한 십자가까지 다 포함된다.

시몬느 베이유Simone Weil와 디트리히 본회퍼Dietrich Bonhoeffer는 둘 다 자신에게 다가오는 방문객들을 보며 깜짝 놀라곤 했다고 한다. 그들을 둘러싼 아름다운 물건들을 보고 넋을 잃고 그 자리에 얼어붙었던 것이다. 사실 시몬느 베이유는 오늘날의 사람들에게 아름다움은 하나님께 이르는 가장 유력한 길이라고 역설했다.[13]

> 내가 만들지 않는 예술 작품은 어느 누구도 영영 만들지 않을 것이다.
> – 프랑스 레지스탕스 전사, 수필가 시몬느 베이유[12]

음식과의 관계

"지금 뭐하십니까? 음식하고 친해지기라도 하려는 겁니까?"라고 묻고 싶을 정도로 느릿느릿 먹는 사람과 함께 식탁에 앉아 본 일이 있는가? 또는 도무지 자리를 뜨지 못할 정도로 대화에 몰입해 있는 사람들과 식탁에 함께 앉아 본 일이 있는가?

"집에서 떡을 떼며 기쁨과 순전한 마음으로 음식을 먹고 하나님을 찬미하며"[14]—초대 교회에 대하여 이보다 더 좋은 묘사는 찾기 힘들다. 사실 믿음 생활을 하는 동안 음식은, 우리와 인공물과의 관계의 중요성에 대한 그리고 하나님 의식을 고취하고 믿음에 활기를 주는 인공물의 위력에 대한 가장 확실하고 가장 쉽게 접할 수 있는 예일 것이다.

초대 그리스도인들은 모일 때마다 먹었다. 기독교는 강단이나 제단이나 책이 아니라 식탁을 중심으로 세워졌다. 예수님은 식사 의식과 식탁 담화를 통하여 제자들의 정체성을 빚으시고 자신의 말씀과 영 안에 그들을 하나로 묶으셨다. 예수님이 앉아 드시는 곳마다 식사는 사회적 차별을 모르는 축제가 되어 꽤 긴 시간 동안 지속되었다. 요한계시록을 보면 만물이 하나의 잔치를 통해 완성된다. 이사야는 최고급 포도주가 나오는 연회를 고대한다.

> 만군의 여호와께서 이 산에서 만민을 위하여 기름진 것과 오래 저장하였던 포도주로 연회를 베푸시리니 곧 골수가 가득한 기름진 것과 오래 저장하였던 맑은 포도주로 하실 것이며.[15]

최후의 만찬은 예수님의 식사의 요약편이었고, 예수님의 사역에 산재했던 일련의 식사들 중의 마지막이었다. 가나의 식사와 엠마오의 식사 사이에 감람산의 식사들과 갈릴리 호수의 식사들과 광야의 식사들과 동산의 식사들이 있었다. 사실 최소한 6세기까지 거슬러 올라가는 어느 전통에 따르면, 예수님은 죽으시기 전에 제자들과 겟세마네에서 한 번, 베다니에서 한 번, 시온 산에서 한 번, 총 세 차례의 저녁 식사를 가지셨다.[16]

음식이라는 인공물의 위력을 보여 주는 지표는 오늘날에도 무궁하다. 관계가 다른 어느 곳보다도 식탁에서 가장 빨리 자라는 데는 이유가 있다. 프로젝트를 함께 할 팀의 이상적인 규모는? 식탁에 둘러앉을 수 있는 사람의 수다. 예수님의 제자들에게는 회의는 없고 회식이 있었다. 사실, 예수님에게 식탁은 "하나님 나라 자체의 주요 상징물"이 되었다.[17] 우리와 음식의 관계는 우리와 타인들의 관계, 피조 세계와의 관계, 하나님과의 관계에 대해 많은 것을 말해 준다. 식사 자리에 나타나는 것은 삶의 자리에 나타나는 것이고 나아가 하나님 앞에 나타나는 것이다.

1980년대 뉴 코크New Coke의 전설을 기억하는가? 코카콜라는 청량음료 소비자들이 좀더 단맛을 선호한다는 마케팅 데이터에 근거하여 제2의 콜라 음료 조리법을 개발했다. 신개발 음료를 제조하여 소매상에 유통하자 즉각 대중의 격렬한 항의가 빗발쳤다. 코카콜라는 이 완패를 통해 교훈을 배웠다. 사람들은 특정 음식 및 제품과 개인적으로 깊은 관계를 맺고 있다. 맛은 우리의 귀한 추억을 되살려 줄 수 있고,

그 관계를 위협하는 자들은 혹독한 대가를 치르게 된다.

특정 음식을 먹으면 내 이야기가 성경 이야기와 이어지는 데도 도움이 된다. 예컨대, 거즈파초(스페인 야채 수프-역주)를 먹을 때마다 나는 십자가 위의 예수님이 생각난다. 요리법 역사에 보면, 인정 많은 백부장이 십자가에 달리신 구주의 입술에 대어 드린 음료가 원기를 돋우는 맵싸한 거즈파초라는 설이 있기 때문이다.[18] 나는 순무를 좋아하는데(앨라배마 주 버밍햄의 니키스라는 식당에서 가장 잘 나온다), 이는 나를 예수님이 식탁에 초대하셨던 "가난한 자들과 몸 불편한 자들과 저는 자들과 맹인들"과 이어 준다. 1세기에 순무는 가난한 자들의 음식이었기 때문이다. 고기는 모든 음식 중에 최고로 쳤으나 가난한 자들은 먹을 기회가 거의 없었고 부자들도 특별한 날에나 먹었다. 사람들은 대신에 통밀 빵과 30여 가지의 야채 식단으로 생계를 이어 갔는데, 그 중에서 가장 낮게 치던 것이 순무였다.[19]

고대 히브리인들이 가장 높이 치던 음식은 내가 끔찍이도 싫어하는 마늘이었다. 이스라엘 백성이 그리워한 애굽의 음식으로 마늘과 램프(가장 매운 양파)가 빠지지 않았다.[20] 유대인들은 '마늘 먹는 자'로 알려질 정도로 마늘이라면 사족을 못 썼다. 그리고 마늘의 '원시 비아그라' 효능을 어찌나 끔찍이 잘도 알았던지 금요일 밤은 아예 마늘의 밤, 부부 합궁의 밤이었다. 내가 자라난 애팔래치아 문화의 어떤 군(郡)들에서는 램프를 먹으면 사흘 동안 학교에 오지 못하게 했다. 그래서인지 램프 또한 내가 끔찍이도 싫어하는 음식이다.

나는 금요일 날 생선 먹는 것을 좋아한다. 예수님이 자라나실 때 그

날 생선을 드셨기 때문이다. 내가 일요일에 닭튀김을 먹고 자랐다면 예수님은 안식일에 생선을 드셨다.

내가 좋아하는 귀리죽은 나를 내 평생의 성인 중 하나인 마리 얼과 연결시켜 준다. 마리 자신은 귀리에 대해, "잉글랜드에서는 일반적으로 말 사료로 쓰는 곡물이지만 스코틀랜드에서는 사람한테도 먹인다"[22]고 했던 새뮤얼 존슨 쪽에 더 가까웠다.

> 그는 첫째 날은 그에게 가금류를 내고 둘째 날은 생선, 셋째 날은 고기, 넷째 날은 콩을 낸다. 이렇게 점점 양을 줄여 마침내 그에게 야채를 대접한다.
> – 손 대접에 대한 탈무드의 권고[21]

그러나 마리는 내가 귀리죽을 얼마나 좋아하는지 알았기에, 내가 아침을 먹으러 가기 전날 밤이면 자기가 도매상에서 직접 사온 아일랜드 귀리를 스토브에 한 냄비 올려놓고는 밤새도록 지글지글 끓였다. 아침에 가 보면 뜨거운 귀리죽이 그때까지 탁탁 튀고 있었다(그리고 하루 종일 내 뱃속에서도 탁탁 튀었다).

내 앞에 빵이나 포도주가 나올 때마다 나는 으깨지는 밀 알갱이의 아픔과 짓이겨져 짜부라지는 포도알의 신음소리를 기억하려 한다. 그리하여 삶의 모든 빵과 포도주로 더불어 성찬처럼 연결되려 한다.

책과의 관계

당신이 천국을 진주문과 황금길과 벽옥벽과 수정샘으로 그리기를 좋아한다면, 얼마든지 좋다. 나는 국회도서관 독서실 같이 생긴 천국을 좋아한다. 내 영광의 맨션은 해리 포터 영화에 나오는 덤블도어의 '연구실'에 더 가깝다.

18세기 감리교의 창시자 존 웨슬리는 "책 한 권의 사람"으로 자처했다. 그러나 그는 여가 시간을 온통 독서에 바치다시피 하여 모든 분야의 책을 두루 읽었고, 성경말고는 다른 책을 읽지 않는 휘하의 목사들을 호되게 꾸짖었다. 웨슬리는 "책이라고는 성경밖에 필요 없다니 여러분이 사도 바울보다 더 뛰어나단 말입니까?"라고 반박했다. "다른" 책을 살 돈이 없다는 사람들에게 그는 "여러분이 읽는 속도대로 내가 여러분 각자에게 총 5파운드 상당까지 책을 대겠습니다"라고 대답했다.[23]

윈 그리핀Winn Griffin은 내 동료이자 멘토다. 우리 둘은 똑같은 중독에 걸려 있다. 그는 모르는 사람들이 많이 오는 어떤 모임에 참석한다고 한다. 그의 발언 차례다. 그는 일어나 연단으로 가서 "안녕하십니까. 제 이름은 윈이며 저는 책 중독자입니다"라고 말한다. 그러면 사람들은 "안녕하시오, 윈" 하고 답한다. 윈은 그들에게 자기 사연을 말하지만 그러나 "나는 '회복중인' 책 중독자는 아닙니다"라고 시인한다. 내가 제일 좋아하는 대통령은 토마스 제퍼슨Thomas Jefferson이다. 그도 윈이나 나와 똑같은 문제가 있었기 때문이다. 그는 책을 사지 않고는 배기지 못했다. 어디를 여행하든 그는 책을 찾는 것이 일이었다. 프랑스에 있을 때 그는 책을 2천 권도 더 샀다. 조지 워싱턴, 벤저민 프랭클린, 제임스 매디슨한테 주려고 따로 샀던 책은 빼고서 말이다.

제퍼슨은 자신의 모든 프로젝트에 자금을 대는 한편 아끼는 몬티첼로Monticello(제퍼슨 생가—역주)를 짓느라 빚이 있었다(항상 그랬다). 영국이 미 국회의사당을 불태우는 바람에 국회도서관까지 함께 소실된 후, 제퍼슨은 자신의 개인 장서를 모두 정부에 팔겠다고 제의했다. 국회에서 찬반 논쟁이 치열했으나 결국 양당은 23,950달러의 가격에 합의했다. 1815년 4월, 여러 소나무 곽에 가득 찬 6,707권의 책이 10대의 짐마차에 실려 몬티첼로를 떠나 새 국회의사당 장서의 토대가 되었다.[24]

제퍼슨이 그렇게 개인 장서를 정리하여 빚에서 헤어나자마자 한 일은 무엇일까? 다시 책을 사 모으기 시작했다.

문학과 삶 사이의 도로는 교통 체증이 심하다. 문학적 경험은 내가 직접 겪은 생활의 체험을 채색해 주는데, 여기에 영화도 점점 가세했다. 시트콤 "프렌즈"Friends에서 내가 제일 좋아하는 에피소드에 보면, 조이 트리비어니가 스티븐 킹의 공포 소설 「샤이닝」The Shining이 너무 무서워, 읽지 않을 때는 항상 냉장고 냉동실에 넣어 두는 장면이 나온다. 책에는 그런 존재감과 위력이 있다.

우리의 인생 역정을 영화의 명장면과 영화 음악의 맥을 따라 추적할 수 있을 만큼 영화는 우리를 매혹한다. 어려서 나는 로이드 C. 더글러스의 "성의"聖衣(1944년)에 매료되었었는데, 그 매력은 후에 영화 "스파르타쿠스"Spartacus(1960)

> 사랑, 우정, 책, 예술의 기쁨은…
> 우리가 어둠 속에서도 한걸음씩
> 계속 나아가게 해준다.
> – 시인/소설가 스티븐 도빈스[25]

의 의상 디자인으로 재현되었다. 내 성인기 진입에 획을 그은 사건은 영화 "욕망"Blow-UP(1966)에 나오는 테니스 시합이었다. 내 사춘기와 20대 형성에 그토록 영향을 미친 스필버그, 스콜세지, 코폴라 같은 젊은 반도叛徒들과 괴짜들은 이제 영화계의 노장들이 되어 가고 있다.

테크놀로지와의 관계

나는 버거킹에 있는 어떤 쓰레기통들을 좋아한다. 그 통들은 문을 밀고 그 안에 쓰레기를 버리도록 되어 있는데, 쓰레기통 문에는 "감사합니다"라고 쓰여 있는 곳도 있다. 그럼 나는 "천만에"라고 대답하곤 한다. 어느 날 나는 내 소행을 깨달았다. "스윗, 넌 쓰레기통한테 말을 걸기 시작한 거야!"

교회는 쓰레기통의 호의에서 뭔가 배울 것이 있다.

비록 말썽 많은 관계지만 나는 내 컴퓨터와 관계를 맺고 있다. 타자기를 "내 삶의 유일한 의지요 위안"[26]이라 찬미했던 앨더스 헉슬리와 그의 타자기의 관계만큼 진하지는 않지만, 그래도 엄연히 관계는 관계다. 나는 컴퓨터로 인해 하나님께 감사하는 시간이 인정하고 싶지 않을 만큼 많다. 내 삶을 보면, 어느 누구와 함께 보내는 시간보다도 컴퓨터와 함께 보내는 시간이 많다. 내 아내도 컴퓨터 과부가 되었다고 불평할 수는 없다. 아내도 자기 컴퓨터가 있어 함께 시간을 보내기 때문이다.

세상에 우리와 테크놀로지의 관계만큼 연구 대상에서 제외된 관계가 있을까? 미래에는 셔츠, 신발, 스테이플러, 냉장고, 대충 베어낸 목재, 변기, 머리빗, 가발 등 모든 것 안에 칩과 무선 송신기가 장착될 것이다. 모든 것이 '상호 작용'하면서 어느 정도 친해진다는 뜻이다. 그러니 아직 비교적 쉬운 지금, 테크놀로지와의 관계에 부딪치는 것이 낫다.

내스카NASCAR(미국개조자동차경주연맹) 드라이버에게 인간이 기계과 관계를 맺는다는 것은 불가능한 일이라고 말해 보라. 또는 전투기 조종사에게, 조종사와 혼연일체가 된 제트기가 그저 물건 취급당하는 제트기보다 더 잘 날 수 없다고 말해보라. 한 수 배우게 될 것이다.

나는 내 차와 관계를 맺고 있다. 나만 그런 게 아니다. 2003년의 한 조사에 따르면 63%의 사람이 자기 차에게 말을 걸며, 20%는 차의 이름도 지어 주었다.[27] 나는 내 차의 GPS(위치 확인 장치) 목소리 주인공에게 마틸다라는 이름을 지어 주었다. 나는 그녀에게 함께 왈츠를 추러 가겠느냐고 묻는다.

불의 발견과 바퀴의 발명을 비롯하여, 테크놀로지는 언제나 우리의 사회적 관계에 엄청난 영향을 미쳐 왔다. 오늘날의 다른 점이라면 우리의 사회적 적응을 앞지를 정도로 기술 혁신이 너무 빠르다는 것이다. 사실 각종 보조물, 체내 이식 기관, 기타 성능 보강 장치가 갈수록 인간 대 인간의 관계를 더 많이 중재하고 있다. 우리는 그런 것들과 친해지고 있을 뿐 아니라 거기에 정서적 의존 현상까지 보이고 있다. 컴퓨터는 이제 기능상 내 몸의 일부다. 나는 컴퓨터를 내 "두뇌 보따리"라 부른다. 컴퓨터가 고장 나면 나는 뇌 손상을 입는다.

모든 테크놀로지에는 양면성이 있다. 즉 그것은 우리 최고의 친구이자 또한 최악의 적이다. 인간 두뇌의 연산 능력은 초당 약 3백2십만 개의 명령을 처리하는데, 2020년대에는 컴퓨터가 그것을 따라잡는다는 주장이 일각에서 나오고 있다. 2005년에 IBM의 가장 크고 가장 빠른 슈퍼컴 블루진Blue Gene이 가동에 들어가면 초당 1천조 번의 연산을

> 내게는 인간과 인간 사이의 친밀한 관계보다 보철물이나 보조물과의 친밀한 관계에 관한 이야기가 더 흥미롭고 의미 있다.
> – 소설가, 미래학자 브루스 스털링[28]

처리해 낼 것이다(2007년 3월 현재 367조 번의 연산 속도 기록 중—편집자 주). 물론 내 IBM 컴퓨터는 누가 자기 얼굴을 빤히 쳐다보아도 그 장난기를 알아차리지 못한다. 나와 함께 웃거나 울 수도 없다. 하지만 나와 함께 웃거나 울어 줄 사람들과 연결시켜 **줄 수는 있다.**

그러나 그 이면에는 우리의 최악의 악몽이 있다. 컴퓨터가 우리보다 더 똑똑해지면 어쩌나? 컴퓨터와 인간 사이에 주객이 전도되면 어쩌나? 태어난 존재와 만들어진 존재 사이의 엄연한 가시적 차이가 사라지면 어쩌나? 당신은 휴대전화를 귀에 꽂게 될 날이 오지 않을 것 같은가? 그 때쯤이면 당신도 전화벨 소리를 손가락의 찌릿한 느낌으로 대체해 줄 전자 보철물을 원하지 않을 것 같은가? 통신에 이용 가능하게 될 모든 종류의 신체 반응도—언어 반응 이외의—누리고 싶지 않을 것 같은가?

그래도 미래를 상대하기가 어려울 것 같지 않다면, 이 문단은 어떤가? 현재 우리는 '인간'과 '인격'을 구분해야만 하는 지점에 거의 와 있다. 머잖아 '인간'이라는 범주는 '인격'과의 구분을 위하여 순전히 생물학적 기준으로만 정의될 수 있다. '인격'이라는 범주는 뭔가 다른 것, 관계적이고 영적인 것을 뜻하게 될 것이다.[29] '인간성'의 본질은 생물학이 될 것이다. '인격성'의 본질은 전체가 부분의 총합보다 큰 시너지 관계가 될 것이다. 육화된 자아들('다른 것들')과의 관계, 자아들('함께 있음')과 내적 자아들('안에 있음')과의 관계를 생각해 보라.[30] 앞으로는 우리와 세상의 관계, 우리 서로의 관계가 그 모든 사이보그 관계들 때문에 가능해질 것이다.

당신에게 위 문단이 내가 쓰기 힘들었던 만큼이나 읽기 힘들었는가? 인간 두뇌와 인간 지능의 역량은 우리를, 만인이 사이보그가 되는 지경까지 데려왔다. 지금 우리는 생명체가 아닌 기계 및 테크놀로지와의 깊고 복잡한 관계, 즉 인간 대 공학적 비인간의 관계에 들어서고 있다.[31] 그러나 우리와 사이보그의 관계라는 영역은 윤리적 논의, 도덕적 선택, 미학적 판단의 주제가 되어야 한다. 공학자들과 기술자들이 우리에게 그것을 속여 팔게 내버려두어서는 안 된다.

테크놀로지에 대한 언급을 인터넷과의 관계를 살펴보지 않고 마무리 지을 수는 없다. 미국에는 맥도날드 식당보다 더 많은 공공 도서관이 있고 그 중 95%는 무료 인터넷 접속을 제공하고 있다. 아이러니지만, 온라인 채팅방에 많이 드나들수록 당신은 오프라인 단체와 클럽들의 멤버가 될 소지가 높다. 인터넷을 많이 할수록 텔레비전 채널을 바꾸고 있는 시간은 줄어든다.[32] 디지털 문화가 부추기는 것은 사회적 고립이 아니라 오히려 가지각색의 단체에 속하게 되는 사회적 몰입이다. 이는 신체상의 격리가 아니라 오히려 새로운 형태의 체화된 관계라 할 수 있다.

'사회 자본'이라는 말은 사회적 그룹 형성을 뒷받침하거나 새로운 사회적 네트워크를 창출해 내는 비가시적 소통의 다른 표현이다. 월드와이드웹과 닷컴 기술의 개발은 실제로 사회 자본을 강화시켜 고립을 해소할 수 있다. 일요일 아침 교회당에서 당신 옆 자리에 앉는 사람이

토요일 밤 사이버 공간에서 당신과 채팅하는 사람보다 당신을 정말 더 잘 알 것 같은가? 이제 사람들은 교회당 안 저쪽의 모르는 사람들보다 사이버 공간의 모르는 사람들과 더 직접적이고 친밀하게 생각과 마음을 나누고 있다. 다만 토요일 밤의 그 채팅은, 주중에 얼굴을 맞대고 나누는 친밀함에 대한 당신의 굶주림을 더 깊게 해줄 뿐이다. 사이버 공간에서 창출되는 사회 자본이 대면對面 공동체에 투자되고 있다.

믿음의 조상들과의 관계

내게는 한 번도 만나 본 적은 없지만 절친한 친구들이 있다. 나는 날마다 그들과 대화한다.

우리에게는 산 자들을 이해해 줄 죽은 자들이 필요하다. 조상들이 내게 들려주는 말은 "불의 혀"[33]에서 나온 것이며 그들의 언어는 오순절과 같다. 그들은 나를 극적인 영적 체험으로 이끈다. 그들에게 듣는 것을 나는 말로 형언할 수 없다.

내 삶에는 산 자들뿐 아니라 죽은 자들의 권위적 목소리가 있다. 나는 기독교라는 살아 있는 전통의 일부다. 내 정체는 확정된 것이면서도 유동적이다. 나는 허다한 조상들과의 관계를 통해서 기독교 신앙의 전통을 살아가고 있다. 내 정체의 출처는 전통의 교훈과의 관계라기보다는 전통 속 이야기들과 예술과 사람들―그들도 전통을 살아가고 있고 그 삶을 통해 전통을 재형성하고 있다는 것말고는 관계적 연줄조차 없을 수도 있는 사람들―과의 관계다.

우리는 과거를 공유하고 사자死者들을 존중함으로 서로 결탁된다. 조상들에 대한 기억을 유산으로 물려받아 만끽하는 것도 우리 그리스도인의 정체의 일부다. 사실, 어느 학자는 과거의 실수를 절대 잊지 않음으로 실수의 반복을 피하려 하는 "부정적 정책"을 옹호하기도 했다.[34] 긍정적 누림 못지않게 우리는 불의와 굴욕과 고통에 대한 기억들과 증언들도 필요하다. 조상들의 상처와 실수를 기념하는 작업을 통해 우리는 방향을 돌릴 용기와 확신을 얻게 된다.

그 목소리들이 "불의 혀"같은 전통으로 서로 얼마나 결탁되어 있든,[35] 그 중에는 서로 일치하지 않는 것들도 많다. 정당한 전쟁을 말하는 목소리도 있고, 반전주의 목소리도 있고, 종교 재판을 외치는 목소리도 있다. 기독교 역사에 폭력에 대한 '정통' 가르침은 없다. 목소리들의 공동체가 있을 뿐인데, 나는 그 목소리들과 관련되어 있고 그 안에서 나 나름의 목소리를 지닌다. 나는 복수의 공동체 안에 살고 있다. 그 공동체들의 구성원 선정은 전혀 내 소관이 아니며, 그 공동체들은 종종 서로간의 긴장과 갈등 속에 존재하기도 한다.

「평화와 평화주의」*Irenicum Irenicorum* (1658)에서 대니얼 즈위커 Daniel Zwicker는 자기를 "개혁과 기독교적 자유의 기초"로 안내해 준 루터교와 모라비안 교파에, "신학 분야에 대한 이성의 기본 응용"을 가르쳐 준 칼빈주의에, 양심의 자유라는 개념을 일깨워 준 저항파 Remonstrant(17세기 칼뱅의 엄격한 예정론에 반항한 아르미니우스파―역주)에, 선행을 강조하고 교부들을 존중하는 천주교에, "그리스도의 생애의 교훈들"을 보여 준 메노나이트파(재세례파의 최대 교파―편집자 주)

에, 그리고 "비판적 판단에 탁월한" 소치니주의Socinianism(종교개혁 이후 삼위일체론에 반대하는 유니테리언 신학 운동에 파우스토 소치니Fausto Sozzini의 이름을 따 붙여진 이름—역주)에 감사했다. 즈위커는 성경, 이성, 전통이라는 세 기준에 근거하여 이들 다양한 목소리를 융화시키자고 제안했다.36

말이야 바른 말이지, 우리의 영웅인 "구름같이 둘러싼 허다한 증인들" 중에도 흠이나 오류가 없는 목소리는 아무도 없다. 그러나 일찍이 히브리서 기자가 말한 것처럼, "나라들을 이기기도 하며 의를 행하기도 하며 약속을 받기도 하며 사자들의 입을 막기도 하며 불의 세력을 멸하기도 하며 칼날을 피하기도 하며 연약한 가운데서 강하게 되기도 하며 전쟁에 용감하게 되어 이방 사람들의 진을 물리치기도" 한 사람들을 다 말하려면 시간이 부족하다.37

> 또 어떤 이들은…심한 고문을 받되 구차히 풀려나기를 원하지 아니하였으며 또 어떤 이들은 조롱과 채찍질뿐 아니라 결박과 옥에 갇히는 시련도 받았으며 돌로 치는 것과 톱으로 켜는 것과 시험과 칼로 죽임을 당하고 양과 염소의 가죽을 입고 유리하여 궁핍과 환난과 학대를 받았으니 (이런 사람은 세상이 감당하지 못하느니라) 그들이 광야와 산과 동굴과 토굴에 유리하였느니라.38

이런 다양한 목소리의 지혜가 없다면, 충절보다 배반이 난무하고 삶의 태반을 약속의 땅이 아닌 광야에서 보내야 하는 오늘의 세상에서 나는 제 기능을 다할 수 없을 것이다. 가나안에 갈 때까지 삶을 미룬다면 우리에게 삶이란 없을 것이다. 그래서 나는 엘리야로부터 광야에 홀로 남아서도 여전히 하나님을 만나는 법을 배운다. 예수님께서는 광야의 시험을 통해 어떻게 하나님과 더 가까워질 수 있는지 배운다. 이스라엘 공동체한테서도 광야를 유리하는 40년 세월의 위험과 약속에 대해 배운다.[39]

나는 또 알려지지 않은 성인들, 무명의 "허다한 증인들"을 기억하는 것도 중요하게 생각한다. 예수님은 대중의 판단으로 볼 때 으뜸인 듯한 사람들이 하나님 나라에 비추어 보면 꼴찌가 될 수 있음을 여러 방식으로 우리에게 일러 주셨다.[40]

그래서 나는 "정의로운 36인"Lamed-Vov(히브리어로 36을 뜻함-역주)이라는 은밀한 성인들에 대한 고대 유대교 전통을 아주 좋아한다. 이들은 깊은 사랑과 헌신으로 세상의 전진을 돕는 36인의 의인이다.

> 성령께서 자기에게 계시해 준 것에 대해서는 말이 많으면서 성령께서 다른 사람들에게 계시해 주신 것은 대수롭지 않게 생각하는 사람들이 있으니 이상한 일이다.
> – 영국 침례교 목사 찰스 H. 스펄전[41]

그들이 누구인지는 아무도 모른다. 그들 **자신도** 모른다. 이는 남을 섬기는 삶이 하도 몸에 배어 최후의 심판 날 자기가 "이 지극히 작은 자"를 먹이거나 입힌 일조차 기억나지 않는, 예수님의 비유에 나오는 그 사람들과 비슷하다.[42]

36인의 의인은 우리 가운데 익명으로 존재한다. 그 중 하나가 죽으면 다른 사람이 일어나 그 자리를 잇는다. 인간의 죄와 고통에 대한 그들의 아픔이 하나님도 위로하실 수 없을 만큼 깊기 때문에, 하나님도 세상의 존속을 허용하신다. 그들을 향한 자비의 행위로 "복되신 창조주는 최후의 심판 시각을 수시로 앞당기신다."⁴³

유월절 축제 중에 '열린 문' 의식이라는 것이 있다. 참가자들은 문을 활짝 열고 "우리는 엘리야가 오셔서 유월절 식탁에 미리암과 함께 앉아 그의 컵 '코스 엘리야후'Kos Eliyahu(엘리야의 컵이라는 뜻-역주)로 마시기를 원합니다"라고 말한다.⁴⁴ 비슷한 방식으로, 그리스도인들도 믿음의 조상들에 대하여 열린 문 의식이 필요하다. 나는 존 웨슬리가 식탁에 앉도록 자주 문을 열어 드린다. 기독교 내에서 내 부족部族적 정체성은 감리교다. 나는 웨슬리가 즐겨 먹던 음식(레모네이드, 설탕에 절인 귤껍질)을 기쁘게 먹는다. 그렇게 내 삶에서 차지하는 그의 존재와 권위를 높이는 것이다.

그리고 나는 역사적 공동체만 아니라 문학적 공동체에도 문을 연다. 나는 타티안, 터툴리안, 어거스틴, 빙겐의 힐데가르트, 피오레의 조아킴, 성 리지외의 테레사, 존 번연, 조지 허버트, 에밀리 디킨슨, 말콤 머거리지, W. H. 오든, 드니스 레버토브, G. K. 체스터턴, 브라이언 맥라렌 등 많은 사람들을 초대한다.

신조와 고백의 관계

귀뚜라미는 머리를 잘라도 계속 운다. 어떤 사람들이 그와 같다. 그들은 뇌를 쓰지 않고도 계속 말한다.

기독교 역사에 머리와 가슴과 손이 어우러져 낳은 풍부한 전통이 있으니 곧 입으로 나오는 신조와 고백이라는 전통이다. 우리의 믿음은 역사를 통해 발전되어 신앙 고백을 통해 표현되어 왔다. 몸에 옷이 필요하듯 믿음에는 신조가 필요하다. 그러나 그 신조의 신앙은 명제적이라기보다는 관계적이다. 삼위일체, 예수님의 동정녀 탄생, 성경의 권위, 몸의 부활, 재림 등 교회의 핵심 교리들은 단방향적인 처리 작용이라기보다 상호 작용이다.

기독교는 본문과 전통의 숙달 훨씬 이상이지만 그렇다고 본문과 전통이 하찮아지는 것은 아니다. 기독교 신학의 부요함은 교리보다 관계로 표현되지만 그렇다고 교리에서 오는 목회 지도指導가 훼손되는 것은 아니다. 믿음은 관계의 현관이 아니라 관계가 개발되고 깊어지는 본당이다. 신조와 고백이 있기에 우리는 지적인 이해를 얻고 모든 것을 전체 그림 안에서 볼 수 있다.

> 온 세상은 갱신으로 부름받고, 그것을 인정하는 곳이 교회다.
> – 존 하워드 요더[45]

당신이 생을 바쳐 예수님을 따를진대, 당신의 그 헌신이 왜 가치 있는가에 대해 철학적으로도 정립하고 싶지 않을까? 지적 거장들인 우리 조상들이 어떻게 하나님과의 관계에서 의미를 찾아냈는가 하는 것은 중요하다. 우리 이해의 틀 즉 지식의 체계화 방식을 전수 가능하고 교육 가능한 형태로 담아내는 것도 중요하다. 신조와 고백은 그 지적인 힘으로 말미암아 학습의 열매와 원초적 신앙을 전달해 주되, 그 내용은 거짓말 같을 정도로 단순하게 공식화된다.

목록이 사람을 김빠지게 해서는 안 된다. 영혼의 건강을 위해 당신도 몇 가지 목록을 알고 그것과 관계 맺을 필요가 있다. 여기 몇 가지 출발점이 있다.

- 하나의 세례식 신조(사도신경)
- 하나의 매일 기도(주기도문)
- 존재의 세 가지 보편 개념(진, 선, 미)
- 참회의 3요소(뉘우침, 고백, 속죄)
- 종말의 네 가지 내용(죽음, 심판, 천국, 지옥)
- 4대 기본 덕목(용기, 지혜, 절제, 정의)
- 성령을 체험하는 다섯 가지 관계의 장[사도신경에 따르면 "성령을 믿사오며"에 이어지는 다섯 가지 시너지의 장은 (1) 거룩한 공회, (2) 성도의 교통, (3) 죄의 용서, (4) 몸의 부활, (5) 영생이다]
- 7대 죄악(교만, 시기, 대식, 색욕, 분노, 탐욕, 나태)
- 일곱 가지 반대 덕목(겸손 대 교만, 친절 대 시기, 절제 대 대식, 순결 대 색욕, 인내 대 분노, 관용 대 탐욕, 근면 대 나태)
- 육신에 대한 일곱 가지 자비의 행위(주린 자를 먹임, 목마른 자로 마시게 함, 나그네를 집에 들임, 벗은 자를 입힘, 병든 자를 방문함, 옥에 갇힌 자를 돌아봄, 죽은 자를 묻어 줌)
- 십계명[46]
- 16가지 날마다 할 일: 하나님을 영화롭게 함, 그리스도를 닮아감, 영혼을 구원함, 육체를 이김, 죄를 회개함, 덕을 이룸, 지옥을 피함, 천국을 얻음, 영원에 대비함, 시간을 활용함, 이웃을 세워 줌, 세상을 멸시함, 마귀를 대적함, 정욕을 제어함, 죽음을 마음으로

준비함, 심판을 통과함⁴⁷

사도행전을 보면 성령님은 제자들을 앞서가시지만 성령은 언제나 예수님과 결탁되어 있다. 진리란 만들어 내는 것이 아니라 전수되는 것이다. 진리의 시발점은 예수님이다. 기독교의 기초는 계시를 받아들이는 것이거니와, 계시는 합리성이 아니라 한 인격이다. 어느 학자는 "그리스도인들은 기독교의 모든 것을 세상의 합리적 표현으로 제시하려다가 본연의 그리스도인다움을 잃는 위험을 자초하고 있다"고 경고했다.⁴⁸

그러나 그리스도의 '장성한 분량'에 이르려면 우리는 예수님을 다른 면에서도 볼 필요가 있다. 예수님이 하나님의 충만하신 계시라는 이유만으로 우리가 신조와 고백에서 배울 것이 없는 것은 아니다. 타 종교 교리와의 대비에서도 뭔가 배울 것은 있다. 예수님은 우리 자신의 배움을, 다른 종교의 다른 문화권을 향한 교회의 사역과 연관시키셨다. 하나님에 대한 새로운 배움을 열어 주는 것은 바로 타인들의 "색다름"이다.⁴⁹ 교회는 시대의 지성적 기후에 부응할 필요가 있다. 모든 시대의 주요한 신학적 과제는 신조로 손색없는 정직하고 믿을 만한 관점들을 체계화하는 것이다. 신학적 태만을 위한 여지나 구실은 있을 수 없다. 조지 마스덴George Marsden은 최신작 조나단 에드워즈 전기에서 미국이 낳은 최대의 신학자를, 한 눈은 본문과 전통에 두고 한 눈은 시대의 흐름에 둔 채 늘 둘을 연결시키려 한 헌신적인 교구목사로 그리고 있다.⁵⁰

그러나 우리의 신조주의에 주의할 대목이 있다. 성경적 믿음은 이성적으로 이치에 닿지 않으며 언제나 그럴 것이다. 복음은 이성이나 논리의 기준에 들어맞지 않는다. 사실, 어떤 의미에서 성경적 믿음은 이성을 비평한다. 진리는 계시다. 그리고 계시란 본질상, 양적으로 측정되는 현실과는 대개 일치하지 않는다. 계시는 우리가 '안다'고 생각하는 현실과 오히려 모순을 일으킬 수 있다. 좋은 예로, 하나님은 하나이자 하나님은 셋이라는 삼위일체를 논리적으로 상대방의 양에 차게 설명하려 해 보라. 부활절 아침의 빈 무덤은 논문집이 아니라 계시였다.

이미 깨진 상태

여기 우리 모두를 위한 지혜의 말이 있다. "사물이란 잃어버리지 않으면 도둑맞고, 도둑맞지 않으면 깨지고, 깨지지 않으면 못쓰게 된다. 이것이 사물의 본성이다. 이 법칙은 찻잔, 자동차, 사람, 스웨터, 애완동물, 컴퓨터, 귀걸이 등 우리가 만지거나 사거나 소유할 수 있는 것이면 무엇에나 적용된다."[51]

완전한 관계란 없다. 완전한 찻잔이 없고 완전한 석양이 없듯이 완전한 사람이란 없기 때문이다. 모든 인공물은 이미 깨진 상태다. 모든 인공물은 망가지게 마련이다. '완전한 제자'란 없다. 불완전한 모습 때문에 안달하기보다는, 이 순간이 중요함을 알라. 순간의 소중함에 집중하면 우리의 금간 귀걸이나 빈궁한 관계가 한결 더 특별해진다. 사물들로 더불어 '순간 속에' 있을 때 우리는 그 사물을 통하여 하나님께 나아갈 수 있다.

당신이 없앨 수 없는 것들이 있다. 인터넷의 스팸 메일, 책의 오탈자, 뒷마당의 모기, 당신의 가장 사랑하는 사람의 뚱한 기분을 생각해 보라. 그저 함께 사는 수밖에 없는 것들이 있다. 날마다 친구가 되었다 말았다 하는 학동들과는 달리, 우리는 진정한 관계를 이루려면 친밀함에 대한 역량과 한계가 사람마다 다름을 인식하고 존중해야 한다.

하나님은 죄인보다 죄인 아닌 자를 더 사랑하시지 않는다. 그렇다고 하나님은 강하고 근면하고 똑똑한 사람보다 약하고 게으르고 미련한 사람을 더 사랑하시는 것도 아니다. 하나님은 편애하시지 않는다.

자식이 없는 어떤 사람이 네 자녀를 둔 아버지에게 물었다. "자식들을 왜 그렇게 사랑하시오?" 아버지는 잠시 생각하더니 대답했다. "내 것이라서 그렇소!"

하나님은 이렇게 허물 많고 빈궁한 당신과 나를 왜 사랑하실까? 하나님도 이 물음에 이렇게 답하신다. "너희가 내 것이라서 그렇다!"

8부

영적 세계와의 관계

13장 | 보이지 않는 세계의 분명한 징후들

하나님의 신비 속에서 길을 잃다

> 신기해하는 내 영혼 어디서부터 시작할까?
> —찰스 웨슬리의 회심 찬송[1]

금세기 들어 알버트 아인슈타인Albert Einstein의 생애와 과학에 대한 전시회가 뉴욕, 로스앤젤레스, 예루살렘을 2년 이상 순회했다. 전시회장에 들어서는 사람들을 처음 맞는 인사는 무언의 경고 신호였다. 비디오 화면 한복판에 캄캄한 덩어리 같은 것이 있어, 박물관에 새 입장객이 들어설 때마다 마치 용암 불빛처럼 이상한 모양을 이루었다. 그 덩어리는 우리 몸에서 반사된 광선이 블랙홀에 의해 뒤틀어질 때 우리 각자가 어떤 모양이 될 수 있을지 보여 주는 것이었다. 블랙홀의 존재는 아인슈타인의 이론으로 예견된 바 있다.

뉴욕의 미국 자연사 박물관에서 열린 전시회 기획자는 그 무언의 경고를 이런 식으로 통역했다. "당신이 앞문에 들어서는 순간, 공간과 시간에 대한 당신의 개념 그리고 우주를 보는 당신의 시각 전체를 우리가 비틀어 놓겠습니다."[2]

아인슈타인 전시회에 이보다 좋은 인사법이 있을까. 한번은 다섯 살의 어린 알버트가 집에서 아팠다. 아버지가 그에게 나침반을 사다

주었다. 소년은 자기가 방 안에서 이리저리 다녀도 바늘이 항상 북쪽만 가리킨다는 사실이 신기하기만 했다. 그는 "보이는 것 뒤에 뭔가 깊이 숨어 있는 게 분명했다"고 결론지었다.[3]

알버트 아인슈타인과 뉴욕 박물관 기획자가 발견한 것처럼, 우리는 보이지 않는 우주 안에 살고 있다. 그리고 아브라함이 구약 성경에서 발견한 것처럼, 믿음은 영혼을 잡아당겨 우리 삶을 위아래로 뒤집고 안팎으로 비튼다. '정상'과 '미친' 상태에 대한 시각은 물론 '행복한 삶'이 무엇인가에 대한 시각까지 바꿔 놓는다.[4] 사실, 성경은 각 페이지마다 이런 경고 신호를 발하고 있다. "들어오는 사람들은 모두 조심할 것. 절대 이전의 자신으로 돌아갈 수 없음."

영광스런 이상함

복음서는 독자들을 예수님과의 이상한 관계로 빠뜨린다. 그 곳은 온유한 자들이 땅을 차지하는 곳, 원수를 끌어안는 곳, 깨어진 자리에 힘이 머무는 곳, 십리를 동행하고 다시 기회를 주는 것이 규범인 곳, 사람들이 통상적 삶과 전혀 다르게 사는 곳이다. 기독교는 그간의 익숙해진 이미지를 벗을 필요가 있다. 그래야 이런 이상함이 들어설 자리가 생긴다. 우리가 알고 있다고 생각하는 기독교 신앙일랑 다분히 잊어야 한다. 적어도 지금은 제쳐두어야 한다. 그래야 하나님삶 관계의 영광스런 이상함이 우리를 변화시킬 수 있다.

물리학자 존 A. 휠러John A. Wheeler는 "우주가 얼마나 이상한지 인식할 때 우리는 우주가 얼마나 단순한지 처음으로 깨닫게 될 것이다"라고 역설했다.[5] 얼마나 이상해야 이상한 것일까? 우주의 빈 공간은 무로 가득 차 있는 것이 아니다. 오히려 우주는 뭔가 보이지 않는 것으로 가득 차 있다. 그것을 "어두운 에너지"라 하는 사람들도 있다. 우주의 적어도 90%는 절대 관찰할 수 없다. 캄캄한 성분이나 고에너지 방사능으로 구성되어 있기 때문이다. 다시 말해, 과학자들은 통상적 과학 방법으로는 우주 질량의 5-10%밖에 연구할 수 없다. 나머지 90%는 기존 절차로는 알 수 없다.[6]

영적 추구란 보이지 않는 영의 세계에서의 모험이다. 모더니즘의 추종자들은 하나님에 관해 더 알고자 했고 "하나님의 생각을 따라 생각하려" 했다.[8] 그러나 우리가 알아 가야 할 하나님은 그들이 상상했던 것보다 더 크라는 것이 포스트모더니즘의 입장이다.

> 우주는 우리가 생각하는 것보다 희한한 정도가 아니라 우리가 능히 생각할 수 있는 것보다 희한하다는 것이 내 느낌이다.
> – J. B. S. 홀데인(영국의 저명한 생물학자 – 편집자 주)[7]

오래 전에 폐기된 구식 물리학을 바탕으로 "이 세상은 처녀가 아기를 낳고 박사들이 유성을 좇아가고 시체가 장사된 지 사흘 만에 소생하여 무덤에서 나오는 그런 기적과 마술의 세상이 아니다"[9]라고 주장한 미국 성공회Episcopal church 주교 존 셸비 스퐁의 말은 모더니즘 신학자들을 대변한 말이다.

포스트모더니즘 쪽 사람들은 거기에 "무슨 소리, 그런 세상 맞는데!"라고 대답한다. '유신론'을 논하는 것은 곧 '초자연'을 논하는 것이다. 둘 중 하나만 가질 수는 없다.

캘리포니아 주 란초 팔로스 버디스 소재 크레스트몬트 대학 학장 레이 피콕Ray Peacock이 교리를 가르치는 어느 신학교 여교수 이야기를 해주었다. 수업 시간에 학생들이 답 없는 질문을 내놓을 때마다 그녀는 늘 "그것은 신비입니다"라고 말하곤 했다. 학생들은 그 과목이 '교리 101'이 아니라 '신비 101'이라고 우스갯소리를 했다. 사실로 말하자면 그들은 정확히 신비 과목을 듣고 있었다. 모든 교리 과목은 신비 과목이다. 기독교는 풀어야 할 퍼즐이 아니라 탐색해야 할 세계다. 교리와 교의에 눈부신 신비가 없다면 그것은 기독교 교리와 교의가 아니다. 그레고리 울프Gregory Wolfe의 말대로 "교의란 계시의 신비를 논리적으로 설명하려는 노력이라기보다 이면의 찬란한 신비가 깃들일 성막을 짓는 과정이다."[10]

바람에 불려 다니시는 하나님

모더니즘에 경도된 사람들은 교회의 신비를 다 비워 내려 했다. 그러다 그 일에 크게 성공하자 그들은 왜 교회가 텅텅 비었는지 의아해했다. 어느 저자에 따르면, 부친도 조부도 루터교 목사였던 니체가 기독교에 그토록 강경히 반발한 이유는 '신자들'이 하나님보다 신학을 더 사랑하는 제도화된 우상 숭배를 그가 보았기 때문이다.[11] 모더니즘 추종자들은 예측할 수 없는 위험한 하나님, 시체를 소생시키시고 처녀로 잉태케 하시고 별들을 소집하실 수 있는 실존하시는 그분과의 관계 속에 빠져든 것이 아니라, 자기네 명제의 형상대로 하나님을 창조했다. 불쾌한 하루의 근본 원인은? 온몸이 오싹할 정도의 하나님 체험이 없다는 것이다. 오늘 당신이 조금이라도 신비에 휩싸이지 않았다면, 가히 하루를 살았다 할 수 없다.

옛날 어느 우화에 보면, 사냥꾼이 나무꾼한테 그 근방에서 사자 발자국을 보았느냐고 묻는다. 나무꾼은 "실은 내가 당신을 사자한테 곧장 데려다줄 수 있소"라고 말한다. 그 가능성에 놀란 사냥꾼이 난색을 표하며 더듬더듬 말한다. "그게…내가 찾는 건 사자가 아니라 발자국이오."12

하나님의 발자국 그리고 하나님의 길 위에 난 다른 사람들의 발자국으로는 더 이상 충분하지 않다. 버젓이 식사가 기다리고 있는데 우리는 줄곧 메뉴판이나 먹고 있었다.

제도권organized **종교**라는 말이 천국과 한참 거리가 멀게 들리는 한 가지 이유는, 어불성설인 정리된organized 진리라는 말과 너무 흡사하기 때문이다. 진리를 정리하려 해 본 적이 있는가? 무한하고 영원하신 측량 못할 하나님은 인간에 의해 정리되거나 조직되는 데 별 관심을 보이신 적이 없다. 이런 옛날 이야기가 있다. 하나님과 사탄이 함께 걷던 중 하나님이 몸을 구부려 뭔가를 주우셨다. 늘 그렇듯 사탄은 호기심이 발동하여 하나님께 물었다. "그 손에 있는 게 무엇입니까?" 하나님은 자신의 손안에 밝게 빛나고 있는 그것을 물끄러미 바라보며 대답하셨다. "이것은 진리니라." 그러자 사탄이 손을 내밀어 그것을 잡으며 말했다. "제게 주십시오. 제가 정리해 드리겠습니다."

영적 지도자에 해당되는 내가 좋아하는 한 표현은 우주 비행사

astronaut라는 단어에서 힌트를 얻은 것이다. astro는 '별'이라는 뜻이고 naut는 '항해사'라는 뜻이다. 고로 astronaut는 '별들의 항해사'이고 cosmonaut는 '우주의 항해사'다. 헬라어로 '영'이 '프뉴마'*pneuma*니까 영적 지도자는 '프뉴마넛'*pneumanaut* 즉 '성령의 항해사'다. 성령으로 난 사람들의 한 가지 확실한 특징이 성경에 나온다. 그들이 어디서 오며 어디로 가는지 우리는 알 수 없다는 것이다.[13] 성령의 항해사들—보이지 않는 세계의 살아 있는 주역들—에 대해 유일하게 예측 가능한 것은 그들이 예측을 불허하며 성령을 따라 바람에 불려 다닌다는 것이다. 당신의 삶은 얼마나 예측 불능인가?

하나님에 의해 바람에 날리는 삶은 무섭다. 우리는 "급하고 강한 바람"(참고. 행 2:2—편집자 주)을 기대하기는커녕 하나님의 산들바람마저 생겨날 기회조차 주지 않은 채, 바람 불 기색만 보여도 당장 막아 내려고 안간힘을 다할 때가 많다. 그러나 성령의 항해사들은 경이와 수수께끼의 바람이 어디서 일든 거기에 의식이 깨어 있는 자들이다.

천성적으로 바람에 불려 다니신 예수님은 하시는 일마다 거의 다 예측 불능이셨다. 그분의 치유 사역을 생각해 보라. 기적은 많지만 같은 점은 거의 없다. 사례마다 사람마다 예수님은 스타일과 방식과 태도를 달리 하셨다. 획일적 대응법이 없이 사람에 따라 '바람 부는 대로' 접근하셨을 뿐이다.

로마인 백부장이 예수님께 유대인 장로들을 보내 자기 하인을 고쳐 달라고 했을 때 예수님은 즉각 응하셨다. 백부장이나 그 하인을 모르셨는데도 그분은 그의 집으로 걸음을 옮기셨다.[14] 얼마 후 백부장이 심부름꾼을 보내 예수님을 도중에 막고서 그냥 말씀만 하시면 하인이 낫겠다고 하자 예수님은 백부장의 믿음을 칭찬하시며 그의 요청대로 멀리서 하인을 고쳐 주셨다.

그러나 예수님은 자신의 절친한 친구 나사로가 병들어 그분의 가까운 친구였던 마르다와 마리아가 빨리 와 달라고 간청했을 때는 시간을 끄셨다.[15] 사실 예수님은 너무 오래 지체하여, 나사로가 죽어 무덤에 있은 지 나흘이나 되어서야 도착하셨다. 그 다음 예수님이 행하신 기적은 더 이상 치유가 아니었다. 부활이었다. 하지만 예수님은 왜 알지도 못하는 하인한테는 로마인 백부장의 요청대로 신속히 가서 도와주셨으면서 가장 사랑하는 친구들의 긴박한 간청은 못 들은 척하신 것일까?

혈루증 앓던 여자가 몰래 예수님을 만져 치유 받았을 때, 그분은 그녀를 드러내시며 그 믿음을 칭찬하셨다. 그러나 딸을 고쳐 달라고 공손히 청한 가나안 여자는 까다로운 심사와 열띤 설전을 거치고 나서야 예수님의 응답을 받을 수 있었다.

각 처지가 달랐고, 각 정황이 예수님의 다른 반응을 끌어냈다. 그분이 계신 장소, 함께 있는 사람, 요청의 상황—이 모두가 종합되어 예수님이 택하실 길이 정해졌다. 오늘 우리는 혹 그 이하의 그리스도를 기대하고 있나? 당신은 뜻밖의 일에 얼마나 열려 있나? 당신은 예수님이 불 밝히시는 길로 갈 각오가 되어 있나? 광야에 내시는 길로 그분을 따라갈 마음이 있나?

> 영혼은 언제나 황홀한 체험을 맞이할 태세로 문을 빠끔히 열고 있어야 한다.
> — 에밀리 디킨슨[16]

그리스도의 영은 바울과 함께 새로운 길을 걸어 이방인들을 그리스도의 몸 안에 불러들였다.

그리스도의 영은 성 프란체스코와 함께 새로운 길을 걸어 모든 피조 세계를 그리스도의 몸 안에 불러들였다.

그리스도의 영은 마르틴 루터와 함께 새로운 길을 걸어 제단을 그리스도의 몸인 사람들 쪽으로 돌려놓았다.

그리스도의 영은 존 웨슬리와 함께 새로운 길을 걸어 그리스도의 몸을 이끌어 갈 평신도 지도자들을 거리와 들판을 오가며 발굴했다.

그리스도의 영은 찰스 피니Charles. G. Finney와 함께 새로운 길을 걸어 산업화된 도시 세계를 그리스도의 몸의 일부로 주장했다.

그리스도의 영은 빌리 그레이엄Billy Graham과 함께 새로운 길을 걸어 다인종, 다국적, 다문화 세계를 그리스도의 몸의 일부로 선포했다.

지금 그리스도의 영이 당신과 당신 교회와 함께 걷고 있는 새로운 길은 어디인가? 영국의 사회학자이자 평신도 신학자 데이비드 마틴의 말처럼 "당신이 믿는 우주는 기껏해야 폐쇄회로 안에서 작동하는 안전 법칙들로 환원될 수 있는가, 아니면 반복 불능의 독특한 존재인 인간에게 열려 있는 새로운 특질들의 근원인가? 거기에 모든 것이 달려 있다."[17] 당신의 삶과 당신 교회는 대안들에 얼마나 열려 있나? 우리는 뭔가 고정된 입장으로, 단 하나의 시각으로 하나님을 확실히 규명하려 든다. 그러나 당신이 뭔가에 삶을 바치고 있을진대, 그 대상은 고정된 교리나 단 하나의 원리가 아니라 역설적 신비와 '많은 곳에서'[18] 본 시각이다.

어떤 사안에든 기독교적 반응은 하나뿐인가? 공립학교에서의 기도에 대한 진정한 기독교적 반응은 무엇인가? 사형 제도에 대한 단일한 기독교적 반응은 무엇인가? 전쟁에 대한 단 하나의 확실한 기독교적 반응은 무엇인가? 이 중 어느 사안에든 일률적인 정답이 존재하는가? 선을 그으려 해 보라. 결국 원이 되고 말 것이다. 결국 점의 존재 목적은 점이 아니라 원이다. 또한 '많은 처소'의 회로망일 수도 있다.

보이지 않는 차원들

혼돈의 과학과 비非평형의 물리학은, 모든 것의 배후에 근본적 상호 연관성, 합목적성, 무한한 가능성이 있음을 알면서도 동시에 불확실성과 예측 불가능성을 받아들이는 데 그 기초를 둔다. 초끈이론은 우리가 발 디딘 이 국지적 시공의 연속성 저 너머에 존재의 차원들이 복수로 존재함을 가정한다.

우리는 3차원에 익숙하다. 그러나 우리 주변에 더 많은 차원들이 숨어 있다. 우리가 아는 세상에는 '갈라진 틈새들'이 있다. 우주의 이 10차원, 11차원, 어쩌면 무려 26차원 중 1개 이상의 차원이 슬쩍 열리면서 우리의 3차원 공간으로 '새어 들어' 경이와 신비와 심지어 기적으로 그 곳을 가득 채우는 것이다. 성령의 항해사는 3차원 시공계가 수용할 수 있는 것보다 더 많은 실체의 차원들로 더불어 관계를 가꾼다. 성령의 항해사들은 신비의 껍질을 까는 일도 거뜬히 해내시는 성령을 항해한다.

초끈이론에 함축된 의미는 사실 전혀 새로운 것이 아니다. 우리 믿음의 조상들도 그와 아주 비슷한 세계인, 밀실공포증 없는 관계 속에 살았다. 고대 이스라엘의 세계는 하나님이 어딘가에서 '들어오신' 세계가 아니라 평범한 것이 비범한 것으로 바뀌는 세계였다. 하나님은 가까이에서 우리를 뒤덮고 에워싸고 계신다. 제임스 L. 쿠겔James L. Kugel에 따르면, 성경의 세계에는 "여기저기 작은 틈새들이 있다. 안개란 본래 그런 것이다. 나귀가 말하기 시작하고, 생면부지인 손님들이 이상하게 당신 부인의 이름을 아는 것 같고, 불은 붙었으나 타지 않는 일 따위가 그 틈새로 언뜻언뜻 보인다."[20]

> 내가 너를 모태에 짓기 전에 너를 알았고.
> – 하나님이 선지자 예레미야에게 하신 말씀[19]

숨어 있는 것들, 이성 너머의 것들, 의식의 틈새들에 대하여 우선 나부터 틈새가 열리지 않고서 이성적으로 말하기란 어렵다. 다음 미지의 내용들을 엉뚱하다든지 설명할 수 없다든지 시간 낭비라고 당장 일축하지 말고 한번 생각해 보라.

- 세계무역센터 쌍둥이 건물이 함께 지어진 것처럼 함께 무너진 신비.
- 생물학과 여타 과학에서 생명에 대해 더 많이 배울수록 우리는 생명이 정말 무엇인지 점점 더 모르게 되는 듯한 신비.
- 현재 살고 있는 모든 인간이 단 하나의 공통된 조상으로 거슬러 올라갈 수 있는 신비.[21]
- 앞으로 살게 될 모든 사람이 이미 지금 우리 가운데 존재하는 신비.[22]

- 1백 톤의 외계 물질이 날마다 우리 대기권에 들어오는데도 아무도 다치지 않는 신비.[23]
- 오늘 우리가 내리는 결정들이 전체 우주 역사에 영향을 미치는 신비.
- 당신 몸의 일부인 실제 전자들이 지금 현재 당신 몸 바깥에 있을 수 있는 신비.[24]
- 말할 수 없는 깊은 탄식의 신비.
- 우리가 아직 듣거나 감당할 준비가 되어 있지 않은 것들의 신비.

소수의 두드러진 예외—예컨대 철학자 미셸 앙리Michel Henry가 피력한 보이지 않는 세계의 현상학,[25] 생물학자 루퍼트 쉘드레이크Rupert Sheldrake의 형태 발생의 장場, 메를로 퐁티Merleau Ponty의 마지막 책 「보이는 것과 보이지 않는 것」 *Le visible et l'invisible*—를 제외하고, 지난 20세기에 보이지 않는 세계를 논한다는 것은 오합지졸 군대에 입단하는 것으로 비칠 위험이 있었다. 모더니즘 추종자들은 이성의 렌즈로밖에 볼 줄 몰랐기 때문에, 그들의 기다림의 대상이 하나님God에서 고도Godot로 넘어간 것은 당연한 일이다. 이성 없는 진리는 진리가 아니다. 그러나 관계가 빠진 진리는 허위다.

신비 종교?

그리스도인이 된다는 것은 하나님에 대한 신념이라기보다 하나님과의 관계이고, 하나님에 대한 증명이라기보다 하나님의 임재이고, 진리에 대한 교의라기보다 진리와의 친밀함이며, 하나님의 속성을 아는 것이라기보다 하나님의 역사役事를 아는 것이다. 지금은 하나님을 이해하고자 하는 종교에서 하나님을 만나고 하나님의 처소가 되고자 하는 관계로 옮겨 갈 때다. 요점과 명제와 도덕론에서 신비와 역설로 그리고 하나님의 삶에 동참하는 자리로 옮겨 갈 때다.

관계는 신비를 간직함으로써만 살아 있을 수 있다. 뭐든 일단 다 알고 나면 그것은 죽는다. 관계에는 이상함과 예측 불능이 필요하다. 하나님과의 관계도 마찬가지다. 모든 관계는 알림과 숨김이 어우러진 춤이다.

누구든 하나님에 대해 말하는 사람은 지금 말하고 있는 그 주제를 모른다. 하나님은 신비의 다른 이름이다.

모세가 하나님께 여쭙는다. 당신의 이름이 무엇입니까?

하나님이 모세에게 대답하신다. 나는 내가 되고 싶은 것이 될 것이다.[26]

모세는 "사람이 자기의 친구와 이야기함같이" 하나님과 대면하여 말했다.[27] 그러나 모세는 하나님의 얼굴 이상을 원했다. 모세는 하나님의 마음을 원했다. 모세는 그저 하나님을 보고 경험하는 것 이상을 원했다. 모세는 하나님의 마음속으로 들어가기 원했다.[28]

그러나 하나님은 안 된다고 하셨다. 궁극적으로 하나님은 우리가 알 수 없는 분이기 때문이다. 다 안다면 우리는 더 이상 하나님과 씨름하는 자일 수 없다. 하나님의 얼굴을 대면하여 뵙는 날까지 우리는 기껏해야 희미한 거울을 통해 '부분적으로' 알 뿐이다. 그 때까지 우리는 알고 싶은 것을 다 알 수 없다. 이해하고 싶은 것을 다 이해할 수 없다.

성경 진리의 정수는 양극단 간의 관계다.[29] 성경 진리의 역설적 성격을 아는 그리스도인들은 모순과 회개가 아주 편하게 느껴져야 한다. 철학자 니콜라스 월터스토프 Nicholas Wolterstorff는 이런 충격적인 말로 성령의 항해사들을 역설의 바다로 떠민다. "하나님이 우리에게 믿기 원하시는 것 중에는, 그분의 '자녀'인 우리가 믿기에 알맞고 적합하지만 엄격히 말하면 틀린 것이 있을 수 있다. 인간의 목적에는 대만족이지만 역시 엄격히 말하면 틀린 이론들이 혹시 거기서 나올 수 있기 때문이다."[30] 다시 말해 하나님은 우리에게 모순처럼 보이는 것들을 믿기 원하실 수 있다. 모순의 어느 한쪽이든 부정하면 진리를 부정하는 것이 된다. 기독교에서는, 하나의 진리를 깨닫거든 그 정반대 진리를 찾으라. 이단이란 정반대를 잃은 진리다.

"의심할 나위 없이 우리 신앙의 신비는 크도다"라는 말은 맞는 말이다.[31] 하나님에 관해 말하거나 "하나님의 생각을 따라 생각하는" 대신, 신학자들은 하나님의 삶에 참예하고 하나님의 흐름을 경험하고 하나님 그분 즉 신비를 살아야 한다. 모든 정답은 우리 안에 있지 않고 하나님 안에 있다. 한 그리스 정교회 신학자의 말마따나, "우리가 알거니와 기독교의 과제는 모든 질문에 쉬운 답을 제시하는 것이 아니라 우리로 하여금 점점 더 **신비**를 의식하게 하는 것이다. 하나님은 우리 지식의 대상이라기보다 우리 **경이**의 근원이다."[32] 우리는 신조 못지않게 시냇가에서도, 정경正經 못지않게 협곡에서도, 진술 못지않게 침묵에서도, 칙령 못지않게 체험에서도, 소신 못지않게 대화에서도, 머리

못지않게 가슴으로도 하나님을 만나야 한다.

거룩함의 "비결"은 신비이신 그분께 "가까이 가는" 것이다.[33] 그분께는 언제나 우리가 아직 이해하지 못한 부분과 이해할 수 없는 부분이 있다. 그림자와 은밀함이 결코 다하지 않는 진리가 있다. 그러나 하나님이 삶의 궁극적 신비라는 이유만으로 우리가 하나님을 끝내 알 수 없다는 뜻은 아니다. 그리스도 안에 "지혜와 지식의 모든 보화가 감추어져" 있기 때문이다.[34]

기독교는 신비 종교다. 기독교에서 신비를 짜 내는 것은 곧 기독교의 목을 비트는 것이다.

그러나 기독교는 우리가 흔히 생각하는 '신비' 종교와는 반대다. 기독교는 비밀을 고수하는 종교가 아니라, 비밀이 계시되었으되 그 신비성을 여전히 간직하고 있는 종교다. 하나님은 "그 뜻의 비밀"을 밝히 계시하셨으니, "그의 기뻐하심을 따라 그리스도 안에서 때가 찬 경륜을 위하여 예정하신 것이니 하늘에 있는 것이나 땅에 있는 것이 다 그리스도 안에서 통일되게 하려 하심"이다.[35] 기독교의 신비는 공공연한 비밀이다.[36] 비밀이 감취어진 대상이 있다면 지혜롭고 교만한 자들이다. 이 비밀은 "어린아이들"에게 가장 확실히 계시된다.[37]

> 하나님은 그 피조 세계의 모든 입자 안에서와 우리 인간의 모든 경험 안에서 일하실 뿐 아니라 아예 우리 안에 거처를 정하신다.
> – 제라드 W. 휴즈[38]

예수님을 끌어안는 것은 신비를 끌어안고 선포하는 것이다. 성경은 우리에게 "그리스도의 비밀을 말하"라고, 즉 선포하라고 가르친다.[39] 그리고 그 선포는 이것이다. "이 비밀은 만세와 만대로부터 감추었던 것인데 이제는 그의 성도들에게 나타났고 하나님이 그들로 하여금 이 비밀의 영광이 이방인 가운데 얼마나 풍성한지를 알게 하려 하심이라. 이 비밀은 너희 안에 계신 그리스도시니 곧 영광의 소망이니라."[40] 잃어 보기 전에는 자기가 무엇을 가졌는지 모른다는 말이 있다. 그러나 그것이 오기 전에는 우리에게 무엇이 없었는지 모른다는 말이 더 맞다.

기독교의 황당한 면이 기독교의 가장 풍성한 신비이기도 하니 곧 "너희 안에 계신 그리스도"다. 바울은 "예수를 죽은 자 가운데서 살리신 이의 영이 너희 안에 거하"신다고 했다.[41] 예수님은 하나님 나라가 너희 안에 거한다고 하셨다.[42] 예수님은 당신 안에서, 당신을 통하여 자신의 부활하신 삶을 살고 계신다. 예수님이 "내가 이르는 것은 내 아버지께서 내게 말씀하신 그대로니"라고[43] 하셨을 정도로 성부 하나님이 예수님 안에서 하나님의 삶을 사신 것처럼, 성자 하나님은 당신 안에서 그분의 삶을 사신다. 성경에 "너희 안에 계신 이가 세상에 있는 자보다 크심이라"[44] 했고, 예수님은 "너희가 나보다 큰 일도 하리라"고 하셨다.[45]

예수님은 "나를 본 자는 아버지를 보았"다고 하셨다.[46] 예수님은 교회에게 "사람들이 너희를 보면 곧 나를 본 것이다"라고 말씀하신다. 우리는 이 신비를 위임 받았다. 우리가 할 일은 새 사역을 시작하는 것이 아니라 그리스도의 사역을 이어 가는 것이다. "아버지께서 나를 보내신 것같이"[47]에 쓰인 완료 시제는 예수님이 계속해서 보냄 받고 계시며 '보내진' 상태로 존재하신다는 뜻이다. 그분이 승천하셨다고 해서 그분이 더 이상 "보냄 받은 분"이 아니라는 뜻이 아니다. 우리는 예수님의 사역을 넘겨받는 것이 아니다. 이는 여전히 그분이 우리 안에서, 우리를 통해 계속하시는 그분의 사역이다. 우리는 여태 그것이 한 번도 미치지 못한 곳들로 그 사역을 계속 이어 가는 것이다

우리 조상들의 말로 우리는 "작은 그리스도들"이 되도록 부름 받았다. 그리스도 안의 삶의 기적은, 탄소 입자와 진흙으로 만들어진 우리가 그리스도의 이름을 입어 그리스도인이 된다는 것이다. 예수님은 우리가 다 한 포도나무의 가지라 하셨다. 지금이라면 그분은 우리가 다 그리스도라는 한 몸의 세포라 하실지도 모른다. 우리는 그리스도를 닮으라고 부름 받은 것이 아니라 그리스도인―그리스도의 임재와 능력―이 되라고, "내게 사는 것이 그리스도니 죽는 것도 유익"할 정도로[48] 그리스도로 하여금 우리 안에 사시게 하라고 부름 받았다. 요한일서의 **말씀**이라는 단어가 붙어 성경에는 **동사**라는 단어로 되어 있다. 예수님이 하나님의 동사요 우주 안에서 행하시는 하나님의 활동이라면, 그리스도의 제자들은 작은 동사들이다. 우리 작은 동사들은 주어와 목적어에 대해선 별로 걱정할 필요가 없다.[49]

하나님의 말씀이 육신이 되신 것은 참신한 깨달음을 전달하거나 새로운 법전을 낭독하거나 새로운 가르침을 발표하기 위해서가 아니다. 하나님의 말씀이 육신이 되신 것은, 채찍에 맞고 십자가에 달려 피 흘리신 한 인간의 사랑의 신비로운 능력으로 말미암아 우리를 죄와 사망에서 건지시기 위해서다. "누구든지 예수를 하나님의 아들이라 시인하면 하나님이 그의 안에 거하시고 그도 하나님 안에 거하느니라."[50] 그

리스도는 우리를 위해 죽으셨다. 그리스도는 우리 안에 살아 계신다. 당신과 나는 복음의 화신이다.

기독교 신앙을 이해하려면 십자가의 그리스도에서 그쳐서는 안 된다. 예수님이 궁극적으로 다른 이유는 그 메시지가 아니라 부활이다. 복음은 세상에 풀어놓은 능력이다. 바울 안에서 역사했던 성령 하나님의 바로 그 에너지가 당신 안에 역사하고 있다! 바울의 말대로 "너희를 하나님이 [그리스도]와 함께 살리"셨다.[51] 당신의 삶과 그리스도의 삶은 구분될 수 없다.

이블린 언더힐Evelyn Underhill은 신비주의에 대한 자신의 고전에서 신비가를 "절대자와 사랑에 빠진" 자로 정의했다.[52] 그러나 그 절대자가 추상적 원리로 격하된다면, 아니다. 그 절대자를 관계로 존중하고 높일 때에만 그렇다. 기독교의 신비주의는 사람을 세상 밖으로 끌어내지 않고 오히려 세상 속으로 더 깊이 끌고 들어간다.

> 나 사모하여 영원히 섬길
> 내 영광 되신 주로다.
>
> —17세기 찬송가
> "가장 아름다운 주 예수"[53]

신비가란 남들이 듣지 못하는 소리를 듣는 사람이 아니다. 신비가란 누구나 듣는 음성에 깨어 있는 사람이다.

신비의 삶

하나님은 우리에게 규칙을 주러 오시지 않는다. 하나님은 관계를 주러 오신다. 진리는 난해한 신학적 수수께끼를 풀어서 얻어지는 것이 아니다. 진리는 우리가 믿음의 신비 속에서 길을 잃을 때 얻어진다. 길을 잃고도 방향을 유지할 수 있다. 예수님이 길을 이끄신다면 말이다.

신비—당신 안에 계신 하나님—안에 거하면 하나님삶 관계를 체험하게 된다. 그 관계가 세상에 진리와 희망을 가져다준다. 예수님은 우리에게 그분에 관해 바른 내용을 배우라고 명하신 적이 없다. 그분을 따르라고 명하셨을 뿐이다. 하나님삶 관계 속에서 길을 잃을 때, 우리는 진리를 발견하게 된다. 그리고 그리스도 안에서 하나님의 숨어 계심과 신비를 계시하는 데 일조하게 된다. 말일랑 뒤로 하고 예수님과 함께 걷는 길에 올라야 할 때가 있다. 이는, 일몰의 테를 둘렀으나 일출로 넘실거리는 세상을 보고 듣고 경탄하는 여정과 같다.

한 남자가 자기 아기의 침대맡에 서서 골똘히 쳐다보고 있었다. 방에 들어선 그의 아내는 말없이 지켜보았다. 남편의 얼굴에서는 신기한 표정, 믿어지지 않는 표정, 탄복의 표정이 고루 묻어났다.

깊이 감동 받은 아내가 남편을 팔로 감싸며 젖은 눈, 떨리는 목소리로 말했다. "무슨 생각을 그렇게 골똘히 하세요?" 남편은 주저없이 이렇게 내뱉었다. "89달러 95센트 가격에 어떻게 이런 침대를 만들 수 있는지 알다가도 모르겠단 말이오."

구유 안의 아기는 안중에도 없이 구유에 흥분하는 우리.

이제 구유 안의 신비를 의지할 때다. 19세기의 위대한 설교가 헨리 워드 비처Henry Ward Beecher는 최후의 숨을 거두며 마지막으로 이런 말을 남겼다. "아, 신비가 오고 있다.…"

상호 작용 개인 묵상과 그룹 대화를 위한 질문

신앙 생활은 기계적인 학습 과정도 아니고 바른 신념을 찾는 지적인 추구도 아니다. 그것은 하나님, 하나님의 말씀, 타인들, 피조 세계, 우리를 하나님께로 이끌어 주는 물체들, 영적인 세계와의 '살아 있는 관계'다. 본 가이드는 하나님을 계시해 주는 그 관계들 속으로 더 깊이 들어가도록 돕기 위한 것이다.

질문과 내용은 세 부분으로 나뉘어 있다. '살펴보기'는 내용을 되짚어 보는 부분, '들여다보기'는 그 내용이 당신의 삶에 미치는 의미를 생각해 보는 부분, '나누기'는 다른 사람들과 함께 대화하며 탐색해 나가는 부분이다. 각 질문의 답을 묵상하는 사이, 하나님과 그분을 계시해 주는 여러 관계들이 새롭게 보일 것이다. 꼭 장별 순서대로 해 나갈 필요는 없다. 가장 관심 있는 주제나 하나님의 신비를 향한 당신의 추구에 가장 직결되는 주제부터 하면 된다. (질문을 더 추가한 증보판 토론 가이드는 www.waterbrookpress.com에서 볼 수 있으며, 개인과 그룹 누구나 사용할 수 있다.)

머리말: 어쩌다 우리는 요점만 남기고 사람을 놓쳤을까?

믿음은 단번의 결단이나 평생 한 번의 헌신이 아니다. 믿음은 관계의 장 속에서 실천해 나가는 새로운 삶이다. 성경은 하나님이 사랑이시며 사랑은 따로 분리되어 존재할 수 없다고 가르친다. 사랑하시는 분이 계셔야 하고 하나님의 사랑을 받아들이는 자들이 있어야 한다.

믿음의 삶은 점점 깊어지고 넓어지는 일련의 소통과 관계다. 그 소통과 관계가 그리스도인의 삶의 '실천'이다. 믿음이란 하나님의 아들과의 관계를 통하여 매일매일 하나님을 추구하는 삶이다. 예수님의 명령에 순종하여 온 세상에 나간 초대 그리스도인들은, 예수님의 죽음과 부활로 말미암아 가능해진 하나님과의 새로운 관계 속으로 다른 사람들을 초대했다.

살펴보기

1. 하나님은 우리의 사랑과 순종을 둘 다 원하신다. 하지만 바른 생각과 행동을 낳는 것은 무엇인가? 이는 바른 내용을 믿는 문제인가, 아니면 바른 관계－하나님과의 관계로 시작하여－를 추구하는 문제인가?
2. 저자는 세상의 근본 문제가 사람들의 단절된 삶, 하나님과 타인들과 피조 세계와 자기 자신으로부터 소외된 삶이라고 말한다. 당신은 여기에 동의하는가? 동의한다면, 사람들의 단절된 삶에서 비롯되는 문제의 예를 주변에서 몇 가지 찾아보라.

들여다보기

3. 저자의 주장에 따르면, 잘못하여 규칙이 충절의 대상이 되면 그리스도인에게 남는 것은 삶의 변화와는 무관하게 존재하는 가벼운 교리적 동의다. 당신은 교리와 성경 지식을 공부하고 난 후에 영적인 허탈감을 경험한 적이 있는가? 있다면 어떻게 대처했는가?

나누기

본 가이드를 다른 사람과 함께 혹은 소그룹에서 사용하고 있다면, '나누기'의 질문은 좀더 깊은 차원의 대화를 자극하기 위한 것이다.

4. 저자는 믿음의 삶을 관계의 궤도에 다시 올려놓으려면 다음 질문에 답을 찾아야 한다고 말한다. 서로 대화하며 질문에 답해 보라.

1) 하나님은 왜 당신을 지으셨나?
2) 하나님이 당신에게 요구하시는 것은 무엇인가?
3) '하나님을 믿는 믿음'의 진정한 성경적 본질은 무엇인가?

1부 믿음은 관계다

예수님은 "이 가르침에 동의하라"고 하시지 않고 "나를 따르라!"고 하셨다. 기독교의 목적지는 본질상 **무엇**이 아니라 **누구**다. 복음의 기쁜 소식은 예수님이라는 한 인격에 관한 것이다(고후 5:18; 골 1:20을 보라). 예수님의 죽음과 부활은 하나님과의 관계를 가능케 한다. 그러나 안타깝게도 서구 그리스도인들은 그 중심 진리의 멋과 능력을 다분히 놓치고 말았다.

살펴보기

1. 누군가 "하나님이 세상을 그처럼 사랑하신다면 왜 교회는 그러지 못하느냐?"고 질문했다. 이 물음에 당신은 어떻게 반응하겠는가?
2. 예수님은 자신이 곧 길이요 진리요 생명이라 하시며 자신을 통하지 않고는 아무도 아버지께 올 수 없다고 덧붙이셨다(요 14:6-7을 보라). 예수님이 사용하신 **길, 진리, 생명**이라는 단어에서 당신이 발견하게 되는 좀더 깊은 진리는 무엇인가?

들여다보기

3. 저자요 사상가인 캘빈 밀러Calvin Miller의 다음 주장을 생각해 보라. "예수님이 주시는 것들만 바라고 예수님 자신을 바라지 않는 것은 시시한 잡동사니에 정신이 팔려 더 큰 보배인 그분의 내주하시는 임재는 전혀 누리지 못하는 것이다."[1] 당신의 삶에서도 예수님의 임재보다 영적인 잡동사니로 더 행복했던 때가 있었는가? 그럴 때 어땠는가?
4. 한 신학자는 "교회에 남아 있는 사람들 중에는 예수님이 계시해 주신 하나님과는 거리가 먼 하나님을 믿는 사람들이 많다"고 역설했다.[2] 당신은 여기에 동의하는가, 동의하지 않는가? 그 이유는 무엇인가? 당신의 마음은 당신에게 어떻게 말하는가?

나누기

5. 당신은 왜 기독교가 "영적인 정류 고환"[3](고환 중 하나나 둘 모두가 음낭 내의 정상 위치로 내려오지 않고 복강 등에 머무는 신체 장애-역주)이라는 말을 듣는다고 생각하는가? 당신은 이런 비유가 편하게 느껴지는가? 이 비유의 긍정적인 면과 부정적인 면은 무엇인가?

6. 이머징 처치의 지도자 토드 헌터Todd Hunter가 자기 교회 교인들에게 준 이런 권고에 대해 논의해 보라. "저는 여러분**한테서** 뭔가 원하는 것이 아니라 여러분을 **위해** 뭔가 원합니다." 이 말에 당신은 어떻게 반응하겠는가? 다음 질문도 생각해 보라. 우리 중에는 하나님을, 우리를 **위해** 뭔가 원하시기보다 우리**한테서** 뭔가 원하시는 분으로 생각하는 사람이 얼마나 많은가?

2부 하나님과의 관계

우주의 주인이신 하나님이 당신과 나와의 관계를 원하신다. 이보다 놀라운 초청은 일찍이 없었다. 게다가 하나님은 그것이 진심임을 입증이라도 하시듯, 완강하고 반항적인 사람들과의 관계에 손수 힘쓰신 사례를 우리에게 거듭 보여 주신다. 성경에서 하나님이 한 인간과 점점 깊은 관계를 추구하신 가장 생생한 기사라면 역시 하나님과 아브라함의 이야기를 빼놓을 수 없다.

살펴보기

1. 아들을 제물로 바치라는 하나님의 지시가 있기 전, 아브라함은 생면부지의 사람들로 가득한 소돔과 고모라의 운명을 놓고 당차게 하나님과 협상을 벌였다. 그런 아브라함이 이삭을 바치라는 명령에는 일언반구의 이의도 없이 순종했다. 자기가 아는 하나님의 성품과 약속에 철저히 모순되는 명령인데도 아브라함이 그토록 선뜻 따르려 한 이유는 무엇이라고 보는가?

2. 4장에서 저자는 천사가 아브라함을 막아 이삭을 죽이지 못하게 한 뒤로 하나님이 다시는 아브라함과 직접 말씀하시지 않았다고 지적한다. 나아가 저자는 아브라함과 사라, 아브라함과 이삭, 아브라함과 이스마엘 사이에도 더 이상 관계가 없었다고 지적한다. 이 말을 통해 당신이 얻는 결론은 무엇인가?

들여다보기

3. "에브라임이 우상과 연합하였으니 버려두라!"(호 4:17)는 말씀을 들을 때 당신의 영혼은 어떻게 반응하는가? 이것이 당신을 향한 말씀이라면 어떤 의미로 다가올까? 하나님이 우리를 버려두실 때야말로 우리가 걱정해야 할 때가 아닌가? 반면 하나님이 우리와 씨름하고 계시고 우리가 하나님을 끌어들여 설득하고 있다면 그거야말로 희망과 진정한 관계의 신호가 아닌가?

4. 성경은 "에녹이 하나님과 동행하더니 하나님이 그를 데려가시므로 세상이 있지 아니하였더라"(창 5:24)고 말한다. 진정으로 "하나님과 동행

한다"는 것이 당신에게는 어떤 의미인가?

나누기

5. 하나님의 인도로만 알고 그대로 따르려다 본의 아니게 당신을 '제물'로 바친 사람들이 있었다면, 그 때 당신의 심정이 어땠는지 나누어 보라. 전제적인 목사, 죄책감을 유발하는 성경 교사, 정서가 불안한 임원회장 등이 그런 사람들일 수 있다. 당신의 삶에서 그런 '제사'가 최악의 경험에 드는지 최고의 경험에 드는지 말해 보라. 관련자의 정체나 비참했던 내막은 밝힐 필요 없다. 그것을 통해 당신은 무엇을 배웠는가?

3부 하나님의 이야기와의 관계

기독교의 메시지는 하늘에서 지상으로 내려온 사랑 이야기다. 성경은 우리의 가족사史로서, 우리에게 풍성하고 감격스런 정체감을 줄 뿐 아니라 삶의 상황에 대처하는 법을 많은 사례 연구를 통해 가르쳐 준다. 교회는 소통된 삶을 살아가는 이들의 공동체다. 즉 우리는 하나님의 이야기와 관계 맺고 서로의 이야기와 교통하며 살아간다.

살펴보기

1. 저자는 이렇게 말한다. "하나님과의 관계 속에 살고 하나님의 진리의 이야기들을 말하는 사이, 우리는 점차 우리가 말하는 내용처럼 되어 간다. 예컨대 원수를 용서하신 예수님 이야기를 할 때 우리는 점차 원수를 용

서하는 사람이 되어 간다." 하나님의 이야기를 하다가 당신 삶 속에 더 뜨거운 헌신과 순종을 체험했던 때를 떠올려 보라.

2. 예수님 안에서 우리는 하나님을 사실대로 가장 잘 체험한다. 그것은 멀리서 객관적, 분석적으로 보는 것이 아니다. 뼛속 깊이 느끼는 체험이다. 하나님을 사실대로 보는 것과 하나님을 사실대로 체험하는 것의 차이를 당신은 어떻게 말하겠는가?

3. 하나님은 본래 성경을 무슨 명제를 캐내거나 분해하고 분석하라고 주신 것이 아닐 수 있다. 하나님은 성경이 엄격한 행동 규범으로 바뀌는 것을 절대 원하시지 않았을 것이다. 대신 하나님이 본래 성경 전체를 우리를 향한 그분의 러브 스토리로 주셨다면? 당신이 하나님의 러브 스토리의 위력을 십분 체험할 수 있다면, 당신의 삶의 방식이 어떻게 달라지리라 생각하는가?

들여다보기

4. 게리 윌즈Garry Wills는 "나는 왜 천주교 신자인가?"라는 물음에 대한 답으로 책을 썼다. 그의 답은 이렇다. "나는 신조 때문에 천주교 신자다."[4] 당신은 왜 장로교나 루터교나 감리교나 순복음교 신자인가? 저자 자신은 이렇게 답했다. "나는 교의나 교리나 신학 때문이 아니라 예수님 때문에 그리스도인이다." 당신의 답은 무엇인가?

나누기

5. 성경학자 레슬리 홀든Leslie Houlden은 "기독교 교리는 성경에 기초할 수

없기 때문에 처음부터 문제가 있다"⁵는 논제를 내놓았다. 왜 그럴까? 우리의 기초 문서인 성경은 내러티브나 역사나 시나 편지이거나 또는 특별한 경우를 위해 쓴 글들이기 때문이다. 그 중 어느 것도 교리의 정립이나 조직적 사고에 기여하지 못한다. 홀든의 논제에 당신이라면 어떻게 반응하겠는가?

6. 다음 말에 대해 토의해 보라. 우리는 성경을 "마치 거대한 점괘 과자라도 되는 양" 취급한다. "어디서든 성경을 쫙 펴면 당신의 삶이나 부부 관계나 사업이나 재정을 발전시켜 줄 지혜롭고 유익한 경구, 간결한 통찰들이 나올 것이다. 그러나 목숨을 버리고 자기를 부인하며 그리스도를 따르는 삶으로 연결시키려는 고민 없이, 그냥 삶의 원리만 내놓을 때마다 우리는 기독교를 왜곡하는 것이다. 그것은 전말을 뒤집는 것이고, 그래서 순식간에 자아가 중심에 와 있게 된다."⁶

4부 믿는 사람들과의 관계

예수님은 우리에게 어떻게 사랑해야 하는지 이르실 때, 그것을 절대 진공 상태에 두시지 않고 '서로의' 삶이라는 장 안에 두셨다. 우리는 따로 떨어져 사랑하지 않고 관계 속에서 사랑한다. 사실 따로 떨어져서는 나라는 정체도 없다. 관계의 네트워크 안에서 살아갈 때에만 우리는 참 자아가 된다. 서로 간의 신실한 삶이 없이는 기독교 제자도도 없다. 다른 그리스도인들과의 관계가 없다면 영적인 삶은 죽은 것이다.

살펴보기

1. 누군가 당신에게 "정말 그리스도인"이냐고 묻는다면 당신은 어떻게 답하겠는가? 특정한 내용을 믿는다고 설명하겠는가? 아니면 그 사람에게 하루 동안 당신을 따라다녀 보라든지 한 달 동안 당신 교회에 있어 보라고 초대하여, 삶으로 나타나는 관계가 어떤 것인지 보여 주겠는가?

2. 이사야 58:6, 미가 6:8, 야고보서 1:27을 읽으라. 이 구절들은 순종과 신실한 삶을 어떻게 정의하고 있는가? 이 구절들에 나타난 측정 기준은 교리와 신조에 관한 것인가 아니면 우리의 관계 방식에 관한 것인가?

들여다보기

3. 동료 그리스도인들은 단순히 어려울 때 우리에게 힘과 도움을 베푸는 면에서만 유익한 것이 아니다. 그들은 실제로 우리에게 하나님을 계시해 준다. 하나님은 우리 개개인 안에만 아니라 공동체로서의 우리 안에도 내주하신다. 당신은 공동체로서의 하나님 백성 안에서 하나님의 임재와 사역을 어떻게 경험해 왔는가? 그것은 당신이 한 개인으로서 하나님을 경험해 온 방식과 어떻게 다른가?

4. 예수님은 제자 즉 문자적으로 "배우는 자"가 되라고 우리를 부르신다. 예수님은 "나의 멍에를 메고 내게 배우라"(마 11:29)고 우리를 청하신다. 나아가 그분은 멘토이신 성령을 통해 평생 배우는 삶을 우리에게 약속하신다(요 14:26을 보라). 예수님께 배우는 평생의 여정에서 현재 당신의 자리는 어디인가? 어느 자리로 가고 싶은가?

나누기

5. 영국의 신학자요 명 설교가인 오스틴 패러Austin Farrer는 말하기를 관계란 우리의 모습을 형성하는 데 너무도 중요하여 "예수님도 만일 딴 사람들과 어울리셨다면 다른 예수가 되셨을 것이다"라고 했다.[7] 당신은 이 말에 동의하는가, 동의하지 않는가? 그 이유는 무엇인가? 만일 당신이 다른 부모, 다른 동기간, 다른 친구들을 두었다면 당신도 다른 사람이 되었을까?

6. 마태복음 21:23-32을 읽으라. "네가 무슨 권세로 이런 일을 하느뇨"라는 물음에 예수님은 두 아들에 대한 이야기로 답하신다. 한 아들은 포도원에 안 가겠다고 했다가 결국은 갔고, 다른 아들은 고분고분 가겠다고 했으나 결국 가지 않았다. 규칙에는 소홀했으나 아버지와 관계 속에 있는 아들은 누구인가? 규칙은 잘 인식하고 있으나 관계가 부족한 아들은 누구인가? 예수님은 어떤 아들을 인정해 주셨는가?

7. 윈스턴 처칠은 어떤 사람들은 자라지만 어떤 사람들은 그냥 붓는다고 말한 바 있다. 당신은 어느 부분에서 자라고 있고 어느 부분에서 붓고 있는지 함께 토의해 보라.

5부 믿지 않는 사람들, 우리와 다른 사람들과의 관계

성경은 주변부 사람들에 대한 하나님의 사랑과 관심을 우리에게 꾸준히 일깨운다. 분명 우리는 믿음의 권속들을 돌아볼 책임이 있다. 그러나 예수님은 주변인들에게 우선순위를 두는 삶도 친히 모본을 보이셨다. 예수님을 따르는 사람이 그렇게 하지 않는다면, 그 사람의 믿음 생활은 온전하다 할 수 없다.

살펴보기

1. 예수님이 가장 좋아하신 식객들 중에는 죄인들이 있었다. 우주를 관계적으로 지으신 하나님은 우리에게 하나님의 집 밖에 있는 사람들, 심지어 우리를 박해하고 미워하고 악용하는 사람들로 더불어 풍성한 관계를 맺으라고 명하신다. 이런 진리를 생각할 때 당신은 어떻게 반응하겠는가?

2. 이 순간 우리 각자는 둘 중 하나로 묘사된다. 우리는 하나님과 멀리 있어 점점 가까워지는 중이거나 하나님과 가까이 있어 점점 멀어지고 있는 중이거나 둘 중 하나다. 지금 현재 당신은 어느 쪽에 더 가까운가? 그 이유는 무엇인가?

들여다보기

3. 목사 겸 저자 토미 바네트Tommy Barnett는 말하기를, 예수님처럼 배신자들을 사랑할 수 없는 한 예수님의 제자들은 하나님의 사랑의 깊이를 모르는 것이라 했다.[8] 당신을 배신한 사람(들)은 누구인가? 당신은 지금도 그 사람과 말을 하고 지내는가? 그 사람과 식사를 함께 할 수 있는가? 그 사람과 함께 예배드릴 수 있는가?

4. 아일랜드 장로교단에서 중국 만주로 파송된 선교사 토마스 랄프 모턴 Thomas Ralph Morton은 이렇게 말했다. "우리가 예수님을 아는 것은 교회 안에서가 아니라 세상 속에서다. 그분이 모든 인간과 공유하시는 사랑과

고난과 희망의 삶 속에서 우리는 그분을 알게 된다. 그러나 교회가 없이는 세상 속에서 그분을 알아볼 수 있는 사람이 우리 중에 별로 없다."[9] 모턴이 하려는 말은 무엇일까? 당신의 삶에는 그것이 어떻게 적용되는가?

나누기

5. 「천로역정」 저자 존 번연은 요한복음 3:16에 "자마다"라고 되어 있어 다행이라고 말했다. 만일 "존"이라고 되어 있다면 "나 아닌 다른 존이라고 생각했을 텐데 다행히 '자마다'라고 되어 있으니 나도 포함된다"[10]고 그는 고백했다. 당신을 "포함시켜 준" 말씀이나 이미지를 함께 나눠 보라. 당신을 하나님의 사랑과 복음 메시지 안으로 불러들여 준 말씀이나 이미지도 좋다.

6. 죄렌 키에르케고르는 이웃을 바로 알아보려면 먼저 눈을 감아야 한다는 말을 즐겨 했다.[11] 상대방의 외모로 인하여 생겨나고 정당화되는 편견을 피해야 한다는 말일까? 아니면 전혀 다른 의미로 한 말일까?

6부 하나님의 피조 세계와의 관계

하나님이 사랑으로 지으신 세상이라면 우리도 사랑으로 돌보아야 한다. 성경은 예수님이 죽으시고 부활하신 것이 인류를 구속하기 위해서만 아니라 하나님의 피조 세계 전체를 화목케 하기 위해서라고 말한다. 예수님을 따르는 우리는 세상을 자기와 화목케 하시는 예수님의 동역자들이다(고후 15:14-21을 보라).

살펴보기

1. 바울의 지적대로 인간은 자칫 하나님의 피조 세계에 너무 취한 나머지 "피조물을 조물주보다 더 경배"할 수 있는 위험이 있다(롬 1:25). 일부 그리스도인들은 이 말씀을 환경 보호 운동에 반대하는 논거로 사용해 왔다. 그리스도인은 어떻게 전적으로 하나님만 경배하면서도 성경의 가르침대로 지구를 잘 돌볼 수 있을까?

2. 교회는 마치 "땅에 충만하라, 땅을 정복하라"는 하나님 명령에 하나님이 창조하신 지구를 혹사시키라는 지시까지 포함된다는 듯 창세기 1:28을 구실삼아 지구 자원을 부당하게 남용한다는 비난을 받아 왔다. 이는 기독교의 전통적 지구관(觀)에 대한 정당한 비판인가? 왜 그렇거나 그렇지 않은가?

들여다보기

3. 당신은 하나님이 생물을 종 단위로 돌보신다고 믿는가?(노아의 방주에 그런 입장이 암시된 것 같다) 아니면 각 개체 하나하나를 돌보신다고 믿는가?(참새가 땅에 떨어지는 것에 대한 예수님의 언급에 암시되어 있다) 이것은 인간이라는 종의 한 개체인 당신에게 어떤 의미가 있는가?

4. 어거스틴은 만물이 하나님을 드러내며 피조물은 창조주의 증인 역할을 한다고 보았다. 로욜라의 이냐시오는 만물 안에 하나님이 임재하시며 그래서 만물은 가치가 있고 마땅히 존중받아야 한다고 보았다. 이런 시각은 당신이 믿음 생활을 하는 방식에 어떤 영향을 미치는가?

나누기

5. 우리 식구들은 모두 내 어머니가 입버릇처럼 하시던 말씀을 외우다시피 했다. "남기지 말고 먹어라. 해어질 때까지 입어라. 있는 걸로 지내라. 그것도 아니면 없이 지내라." 이런 민간 지혜를 우리는 위험을 자초해 가며 잃고 말았나? 아니면 그 넷 중 하나나 그 이상이 오히려 우리에게 문제가 되는가?

6. 법조계에 '회복 재판'을 지향하는 움직임이 있다. 범죄는 관계의 붕괴로 다시 정의되며, 따라서 재판은 가해자와 피해자를 화해시키는 작업이 된다. 재판에 대한 이러한 좀더 관계적인 접근을 당신은 어떻게 보는가? 이것이 널리 시행된다면 가해자들과 피해자들에게 어떤 영향을 주리라 보는가?

7부 상징물, 예술품, 인공물, '사물'과의 관계

그리스도인들이 창조주와 피조물을 확실히 구분하는 것은 옳은 일이다. 그래서 인공물—인간이 만든 물건으로서 우리를 하나님께로 이끌어 주는 상징물 역할을 할 수 있는—과의 관계를 생각해 보라고 하면 불편해지는지도 모른다. 인공물 자체는 아무런 특별한 힘도 없다. 다만 그것은 특별한 방식으로 우리를 하나님과 이어 주는 힘이 있어, 그것을 통하여 우리는 전능자의 능력을 만난다.

살펴보기

1. 개신교 전통에서 자란 사람들은 조상彫像, 성화, 십자가상, 유물 따위가 오히려 우리를 물체가 아니라 영이신 하나님께 집중하지 못하게 만든다고 배워 왔을 수 있다. 특정 인공물들이 우리의 시선을 하나님께로 향하게 해줄 수 있다는(또는 없다는) 점에 대하여 당신의 생각은 어떤가?

2. 하나님은 우상 숭배는 종류 여하를 막론하고 미워하시지만, 예술품과 예술가와 솜씨와 창의력은 귀히 여기시며 거기서 영광을 얻으신다. 그리스도인들은 우상 숭배와 하나님을 영화롭게 하는 예술을 성경적으로 어떻게 구분할 수 있을까?

들여다보기

3. 당신에게 영적인 것은 높이고 물질적인 것은 얕보는 성향이 있는지 다음 질문으로 시험해 보라. 혹시 나는 위기 때 용기를 구하는 기도는 적절하게 느껴지고 잃어버린 결혼 반지를 찾도록 도와달라는 기도는 부적절하게 느껴지지 않는가? 당신의 대답을 통해 당신의 실제적인 믿음 생활에 대해 무엇을 알 수 있는가?

4. AOL(아메리카 온라인) 창설자 스티브 케이스가 거의 창립 첫날부터 주장한 것이 있다. "콘텐츠가 왕"이긴 하지만 콘텐츠란 다분히 공동체 의식에서 오며, AOL은 가입자들에게 그 공동체 의식의 공유를 독려한다는 것이다. 당신은 인터넷을 어떻게 이용하고 있는가? 주로 정보 수집의 수단인가(기능과 실용주의), 아니면 주로 다른 사람들과 연락하는 수단인가?(관계와 공동체)

나누기

5. 함께 실습해 보라. 미래의 삶에 대해 최대한 파격적인 상황을 상정해 보라. 엉뚱한 상상이라도 좋다. 상상 속의 미래상을 나눈 다음, 그 내용을 함께 분석해 보라. 과학과 테크놀로지 쪽에 초점이 맞춰진 부분은 얼마나 되나? 진리, 신뢰, 가치, 하나님, 의식, 공동체 쪽에 중점을 둔 부분은 얼마나 되나?

6. 노트북 컴퓨터, 휴대전화, 자동차, 오토바이, 헤어드라이어 등 현재 당신이 관계 맺고 있는 기계들은 무엇인가? 당신은 이런 기계들을 남들과 나눠 쓰기를 마음 내켜하지 않는 편인가?

8부 영적 세계와의 관계

우리 그리스도인들은 성령의 세계에 살고 있는 물리적 존재다. 다시 말해, 우리는 이생을 마감하고 하나님의 임재 안에 들어가기 전까지는 물리적 몸 안에 거하는 영적 존재다. 그동안 우리는 한 발은 물질 세계에, 한 발은 영의 세계에 두고 살아간다.

살펴보기

1. 예수님은 "하나님은 영이시니 예배하는 자가 신령과 진정으로 예배할지니라"(요 4:24)라고 가르치셨다. 13장의 내용에 비추어, 이 구절이 당신에게 새로운 의미로 다가오는가? 그렇다면 어떻게 그런가?

2. 모던 시대에는 사람들이 하나님에 관해 더 알고자 했다. 마치 우리가 하

나님을 충분히 분석할 수만 있다면 하나님을 다 이해할 수 있다는 식이었다. 그러나 하나님이 우리 생각보다 '저 바깥'에 있어 하나님을 확실히 규명하기가 훨씬 어려우리라는 것이 포스트모던 사람들의 생각이다. 당신은 지금 현재 하나님을 어떻게 인식하고 있는가?

들여다보기

3. 관계란 신비로 남아 있음으로만 계속 살아 있을 수 있다. 관계에는 이상함, 신비, 예측 불허가 필요하다. 하나님과의 관계도 마찬가지다. 하나님의 자작 이름에 "나는 내가 되고 싶은 것이 될 것이다"(출 3:14-15을 보라)라는 뜻도 있음을 기억하라. 신비이신 하나님의 어떤 점이 당신의 호기심을 가장 자극하는가? 하나님의 신비에 대해 당신이 가장 관심이 가는 부분은 무엇인가?

나누기

4. 뉴저지 주에 있는 드루 헬스 서비스의 한 전문 안마사는 자신의 다양한 기술과 안마의 유익에 대해 강의한다. 그런데 그녀의 장황한 설명은 "내가 학생들에게 정말로 주는 것은 관계다"라는 말로 끝난다. 당신의 삶에서 관계—개인적 관계, 직업상의 관계, 가족 간의 관계, 기타 여러 관계—가 치유의 원천이 되었던 때는 언제인가?

5. 쇠렌 키에르케고르는 이런 기도를 즐겨 했다. 다함께 소리 내어 이 기도를 드림으로 그간의 모임을 종료하면 어떨까. "하늘에 계신 아버지, 우리 마음속에 아버지 생각이 깨어날 때, 당황하여 맴도는 겁에 질린 새처럼

깨어나지 말게 하시고 천상의 미소로 잠에서 깨어나는 어린아이와 같게 하소서."[12]

주

감사의 글

1. Anthony of Egypt에 대해서는 Arm. 12, 1B; II, 148을 보라.
2. Origen에 대해서는 Hom, 2-3을 보라.
3. "Not All the Blood of Beasts", 다음 책에 처음 간행되었다. *Hymns and Spiritual Songs*, 2판 (London, 1709).

머리말

1. Chase Bank의 광고를 보라. 문제는 기업계가 교회의 표현을 훔칠 때 본래와 다른 뜻으로 뒤튼다는 것이다.
2. 자본주의의 성질이 제품의 판매에서 사람들과의 상호 작용으로 변하고 있음을 주지하라. 스타벅스 커피점, 레크리에이션 개념의 쇼핑 등을 생각해 보라. Harry Beckwith, *Selling the Invisible* (New York: Warner, 1997)을 보라. 「모던 시대의 교회는 가라」(좋은 씨앗).
3. 교회를 배에 비유한 시각에 대해서는 나의 책 *AquaChurch* (Loveland, Colo.: Group, 2000)를 보라. 조종간에 대한 성경의 예로는 야고보서 3:4을 보라.
4. Adrian Hastings 편집, *A World History of Christianity* (Grand Rapids: Eerdmans, 1999)를 보라. 예수 그리스도가 다분히 빠져 있는 기독교 역사서다.
5. 다음 기사에 암시되어 있다. A. E. Harvey, "The Full Umwelt", *TLS: Times Literary Supplement* (2002년 10월 4일): p. 13.
6. David Hamlyn, "Newman In, Hume Out." Anthony Kenny, *A Brief History of Western Philosophy*의 서평인 이 기사는 *TLS: Times Literary Supplement* (1999년 3월 19일): p. 30에 실렸다.

7. Michael Martin, *Atheism, Morality, and Meaning* (Amherst, N.Y.: Prometheus, 2002), p. 166.
8. Southern Carolina Woman's Missionary Union의 컨설턴트 Laurie Register의 통계로 *Louisiana Baptist Message* (1999년 7월 1일): p. 10에 인용된 것이다. Register에 따르면 "전형적인 보수 교회의 중고등부 멤버들 가운데 43%는 성생활을 하고 있다." 다음 기사에 보도되었다. Tony Imms, "Understanding Culture, Language Called Necessary for Youth Ministry", *BP News*, 1999년 6월 14일, www.bpnews.net/bpnews.asp?ID=765.
9. "The Millennium of the West", *The Economist* (1999년 12월 31일): p. 9.
10. HollywoodJesus.com을 만든 David Bruce. 이 웹사이트의 취지는 대중 문화를 영적인 시각에서 탐색하는 것이다. 다음 기사에 인용된 말이다. Donald F. G. Hailson, "The Sanctified Soak: Cultural Engagement Evangelism", *Journal of the Academy for Evangelism* 17 (2001-2002): p. 70.
11. 이 은유에 대해서 United Methodist 목사이자 전 신학 사서였던 John Baker-Batsel에게 감사드린다.
12. Joan Chittister, *In Search of Belief* (Liguori, Mo.: Liguori/Triumph, 1999), p. 11.
13. Jack Nelson-Pallmeyer, *Jesus Against Christianity: Reclaiming the Missing Jesus* (Harrisburg, Pa.: Trinity, 2001), p. 329.
14. "많은 그리스도인들을 붙들어 준 것은 신념보다 이야기 특히 예수님의 출생, 세례, 가르침, 죽음, 부활에 대한 공유된 이야기였다." Elaine Pagels, *Beyond Belief: The Secret Gospel of Thomas* (New York: Random House, 2003), p. 28.
15. Michael E. Williams, "The Midwives' Story: An Image of the Faithful Friend", *Weavings* 7 (1992년 6-7월): p. 23.
16. "기독교 교육과 설교에 관계를 회복하는 일은 모더니즘이나 포스트모더니즘에 대한 편승이 아니라 유대교 및 초대 기독교 본연의 존재론을 회복하는 것이며, 결국 그것은 헬레니즘 전통에서도 마땅히 늘 그랬어야 하듯이, 인간 본성과 운명에 대한 이 시대의 시각에 중요한 요소가 될 수 있다." Douglas John Hall, *The Cross in*

Our Context: Jesus and the Suffering World (Minneapolis: Fortress, 2003), p. 105.
17. 미가 6:8.
18. 요한복음 3:16.
19. Christian A. Schwarz는 1차 종교개혁을 신학 개혁, 2차 종교개혁을 영성 개혁, 3차 종교개혁을 구조 개혁이라 했다. 그의 책, *Paradigm Shift in the Church: How Natural Church Development Can Transform Theological Thinking* (Saint Charles, Ill.: ChurchSmart Resources, 1999), pp. 86-88, 90-91, 93-94를 보라. 「자연적 교회 성장 패러다임」(도서출판 NCD).
20. Richard Conniff, *The Natural History of the Rich: A Field Guide* (New York: Norton, 2002), p. 135.
21. 에비온파로 알려진 초기 기독교 그룹은 유대교를 이어 가려는 열망의 표현으로 늘 예루살렘을 향하여 기도했다.
22. Herbert McCabe, "A Sermon for Easter", in *God Still Matters*, Brian Davies 편집 (New York: Continuum, 2002), p. 227.
23. 나의 책 *Postmodern Pilgrims: First Century Passion for the 21st Century World* (Nashville: Broadman & Holman, 2000)를 보라. (「영성과 감성을 하나로 묶는 미래 교회」(좋은 씨앗).
24. 마태복음 16:15.

1. 신념 너머의 삶

1. 요한복음 14:6; 요한복음 1:43.
2. Louis Nowra's "Letter to the Editor", in *TLS: Times Literary Supplement* (2000년 5월 3일): p. 17를 보라.
3. "믿음은 믿는 죄인이라는 인간 주체와 예수 그리스도 안에 성육신하신 하나님이라는 주체 사이의 구원 관계의 매체다." Kathryn A. Kleinhans, "Why Now? The Relevance of Luther in a Post-Modern Age", *Currents in Theology and Mission* 24 (1997년 12월): pp. 488-495 (인용구는 p. 495).

4. 로마서 6:4; 또한 골로새서 2:12-13; 3:1-3을 보라.
5. David Martin, "On Faith and Being Made Whole", *Christian Language in the Secular City* (Burlington, Vt.: Ashgate, 2002), p. 103.
6. "하나님이 우리의 우정을, 하나님 자신의 평온한 삶에 우리의 동참을 청하신다는 사실이야말로 구원의 가장 충격적이고 터무니없으면서도 놀랍도록 멋진 사실이다." Jim Fodor, "Christian Discipleship as Participative Imitation: Theological Reflections on Girardian Themes", in *Violence Renounced: René Girard, Biblical Studies and Peacemaking, Studies in Peace and Scripture* 4, Willard M. Swartley 편집 (Telford, Pa.: Pandora, 2000), p. 257.
7. Eugene H. Peterson, *Living the Message: Daily Reflections* (San Francisco: HarperSanFrancisco, 1996), p. 9.
8. 고린도후서 5:19; 또한 골로새서 1:20을 보라.
9. 요한복음 1:14.
10. Michael Rie, "What Is Christian About Christian Bioethics?" *Christian Bioethics* 5, no. 3 (1999): pp. 263-266(인용문은 p. 263).
11. Rie, "What is Christian?" pp. 263-264.
12. C. K. Barrett, *The Signs of an Apostle: The Cato Lecture*, 1969 (Philadelphia: Fortress, 1972), p. 88.
13. Joseph Sittler, "Ecological Commitment as Theological Responsibility", *Zygon* 5 (1970): p. 174.
14. Anne Foerst, "Birthing the BOT", *Forbes ASAP* (1999년 10월 4일): p. 73. www.forbes.com/asap/99/1004/073.htm.
15. 미국 인구 조사국과 전국 건강 통계 센터 자료.
16. 이 관점에 대해 Craig Oldenburg에게 감사한다.
17. Neil A. Gershenfeld, *When Things Start to Think* (New York: Henry Holt, 1999), pp. 101-102에 처음 소개된 관점이다.
18. 다음 책에 인용된 말. Andy Clark, *Natural-Born Cyborgs: Minds, Technologies, and the Future of Human Intelligence* (New York: Oxford University Press,

2003), p. 177.
19. Amy A. Kass, "A Case for Courtship", Institute for American Values Annual Symposium 기조 연설, 1999년 9월 22일. www.americanvalues.org/Wp73.pdf. 두 번째 인용문은 Anjula Razdan, "What's Love God to Do with It", *Utne* (2003년 5-6월): p. 71를 보라.
20. 나는 *The De-Voicing of Society: Why We Don't Talk to Each Other Anymore* (New York: Simon & Shuster, 1998), pp. 138-150에 나오는 John L. Locke의 주장에 동의하지 않는다. 디지털 테크놀로지는 우리의 사회적 관계를 빼앗아간 것이 아니라 그것을 재창조하고 있다는 것이 내 주장이다. 이 개념에 대한 더 자세한 내용은 나의 책 *Carpe Mañana: Is Your Church Ready to Seize Tomorrow?* (Grand Rapids: Zondervan, 2001)를 보라.「미래 크리스천」(좋은 씨앗).
21. 복음주의 교회들의 십대들이 전통적 기독교 진리에 대한 충절을 어떻게 버리고 있는가에 대해서는 "Teenagers and Their Relationships", 2000년 1월 22일, Barna Research Online, http://207.198.84.9/cgi-bin/PagePressRelease.asp/PressReleaseID=21을 보라(지금은 열리지 않음). 아울러 다음 기사도 보라. "Teenagers Embrace Religion But Are Not Excited about Christianity", Barna Updates, 2000년 1월 10일, www.barna.org/cgi-bin/PagePressRelease.asp/PressReleaseID=45&Reference=B.
22. Harry James Cargas, "After Auschwitz: 'A Certain Script', an interview with Elie Wiesel", *Christian Century* (1975년 9월 17일): p. 791.
23. 요한복음 13:35.

2. 헌신에 대한 진리

1. 요한복음 15:16.
2. 시편 19:7.
3. Dave Barry, "Dear Gangster…" 서문, *Gangster of Love, Advice for the Lonelyhearted from The Gangster of Love* (New York: Penguin, 1996), p. viii.
4. 로마서 3:22-23; 에베소서 2:4-5; 디도서 3:4-7을 보라.

5. 고린도전서 1:23.
6. 요한복음 15:16.
7. 마태복음 9:9; 마가복음 2:14; 누가복음 5:27.
8. *Austin Farrer: The Essential Sermons*, Leslie Houlden 편집 (Cambridge, Mass.: Cowley, 1991), p. 15.
9. 마가복음 4:11.
10. Evagrius of Pontus, *The Praktikos: Chapters on Prayer*, John Eudes Bamberger 번역, Cistercian Studies series 4 (Spencer, Mass.: Cistercian, 1970), p. 65.
11. 나의 책 *SoulSalsa: 17 Surprising Steps for Godly Living in the 21st Century* (Grand Rapids: Zondervan, 2000), p. v의 헌정사를 보라. 「세상을 호흡하며 춤추는 영성」(좋은 씨앗).
12. 사도행전 17:28.
13. L. Robert Keck, *Sacred Quest: The Evolution and Future of the Human Soul* (West Chester, Pa.: Chrysalis, 2000), p. 183.
14. 에베소서 4:19-20를 보라.
15. 마태복음 10:32; 누가복음 12:8를 보라.
16. 마가복음 9:37; 누가복음 9:48를 보라.
17. James Wood, *The Book Against God* (New York: Farrar, Straus & Giroux, 2003), pp. 112-113.
18. Rodney Needham, *Belief, Language, and Experience* (Chicago: University of Chicago Press, 1972).
19. 'be live'가 'believe'의 더 나은 표현이라는 입장에 대해서는 "Be Is for Be-Living", in Leonard Sweet, Brian D. McLaren, and Jerry Haselmayer, *A is for Abductive: The Language of the Emerging Church* (Grand Rapids: Zondervan, 2003), pp. 42-44를 보라.
20. Wilfred Cantwell Smith, *Faith and Belief: The Difference Between Them* (Boston: Oneworld, 1998), pp. 105-106. 그는 또한 "세상 다른 지역의 종교인들

에게는, 신앙의 증거로 사람이 뭔가를 믿어야 한다는 생각이 아예 들지 않았을 수도 있다"고 경고한다. p. 15
21. Rabbi Daniel Gordis, *God Was Not in the Fire: The Search for a Spiritual Judaism* (New York: Scribner, 1995), p. 55를 보라.
22. Gotthold Lessing. 다음 책에 인용된 말. Søren Kierkegaard, *Kierkegaard's Concluding Unscientific Postscript*, David F. Swenson and Walter Lowrie 번역 (Princeton, N.J.: Princeton University Press, 1941), p. 97.
23. 본 장의 일부는 본래 나의 글 "The Jesus Meme", *Youthworker* (2000년 3-4월)에 실렸던 것이다. www.youthspecialties.com/articles/topics/theology/Jesus_meme.php.
24. 요한일서 4:17; 갈라디아서 4:19.
25. 고린도후서 3:6.
26. Henri Nouwen, *In the Name of Jesus* (New York: Crossroad, 1993), p. 32.「예수님의 이름으로」(두란노).
27. Joseph Kerman, "A Few Canonic Variations", *Critical Inquiry* 10:1 (1983): p. 107.
28. 이 부분은 Bruce Larson의 저작에 힘입었다. 그에게 감사를 전한다.

3. 하나님과 크게 틀어진 아브라함

1. 창세기 12:2.
2. Tertullian, *Adversus Marcionem*, Ernest Evans 편집 · 번역 (Oxford: Clarendon, 1972), 1:225.
3. 나는 Søren Kierkegaard의 *Fear and Trembling*으로 처음 신학의 물에 발을 담갔다. 거기 보면 아브라함이 믿음의 기사(騎士)로 나오는데 그 이유는, 아브라함이 하나님의 명이라면 자기가 능히 아들을 죽일 수 있음을 알았지만 결국 그 명령이 시행될 필요가 없으리라는 것도 그 순간 동시에 알았기 때문이다. 아브라함은 하나님께 전적으로 순종할 역량이 있었지만 어찌된 일인지 그는 나머지 우리는 모르는 중요한 내부 정보를 동시에 알고 있었다. 하지만 내부 통로로 앞일을 미리 알았다면 그의 전

적인 순종은 불필요해진다. 이런 앞뒤가 안 맞는 얘기는 성경의 이 핵심적인 부자 관계 이야기에 대한 내 고민을 풀어 주지 못했다. 하나님이 "네가 네 아들을 걸면 나도 내 아들을 건다"고 담력 시험을 벌이셨다고는 나는 영 납득할 수 없었다.

4. William S. Burroughs의 CD, *Dead City Radio* (New York: Island Records, 1990) 에 수록되어 있으며, Andy Clark, *Natural-Born Cyborgs: Minds, Technologies, and the Future of Human Intelligence* (New York: Oxford University Press, 2003), p. 197에 인용된 말이다.

5. 창세기 22:1-19을 보라.

6. "*Akedah*[이삭의 결박]는 Tanakh(율법서 · 예언서 · 성문서의 머리글자를 딴, 유대인들이 구약을 부르는 명칭 - 역주)에서 가장 이해와 정당화와 새 세대들에게 전수하기 어려운 본문 중 하나로 남아 있다." Lippman Bodoff, "The Real Test of the Akedah: Blind Obedience Versus Moral Choice", *Judaism* 42 (1993년 겨울): pp. 71-22. *Akedah*라는 단어는 '결박하다'는 뜻의 '*aqd*라는 어근에서 왔다. 아브라함의 열 가지 시험을 미쉬나(유대교의 구전 율법 - 역주)에서는 "열 가지 시련"이라 했는데, 그것이 무엇인지에 대해서는 주석가들 사이에 이견이 있으며 열 가지가 넘는다고 보는 사람들도 있다. 더 자세한 내용은 Yehuda Nachshoni, "The Influence of Akedah on Our People's Life", *Studies in the Weekly Parashah: The Classical Interpretations of Major Topics and Themes in the Torah*, Shmuel Himelstein 번역 (Jerusalem: Mesorah, 1988), 1:99-100을 보라.

7. Qur'an 37:99-113. 「코란」.

8. 바울은 로마서 8:32에서 이 이야기를 가리키고 있으며, 로마서 3:25에서도 분명 그것을 염두에 두고 있다.

9. 창세기 22:4에 언급된 "제삼일"에서 우리는 이 이야기의 의미를 엿볼 수 있다. "제삼일"에 아브라함은 이삭을 제물로 바치려 했다. "제삼일"은 경계선을 넘는 순간과 동작을, 시간의 극적이고 역동적인 비(非)직선적 분기점을 가리키며, 그 너머에는 아무것도 이전과 같지 않다. "예컨대 '제삼일'에 하나님은 모세와 언약을 인치신다. 에스더는 '제삼일'에 왕 앞에 나가 유대인의 안전을 탄원한다." Joan Chittister, *In Search of Belief* (Liguori, Mo.: Liguori/Triumph, 1999), p. 135를 보라.

10. 요한복음 8:58.
11. 요한복음 8:40.
12. 요한복음 8:56.
13. 요한복음 8:59.
14. 프랑스 철학자 Jacques Derrida는 본문에 대한 자신의 씨름을 이렇게 약술했다. "의심할 나위 없이 이 이야기는 가히 상상할 수 없는 괴기하고 잔인한 일이다. 아버지가 소중한 자기 아들, 무엇과도 바꿀 수 없는 사랑하는 아들을 죽이려 하고 있다. 그것도 타자, 위대한 타자께서 일말의 설명도 없이 그렇게 시키거나 지시하신다는 이유로 말이다. 자기가 하려는 일을 이유도 모른 채 아들과 가족에게 숨기는 아동 살해범 아버지, 무엇이 이보다 혐오스러울 수 있으며 무슨 신비가 - 사랑, 인간애, 가족, 도덕 따위와 비교하여 - 이보다 섬뜩할 수 있는가?" 제3장, "Whom to Give to (Knowing Not to Know)," in Jacques Derrida, *The Gift of Death*, David Wills 번역 (Chicago: University of Chicago Press, 1995), pp. 53-81를 보라. 인용문은 p. 67.
15. 다음 책에서 각색한 것. Carol Delaney, *Abraham on Trial: The Social Legacy of Biblical Myth* (Princeton, N.J.: Princeton University Press, 1998), pp. 35, 41.
16. Rabbi Moshe Weissman, *The Midrash Says: The Narrative of the Weekly Torah-Portion in the Perspective of Our Sages. Selected from the Talmud and Midrash* (Brooklyn, N.Y.: Benei Yakov, 1980), p. 192.
17. 창세기 42:15을 보라.
18. 열왕기상 10:1을 보라.
19. 예컨대, 마태복음 4:7(사탄), 마태복음 19:3(바리새인), 마태복음 22:23(사두개인), 마태복음 22:35(율법사) 등을 보라.
20. 마가복음 4:35-40을 보라.
21. 요한복음 6:1-21을 보라.
22. 창세기 18:19.
23. 창세기 12:2, 7; 13:14-17; 15:4-5, 13-16, 18; 17:2-8; 18:18-19; 22:16-18을 보라. 다음 책에 정리된 내용이다. David Lee Miller, *Dreams of the Burning Child:*

Sacrificial Sons and the Father's Witness (Ithaca, N.Y.: Cornell University Press, 2003), p. 21.

24. 히브리서 11:17-19.
25. Akedah를 주제로 쓰는 작가는 누구나 쏟아지는 의문을 떨칠 수 없다. 다음은 Harold M. Schulweis의 한 질문이다. "그는 왜 항의하지 않았나? 하나님이 어떻게 아브라함에게 그런 부도덕한 요구를 하실 수 있나? 아브라함은 하나님의 음성과 하나님의 천사의 음성 중 어떤 음성을 들을지 어떻게 정했나? 순종이 무죄한 자의 죽음을 낳는다 해도 우리는 무조건 하나님 말씀에 순종해야 하나?" Harold M. Schulweis, *For Those Who Can't Believe: Overcoming the Obstacles to Faith* (New York: HarperCollins, 1994), p. 78.
26. 다음 책에 인용된 말. Cynthia Ozick, "In the Land of Sharon", *TLS: Times Literary Supplement* (2001년 3월 2일): p. 5.
27. 이 침묵은 Søren Kierkegaard와 Jacques Derrida 같은 다양한 학자들에게도 고민을 안겨 주었다. Kierkegaard에 대해서는 *Fear and Trembling; Repetition*, "problem III", Howard V. Hong and Edna H. Hong 편집·번역(Princeton, N.J.: Princeton University Press, 1983), pp. 82-120를 보라. Derrida에 대해서는 "Whom to Give" in *The Gift of Death*, p. 59를 보라.
28. 이 구분은 다음 기사에 나온다. Howard Moltz, "God and Abraham in the Binding of Isaac", *Journal for the Study of the Old Testament* 96 (2001): pp. 59-69.
29. 창세기 22:19을 보라.
30. 창세기 24장에 보면, 아브라함은 이삭이 가나안 여자와 결혼하는 것을 막기 위해 자기 종과 더불어 의식을 거행한다. 아브라함은 아들에게 직접 갈 수 없었다.
31. 창세기 24:67을 보라.
32. Karen Armstrong, *In the Beginning: A New Interpretation of Genesis* (New York: Knopf, 1996), p. 71에 암시되어 있다.
33. 창세기 32:28을 보라. 또한 Bible Resource Center의 *Bible Dictionary*, "Israel" 항목도 보라. www.bibleresourcecenter.org/index/search.dsp.

34. 창세기 22:5.
35. W. Dow. Edgerton, "The Binding of Isaac", *Theology Today* 44 (1987년 7월): p. 217.
36. Brown 대학교 Jung H. Lee 교수는 아브라함과 하나님 사이의 전체 "유착 유형"을 보라고 학자들에게 도전했다. 그의 논문, "Abraham in a Different Voice: Rereading Fear and Trembling with Care" in *Religious Studies* 36 (2000): pp. 377-400.
37. 하버드의 James L. Kugel은 "장시간 신들 앞에 있거나 신과 관계를 맺으려 한 사람은 아무도 없다. 그것은 너무도 무섭고 위험한 일이었다"라고 썼다. *The God of Old: Inside the Lost World of the Bible* (New York: Free Press, 2003), p. 82.
38. 창세기 9:1-17을 보라.
39. 창세기 9:5-6을 보라.
40. 창세기 15:6을 보라.
41. Alan M. Dershowitz, *The Genesis of Justice: Ten Stories of Biblical Injustice That Led to the Ten Commandments and Modern Law* (New York: Warner, 2000), p. 6.

4. 관계의 진짜 시험

1. W. Dow Edgerton, "The Binding of Isaac", *Theology Today* 44 (1987년 7월): pp. 216-217.
2. Elie Wiesel, *Messengers of God: Biblical Portraits and Legends*, Marion Wiesel 번역 (New York: Random House, 1976), p. 95.
3. Immanuel Kant, *The Conflict of the Faculties: Der streit der Facultäen*, Mary J. Gregor 번역 (New York: Abaris Books, 1979; 원판 간행 1798), p. 115 각주.
4. 이 아브라함/이삭 본문에 대한 가장 훌륭한 설교 중 하나는 창세기 22:1-19에 대한 David Buttrick의 설교로, 그의 *Homiletic: Moves and Structures* (Philadelphia: Fortress, 1987), pp. 357-360에 실려 있다. 창세기 22장의 내러티브 구조에 대한 가장 훌륭한 문학적 서언은 Erich Auerbach의 *Mimesis: The Representation*

of Reality in Western Literature (Princeton, N.J.: Princeton University Press, 1953), 특히 pp. 11-12이다.
5. 창세기 21:12을 보라.
6. 또는 Kierkegaard의 표현으로, 믿음에서 "단독 개인으로서의 단독 개인은 보편 개념보다 높은데" 왜냐하면 "단독 개인으로서의 단독 개인은 절대 개념에 대하여 절대적 관계에 있기" 때문이다. Søren Kierkegaard, *Fear and Trembling: Repetition*, Howard V. Hong and Edna H. Hong 편집 · 번역 (Princeton, N.J.: Princeton University Press, 1983), pp. 54-56.
7. 이 개념에 대해서는 Jon D. Levenson, "Abusing Abraham: Traditions, Religious Histories, and Modern Misinterpretations", *Judaism* 47 (1998년 여름): p. 270를 보라.
8. "아브라함이 이삭에 대한 사랑보다 하나님에 대한 두려움을 선택해야만 한다는 사실은 불공평하거나 불필요해 보일 수 있으나, 바로 그 선택의 고뇌가 그 행위를 광의의 '제사(희생)'가 되게 한다." Levenson, "Abusing Abraham", p. 270.
9. 우리 시대에 가장 많이 논의되는 철학자 Jacques Derrida는 아브라함과 이삭 이야기를 아주 좋아한다. 윤리적으로 행하라는 유혹 앞에서 아브라함은 도덕을 물리쳐야만 한다. 사실 Derrida는 윤리적 행동이 우리를 비윤리적이 되게 하며, 가장 비윤리적으로 행할 때 우리가 가장 윤리적이 되는 현상을 아브라함을 들어 증명한다. "Whom to Give to (Knowing Not to Know)", in *The Gift of Death*, David Wills 번역 (Chicago: University of Chicago Press, 1995), p. 67.
10. Joel Wolowelsky, "Testing God - A Midrash on the Akedah", *Dor le Dor*, VIII (1979-80년 겨울): p. 98를 보라. 또한 Rabbi Shlomo Riskin, Baltimore, *Jewish Times* (1990년 11월 3일): p. 52와 Neil Gillman, "A Sabbath Week", *Jewish Week* (1991년 10월 25-31일)도 보라.
11. 창세기 22:2.
12. Joseph Albo는 *Sefer Ha-'Ikkarim: Book of Principles*, Isaac Husik 편집 (Philadelphia: Jewish Publication Society of America, 1946)에서 그렇게 주장한다.
13. Nehama Leibowitz, *Studies in Bereshit (Genesis): In the Context of Ancient*

and Modern Jewish Bible Commentary, Aryeh Newman 번역, 개정판 4판 (Jerusalem: World Zionist Organization Department for Torah Education and Culture, 1981), pp. 188-193(인용구는 p. 191).

14. 창세기 18:19.
15. 창세기 12:1을 보라.
16. Akedah의 '시험'이 "아브라함의 도덕적 성품을 성장시키는 시험이기도 하다"는 개념에 대해서는, Robert Eisen, "The Education of Abraham: The Encounter Between Abraham and God Over the Fate of Sodom and Gomorrah", *Jewish Bible Quarterly* 28, no. 2 (2000): pp. 80-86를 보라.
17. 역대하 20:7을 보라.
18. 기독교 전통에서, 성 베네딕트의 회칙은 "내 아들아, 스승의 훈계를 잘 듣되 마음의 귀로 경청하라"는 말로 시작된다. Bonnie Thurston, "Rules of Life", *Spirituality* 9 (2003년 3-4월): pp. 73-76에 인용되어 있다(인용구는 p. 73).
19. 성경의 예로는 다니엘 3:4-6, 12-18; 6:7-23을 보라.
20. Erich Fromm, "Disobedience as a Psychological and Moral Problem", in *On Disobedience and Other Essays* (New York: Seabury, 1981), p. 16.
21. 스티븐 스필버그의 영화(2000년)의 서두에 나오는 이 인용문은 인간이 기계적 존재에게 사랑을 되돌려 줄 수 있는지 여부를 묻는 한 스태프의 질문에 대한 반응으로, 어느 회사의 회의 주관자가 무조건적 사랑을 보이도록 프로그램화된 고등 원형 로봇 아이를 창조하기 위한 회의를 기획하면서 한 말이다.
22. 야곱의 씨름 상대가 그냥 '천사'가 아니라 하나님이었다는 주장에 대해서는 James L. Kugel, *The God of Old: Inside the Lost World of the Bible* (New York: Free Press, 2003), pp. 30-31를 보라.
23. Brite Divinity School의 구약학 교수 John Stewart가 그렇게 말하곤 했다. 이 자료를 알려 준 Clifford E. McLain에게 감사한다.
24. "아비는 그 자식들을 인하여 죽임을 당치 않을 것이요 자식들은 그 아비를 인하여 죽임을 당치 않을 것이라"는 신명기 24:16의 하나님의 약속이 거기서 나왔다.
25. 세 가지 사례 모두 *Midrash Rabba: Numbers*, Judah J. Slotki 번역 (London:

Soncino, 1983), chapter 19:33, pp. 782-785에 논의된다.
26. 출애굽기 32:7-14; 신명기 9:14을 보라.
27. Conrad Gempf, *Jesus Asked: What He Wanted to Know* (Grand Rapids: Zondervan, 2003), p. 109.
28. 창세기 18:25을 보라.
29. 로마서 12:1이하를 보라.
30. 창세기 21:14-16. Robert Alter는 22:11에 대한 고전적 주해에서 이삭 이야기와 이스마엘 이야기의 유사성에 주목한다. "이는 21:17에서 하갈을 부른 사건과 거의 동일하다. 사실, 전체 구성 자체가 두 이야기의 유사성을 연상시키도록 되어 있다. 우선 아브라함의 두 아들 모두 광야에서 죽음의 위협을 받는다. 하나는 어머니 앞에서 그랬고 하나는 아버지 앞에서(그리고 아버지 손으로) 그랬다. 두 경우 다 아슬아슬한 순간에 천사가 개입하여 두 아들을 애정이 담긴 *na'ar* 즉 '아이'라는 말로 지칭한다. 이야기의 중심부에서 아브라함의 손은 칼을 붙들고 있고 하갈도 아이에 대해 '네 손을 붙들라'(히브리어의 문자적 의미)는 명을 받는다. 결국 두 아들 다 큰 민족의 선조가 되리라는 약속이 주어지고, 아브라함의 대가 끊길지도 모르는 위험은 그렇게 봉쇄된다." Robert Alter, *Genesis: Translation and Commentary* (New York: W. W. Norton, 1996), p. 106.
31. Karen Armstrong, *In the Beginning: A New Interpretation of Genesis* (New York: Knopf, 1996), p. 64.
32. 물론 일부 마드라사는 정통 유대교 학교들과 다르지 않다.
33. "Palestinians Get Saddam Funds", *BBC News: World Report*, 2003년 3월 13일, http://news.bbc.co.uk/2/hi/middle_east/2846365.stm.
34. Nicholas Peter Harvey, *Morals and Meaning of Jesus: Reflections on the Hard Sayings* (Cleveland, Ohio: Pilgrim, 1993), pp. 84-85. Harvey는 "본질적으로 비강제적인 이 순종은 학습되어야 하며, 진정한 인격체의 자유를 시험하고 구사하는 가운데서만 학습될 수 있다"고 썼다. p. 85.
35. 다음 기사에 인용된 말. Greg Cook, "The Jesus Prayer", *Parabola* 26 (2001년 11월): p. 72.

36. 이 인용문의 출처를 잃어버렸다. 독자들의 도움을 바란다.
37. 소돔과 고모라 본문(창 18:17-33)을 '논쟁'이라기보다는 '도덕 교육'의 하나로 해석하는 입장에 대해서는 Robert Eisen, "The Education of Abraham: The Encounter between Abraham and God Over the Fate of Sodom and Gomorrah", *Jewish Bible Quarterly* 28, no. 2 (2000년): pp. 80-86를 보기 바란다.
38. 이 '이중적 실패'에 대해서는 Thomas G. Biatek에게 감사드린다.

5. 본문 속의 진리

1. G. K. Chesterton, "The Priest of Spring", in *A Miscellany of Men* (New York: Dodd, Mead, 1912), p. 112.
2. 요한복음 8:32을 보라.
3. 요한복음 1:14.
4. Wilfred Cantwell Smith, *Faith and Belief* (Princeton, N.J.: Princeton University Press, 1979), pp. 118, 105, 113를 보라.
5. 이 주장은 Richard Firth Green의 중요한 연구 *A Crisis of Truth: Literature and Law in Ricardian England* (Philadelphia: Pennsylvania University Press, 1999), p. xiv 그리고 1장 "From Troth to Truth", pp. 1-40에 나온다.
6. D. A. Carson, *The Gagging of God: Christianity Confronts Pluralism* (Grand Rapids: Zondervan, 1996), p. 257.
7. 요한복음 14:6.
8. 요한복음 8:32.
9. 골로새서 1:26을 보라.
10. 골로새서 1:27.
11. N. T. Wright는 "그리스도 자신이 '하나님의 비밀'이지 그 비밀의 단서나 열쇠가 아니다. 그 비밀은 그분 자신 이외의 어떤 것도 아니고, 아무리 진실할지라도 여전히 추상적인 어떤 명제도 아니다." N. T. Wright, *The Epistles of Paul to Colossians and Philemon: An Introduction and Commentary* (Grand Rapids: Eerdmans, 1986), p. 95.

12. Richard Rorty는 *Truth and Progress* (New York: Cambridge University Press, 1998), p. 3에서 "설령 진리의 기준을 정당화하고 그 정당화가 상대적이라 하더라도 진리의 본질은 그렇지 않다"고 했다. Rorty의 수정된 사상에 대한 논의는 Matthew Halteman and Andrew Chegnell, "Agent Provocateur", *Books & Culture* 6 (2000년 7-8월): p. 10를 보라.
13. Irenaeus, "Against Heresies", in *The Ante-Nicene Fathers, Translations of the Writings of the Fathers Down to A.D. 325*, Alexander Roberts and James Donaldson 편집 (New York: Scribner, 1905), 1:448, www.ccel.org/fathers/ANF-01/iren/iren3.html#Section19.
14. Michel Henry, *I Am the Truth: Toward a Philosophy of Christianity*, Susan Emanuel 번역 (Stanford, Calif.: Stanford University Press, 2003), p. 20.
15. Henry, *I Am the Truth*, p. 11.
16. 요한복음 10:10을 보라.
17. 빌립보서 1:21.
18. 예수님은 삶의 모든 차원에서 생명이시다. 그분은 생명의 물(요 4:14을 보라), 생명의 떡(요 6:48을 보라), 생명의 말씀(행 5:20을 보라), 생명나무(계 22:2을 보라)이시다.
19. Leslie Houlden은 이렇게 표현했다. "그리스도인들은 예수님에 관해서만 믿었던 것이 아니라 예수님을 믿었다." *What Did the First Christians Believe?* (Guildford, Surrey: Lutterworth, 1982), p. 19.
20. Henry는 "기독교의 진리는 메시아를 자칭한 분이 정말 메시아, 그리스도, 하나님의 아들이라는 것이다. 아브라함 이전, 시간이 있기 전에 나신 그분은 자기 안에 있는 영생을 원하는 모든 자에게 나누어 주시며, 있는 것을 없게 하시고 죽은 것을 살리시는 분이다." Henry, I Am the Truth, p. 6.
21. 갈라디아서 4:4; 이사야 9:6.
22. 다음 서신에 기록된 내용. Fyodor Dostoyevsky, "To Natalya Fonvizina, End of January-Third Week of February 1854. Omsk", in his *Complete Letters*, David Lowe and Ronald Meyer 편집 · 번역 (Ann Arbor: Ardis, 1988), 1:195.

23. 시편 34:8.
24. 로마서 2:28-29을 보라.
25. 고린도전서 2:2.
26. 요한복음 5:39-40.
27. 마태복음 7:23.
28. 마태복음 5:20.
29. Chuck Smith Jr., *Epiphany: Discover the Delight of God's Word* (Colorado Sprngs, Colo.: WaterBrook, 2003), p. 11.
30. 요한복음 5:39-40.
31. Robert E. Webber, *Ancient-Future Faith: Rethinking Evangelicalism for a Postmodern World* (Grand Rapids: Baker, 1999), p. 45.
32. 프레고 광고의 이런 은유적 사용에 대해서는 노스캐롤라이나 주 Charlotte의 장로교 목사 James Logan에게 빚을 졌다.
33. "이 안에 있다"(in there)는 말의 위력에 대한 더 자세한 내용은 나의 책 *Jesus Drives Me Crazy: Lose Your Mind, Find Your Soul* (Grand Rapids: Zondervan, 2003), pp. 35-39, 94-96를 보라(「나를 미치게 하는 예수」, IVP).
34. 이 은유에 대해서는 Howard G. Hendricks and William D. Hendricks, *Living by the Book* (Chicago: Moody, 1991)에 감사를 표한다. 같은 은유가 John Eldredge, *The Journey of Desire* (Nashville: Nelson, 2000), p. 130에도 나온다(「욕망으로의 여행」, 좋은 씨앗).
35. Eldredge, *Journey of Desire*, pp. 203-204.
36. 실체를 형성해 나가는 이야기의 기능에 대해서는 Misia Landau의 선구적 작품, "Human Evolution as Narrative", *American Scientist* 72 (1984년 5-6월): pp. 262-268를 보기 바란다.
37. 하나님의 성품에 내 관심을 집중하게 해준 Leon Seaman에게 감사한다. 2000년 8월 17일의 이메일.

6. 하나님의 이야기에 자신을 열라

1. 야고보서 1:21, *The Message*.
2. N. T. Wright, *The Epistles of Paul to the Colossians and Philemon: An Introduction and Commentary* (Grand Rapids: Eerdmans, 1986), p. 124.
3. 시편 1:2, *The Message*.
4. Stanley Kunitz, "The Round", in his *Passing Through: The Later Poems New and Selected* (New York: Norton, 1995), p. 129.
5. "A Conversation with Brett Lott", *Image: A Journal of the Arts and Religion* 37 (2002-2003년 겨울): p. 52.
6. 알렉산더 대제가 「일리아드」를 가지고 잠자리에 들었다는 이야기를 나는 다음 책에서 알았다. Mark Galli and Craig Brian Larson, *Preaching That Connects: Using the Techniques of Journalists to Add Impact to Your Sermons* (Grand Rapids: Zondervan, 1994), p. 81.
7. 다음 글에 인용된 말. Charles Osborne, "Obiter Dicta", in his *W. H. Auden: The Life of a Poet* (New York: Harcourt Brace Jovanovich, 1979), p. 332.
8. 야고보서 1:21의 이런 해석에 관해서는 Howard G. Hendricks and William D. Hendricks, *Living by the Book* (Chicago: Moody, 1991), p. 289를 보라.
9. 시편 1:2.
10. 편지 22. 다른 번역으로는, "손에 책을 들어 절로 잠이 오게 하고, 당신의 떨어지는 고개가 성경의 책장에 닿게 하라." *Select Letters of Saint Jerome*, F. A. Wright 번역 (Cambridge: Harvard University Press, 1933), p. 87.
11. Harry D. Clarke, "Come into My Heart, Lord Jesus", Hope Publishing, 1924(우리말 찬송가 218장 - 역주).
12. Brennan Manning, *Abba's Child: The Cry of the Heart for Intimate Belonging* (Colorado Springs, Colo.: NavPress, 1994), p. 99. 「아바의 자녀」(복있는 사람).
13. Perry G. Downs, *Teaching for Spiritual Growth* (Grand Rapids: Zondervan, 1994), p. 65.
14. 누가복음 15:31.

15. 고린도전서 2:10.
16. 베드로후서 3:15-16을 보라.
17. *Westminster Confession of Faith: A New Edition*, Douglas Kelly, Hugh McClure, and Philip B. Rollinson 편집 (Greenwood, S.C.: Attic Press, 1979), p. 5.
18. Walter Wink, *The Bible in Human Transformation: Toward a New Paradigm for Biblical Study* (Philadelphia: Fortress, 1973), p. 10.
19. 디모데후서 2:15을 보라.
20. 제3언약에 대한 자세한 내용은 나의 책 *Quantum Spirituality: A Postmodern Apologetic* (Dayton, Ohio: Whaleprints, 1991), pp. 249-261를 보라.
21. 갈라디아서 2:20.
22. 고린도전서 7:10; 11:23-25을 보라.
23. 갈라디아서 3:16-18(또한 창세기 22:18 – 편집자 주)을 보라.
24. 에스겔 36:26.
25. 골로새서 3:16.
26. Martin Buber, *Tales of the Hasidim: The Early Masters*, Olga Marx 번역 (New York: Schocken Books, 1947), 서문 pp. v-vi를 보라.
27. "성경의 가르침이 뭐 이런가!"가 Michael Frost and Alan Hirsch, *The Shaping of Things to Come: Mission and Innovation for the 21st-Century Church* (Peabody, Mass.: Hendrickson, 2003), pp. 111-133의 요지다.
28. 시편 66:10.
29. 잠언 17:3.
30. 스가랴 13:9.

7. '서로' 사랑하기

1. 요한복음 13:34.
2. 나의 글 "Being Right or Being in Relationship", *REV.*, 2003년 9-10월호에 실렸던 내용이다. www.revmagazine.com.
3. 마가복음 2:27을 보라. 또한 마가복음 3:1-6; 요한복음 7:23-24.

4. 요한복음 17:6-12, 15-20을 보라.
5. 2000년, 리서치 회사 Talyor Nelson Sofres Intersearch는 2,298명의 성인을 대상으로 관계, 건강, 개인적 성취(개인적 성장과 직업 만족도), 재정 상태, 여가 활동 등 삶의 5가지 요소의 질에 대해 1부터 10까지 등급을 매기게 했다. 각 범주를 가장 중요한 요소로 선택한 비율은 관계 28%, 건강 22%, 개인적 성취 22%, 재정 상태 16%, 여가 활동 13%로 나타났다. 더 자세한 내용은 David J. Lipke, "Life Is Beautiful", *American Demographics* 22 (2000년 8월): p. 18를 보라.
6. Aristotle, *Nicomachean Ethics*, Roger Crisp 번역·편집 (New York: Cambridge University Press, 2000), p. 143. 「니코마코스 윤리학」(서광사).
7. Stanley J. Grenz, "Belonging to God: The Quest for a Communal Spirituality in the Postmodern World", *Asbury Theological Journal* 54 (1999년 가을): pp. 41-52.
8. Brother Roger, *Parable of Community: The Rule and Other Basic Texts of Taizé*, Emily Chisolm and the Brothers 번역 (New York: Seabury, 1981), pp. 11-12.
9. David Steindl-Rast, *Music of Silence: A Sacred Journey Through the Hours of the Days* (Berkeley, Calif.: Seastone, 1998), p. 6.
10. 서로 함께하는 삶 속에서 은혜 안에 성장하기 위한 5가지 관계 법칙을 정립하는 과정에서, 나는 정신분석학자이자 철학자인 James Hillman과 그의 '성장' 언어 보존 옹호론에 크게 의존하였다. 이러한 개념에 대한 자세한 내용은 James Hillman, *Kinds of Power: A Guide to Its Intelligent Uses* (New York: Doubleday, 1995)를 보기 바란다.
11. Richard Douthwaite, *The Growth Illusion: How Economic Growth Has Enriched the Few, Impoverished the Many, and Endangered the Planet* (Tulsa, Okla.: Council Oak, 1993), pp. 284-288를 보라.
12. Hillman, *Kinds of Power*, p. 47.
13. Hillman, *Kinds of Power*, p. 50. 다음 장에서 더 신중히 다루게 될 "성장"의 5가지 재정의는 Hillman에게 빚진 것이다.

14. 고린도전서 11:23-26; 12:28; 에베소서 2:21-22을 보라.
15. 갈라디아서 5:22-25을 보라.
16. 야고보서 1:21.
17. 지도자들을 "유능한 리더십 개발자"로 보는 시각에 대하여 더 자세한 내용은 Michael Fullan, *Leading in a Culture of Change* (San Francisco: Josey-Bass, 2001), p. 5를 보라.
18. 고린도전서 14:14-19을 보라.

8. 바른 관계의 의식들

1. Annie Dillard, *Holy the Firm* (New York: Harper & Row, 1977), p. 59.
2. Catherine Marshall, *Meeting God at Every Turn: A Personal Family Story* (Carmel, N.Y.: Guideposts, 1980), pp. 26-27. 같은 이야기가 다음 책에도 인용되었다. Graham Johnston, *Preaching to a Postmodern World: A Guide to Reaching Twenty-First-Century Listeners* (Grand Rapids: Baker, 2001), p. 70.
3. James Hillman, *Kinds of Power: A Guide to Its Intelligent Uses* (New York: Doubleday, 1995), p. 52.
4. Richard Crashaw, "In the Holy Trinity of Our Lord God: A Hymn Sung as by the Shepherds", (1546), *Seventeenth-Century Verse and Prose*, Helen C. White 외 편집 (New York: Macmillan, 1951), 1:411.
5. 빌립보서 2장을 보라.
6. 에베소서 4:10. '땅의' 종교로서의 기독교에 대한 더 자세한 내용은 나의 책 *Eleven Genetic Gateways to Spiritual Awakening* (Nashville: Abingdon, 1998), pp. 100-111를 보라.
7. 누가복음 12:37.
8. Sobonfu Somé, *The Spirit of Intimacy: Ancient African Teachings in the Ways of Relationships* (New York: Morrow, 1999), pp. 32-33.
9. 예술에서 좋은 강화의 표는 효율성이 아니라 질이다. Hillman, *Kinds of Power*, p. 54를 보라.

10. Louis-Ferdinand Céline, *Mea Culpa and The Life and Work of Semmelweis*, Robert Allerton Parker 번역 (New York: Fertig, 1979), pp. 37-175를 보라.
11. 많은 사람에게 인용되어 온 이야기다. 나는 Larry Dossey 박사한테서 처음 들었다.
12. 천주교는 태양계의 중심이 태양이라는 갈릴레오의 이론에 대한 단죄를 1992년이 되어서야 철회했다.
13. Joseph Sittler는 "The View from Mount Nebo", in *The Care of the Earth, and Other University Sermons* (Minneapolis: Fortress, 1964), pp. 75-87에서 그렇게 주장한다.
14. White's Chocolate House, *Tatler* 21 (1970년 5월 26일): p. 1에 실린 Isaac Bickerstaff의 강론을 보라.
15. Brian McLaren, *More Ready Than You Realize* (Grand Rapids: Zondervan, 2003), p. 15.
16. Roger Lancelyn Green and Walter Hooper, *C. S. Lewis: A Biography* (New York: Harcourt, Brace, Jovanovich, 1974), p. 116. 확장(magnification, 찬미라는 뜻도 있음—역주)은 C. S. Lewis가 자기 회심의 '경위'를 기술할 때 사용한 정확한 은유였다. 그는 '시기'도 정확히 알았다. 그는 오토바이를 타고 동물원에 가던 중이었다.
17. Fanny Hurst의 말로 다음 글에 인용되었다. John Ardoin, "Aïda's Brothers and Sisters: Black Voices in Opera: A Look at the Work: Remembering Marian Anderson", Great Performances, www.pbs.org/wnet/gperf/aidas/look.html.
18. 마태복음 28:19.
19. 이 단어는 신약 성경에 명사형으로 269회 나온다. 동사형 *matheteuo*는 복음서에 4회, 사도행전에 1회 나온다.
20. Xavier Léon-Dufour, *Dictionary of the New Testament* (San Francisco: Harper & Row, 1980), pp. 165-166.
21. 요한복음 14:26.
22. 잠언 9:10을 보라. 초대 그리스도인들이 도(道, 길)의 사람들로 자칭한 것은 흥미로운 대목이다. 즉 교회는 순례자 공동체로 통했다.

23. 사도 바울은 생애 말년이 되어서도 아직 다 알지 못한다고 친히 고백하며 여전히 배우고 있었다. "내가 이미 얻었다 함도 아니요"(빌 3:13).
24. 고린도후서 11:3.
25. Bettelheim이 즐겨 한 말 중 하나로 Theron Raines, *Rising to the Light: A Portrait of Bruno Bettelheim* (New York: Knopf, 2002), p. 321에 인용되어 있다.
26. 요한일서 2:21.
27. Yushi Nomura, *Desert Wisdom* (Maryknoll, N.Y.: Orbis, 1982), p. 17.
28. 이 이야기에 대해서는 루터교 목사 Peter Balaban에게 감사를 표한다.
29. Ludwig Wittgenstein, *Cambridge Letters: Correspondence with Russell, Keynes, Moore, Ramsay and Sraffa*, Brian McGuinnes and G. H. von Wright 편집 (Cambridge, Mass.: Blackwell, 1995), pp. 74, 79-80.
30. Stephen Ambrose, 다음 책에 인용된 내용. "Pure Ambrosia", *Fast Company*, 2001년 5월, p. 172.
31. 세계의 유수한 데이터 저장 회사 중 하나인 EMC 사장 Joe Tucci는 *Trend Letter* 21 (2002년 8월 12일): p. 1에 그렇게 말했다.
32. 다음 책에 인용된 말. Steven Johnson, "Mind Share: BLOG Space: Public Storage for Wisdom, Ignorance, and Everything in Between", *Wired* (2003년 6월): p. 258.
33. Nicholas of Cusa, *Of Learned Ignorance*, Germain Heron 번역, D. J. B. Hawkins 서문 (London: Routledge and Kegan Paul, 1954), p. 9.
34. Hillman, *Kinds of Power*, p. 59.
35. 마태복음 6장을 보라.
36. 로마서 8:26.
37. 요한복음 19:34을 보라.
38. 이 통찰은 Austin Farrer, "The Legacy", in *Austin Farrer: The Essential Sermons*, Leslie Houlden 편집 (Cambridge, Mass.: Cowley, 1991), p. 72에서 얻은 것이다.
39. 갈라디아서 1:2, 6-9; 요한계시록 22:1-2을 보라.

40. 요한복음 4:10, 14을 보라.
41. 요한복음 7:37-38.
42. 어쩌면 예수님이 과거가 아닌 미래에서, 즉 "생명수의 강"으로 끝나는 요한계시록 22장에서 인용하신 것인지도 모른다.
43. 로마서 6:3-4을 보라.
44. 그리스도를 지하수로 본 이미지는 Ronald Blythe, *The Circling Year* (Norwich, Conn.: Canterbury, 2001), p. 61에서 온 것이다.
45. 동방정교 전통에 따르면 마므레에서 아브라함에게 환대받은 세 천사는 성부, 성자, 성령을 나타내며, 그들의 식사는 성만찬을 예표한다(창 18:1-15를 보라).
46. 요한복음 13:15.
47. 빌립보서 1:29.
48. 시편 150편을 보라.
49. 누가복음 19:46; 요한복음 2:16.
50. 복사기, 헤어스프레이, 페인트, 접착제, 칩보드 등에서 나오는 오염 물질의 축적은 '병든 건물 증후군'을 야기한다.
51. 입맞춤 공동체로서의 교회에 대한 더 자세한 내용은 나의 책 *Postmodern Pilgrims* (Nashville: Broadman & Holman, 2000), pp. 3-19를 보기 바란다(「영성과 감성을 하나로 묶는 미래 교회」, 좋은 씨앗).
52. Jan Winebrenner, *Intimate Faith* (New York: Warner Books, 2003), p. 191.
53. 빌립보서 2:6-7.
54. 로마서 5:8을 보라.
55. John Updike, "The Cold", in his *More Matter: Essays and Criticism* (New York: Knopf, 1999), p. 135.
56. 요한복음 16:7.
57. Frederick Buechner, *The Return of Ansel Gibbs* (New York: Knopf, 1958), pp. 303-304.
58. Madeleine L'Engle, "Chaos and Order"에 관한 특집 기사에 인용된 말, in *Parabola* 28 (2003년 8월): p. 53.

59. 이 이야기는 Michele Weiner-Davis, *Divorce Busting: A Revolutionary and Rapid Program for Staying Together* (New York: Fireside, 1992), pp. 145-146에 나온다.
60. Douglas Dunn, "If Only", *The Year's Afternoon* (London: Faber, 2000), p. 47.
61. 마태복음 26:38.
62. Rowan Williams, 다음 기사에 인용된 말, Anna Marie Aagaard, "The Church, the Churches, the Orthodox Churches, and the World Council: Notes on 'Ecclesiology and Ethics' in Conciliar Debate" in *For All People: Global Theologies in Context: Essays in Honor of Viggo Mortensen*, Else Marie Wiberg Pedersen, Holger Lam, and Peter Lodberg 편집 (Grand Rapids: Eerdmans, 2002), p. 172.
63. 예를 들어, 골로새서 3:15을 보라.
64. 요크의 한 대주교는 자기 자리보다 높다는 이유로 캔터베리 대주교의 의자를 발로 차 넘어뜨렸다. Robert Bartlett, "Norman Fathers of Monks", *TLS: Times Literary Supplement* (2003년 7월 25일): p. 24에 소개된 내용.
65. Peter J. Prime, "Evangelism: Doctrine of Love or Love of Doctrine?" *Ministry* 73 (2000년 5월): p. 4.
66. 요한복음 13:35; 17:20-21을 보라.
67. 마태복음 5:21-22.
68. 마태복음 11:29.
69. 에베소서 5:21.
70. 고린도후서 5:14.
71. Vancouver Sun, 다음 기사에 인용된 내용, "The Best and the Worst", Parade (1996년 12월 29일): p. 6.
72. 로마서 3:23.

9. '타인'을 사랑하기

1. Greg Brown, "So Hard", *Dream Café*, 콤팩트디스크 (St. Paul, Minn.: Red House

Records, 1992).

2. Erin Curry, "June Carter Cash's Christian Faith, Devotion to Family Remembered", *Reporter Interactive* 4.2 (2003년 6월 27일), www.reporter interactive.org/news/052803/Cash.htm.

3. Emmanuel Lévinas는 「카라마조프의 형제들」에 나오는 Aloyosha Karamazov의 "우리 모두는 다른 모두에 대하여 책임이 있다. 다만 내 책임은 다른 모든 사람보다 더 크다"는 말을 즐겨 인용했다. 본문의 인용구는 *The Lévinas Reader*, Se Hand 편집 (Cambridge, Mass.: Blackwell, 1989), p. 1에 나온다.

4. Margaret J. Wheatley, *Turning to One Another: Simple Conversations to Restore Hope to the Future* (San Francisco: Berrett-Koehler, 2002), p. 3.

5. Jonathan Sacks, *The Dignity of Difference* (New York: Continuum, 2002), p. 5 를 보라. 정확한 인용문은 "우리는 차이를 위한 공간을 낼 수 있는가?"이다.

6. Michael Green, *Acts for Today: First-Century Christianity for Twentieth-Century Christians* (London: Hodder & Stoughton, 1993), p. 38.

7. Jan Phillips, *God Is at Eye Level: Photography as a Healing Art* (Wheaton, Ill.: Quest, 2000), p. 113를 보라.

8. Phillips, God Is at Eye Level, pp. 36-37.

9. 신명기 5:4에 대한 미드라시. Rabbi Phinehas, *Pesikta Rabbati: Discourses for Feasts, Fasts and Special Sabbaths*, William G. Braude 번역 (New Haven: Yale University Press, 1968), 1:421 [Piska 21:6].

10. 마태복음 22:36-37, 39-40.

11. 철학자 Jacques Derrida는 저서 *Deconstruction in a Nutshell: A Conversation with Jacques Derrida*, John D. Caputo 편집 (New York: Fordham University Press, 1997), pp. 110-112에서, hospitality(손 대접)라는 단어가 어원적으로 모순 어법임을 지적한다. 라틴어 hospes에서는 '낯선 사람'이라는 개념이 나왔고 라틴어 potentia에서는 힘을 준다는 개념이 나왔다. 고로 손 대접이란 낯선 자들에게 힘을 주되(초대하고 환영하되) 상대가 우리의 규칙을 따라 그 경계선 내에 사는 한에만 그것을 베푼다는 뜻이다. 그러나 절대적 손 대접이란 낯선 자들에게 힘을 주는 것,

즉 상대를 조건 없이 있는 그대로 받아들이고 존중하는 것이다.
12. 창세기 18:1-15을 보라.
13. 히브리서 13:2.
14. '대화'라는 은유는 Evagrius of Pontus의 것으로, Olivier Clément, *The Roots of Christian Mysticism: Text and Commentary* (New York: New City Press, 2000), p. 181에 인용되어 있다.
15. Robert Benson의 표현을 풀어쓴 것이다.
16. Edith Stein은 카르멜 수도회에 들어가기 전에 이렇게 고백했다. "나는 우리가 하나님께 더 깊이 들어갈수록 '자신에게서 나와야' 한다고 믿는다. 즉 우리는 신의 생명을 세상 속으로 가져가기 위하여 세상으로 가야 한다." Edith Stein, "Letter to Sr. Calista Kopf, OP", in her *Self Portrait in Letters 1916-1942, The Collected Works of Edith Stein 5*, Josephine Koeppel 번역 (Washington, D.C.: ICS, 1993). 아울러 www.catholic-forum.com/from_parishes/from_parishes_981011.html 도 보라.
17. 로마서 12:13.
18. 로마서 1:13에서처럼.
19. 마태복음 11:19.
20. 요한복음 21:12을 보라.
21. 이 조리법은 수메르의 술의 여신 Ninkasi를 위한 찬송가의 일부로 3,800년 된 점토판에 나온다. 곡식 작물을 재배한(이를 통해 우리 선조들은 유목 생활에서 정착 생활로 넘어갔다) 동기가 빵을 만들기 위해서가 아니라 맥주를 만들기 위해서였는지 여부에 대해서는 논란이 뜨겁다. "Uncorking the Past", The Economist (2001년 12월 22일): pp. 29-32를 보기 바란다.
22. 콜럼비아 대학교의 전국 중독 및 약물 남용 센터(National Center on Addiction and Substance Abuse) 소장 겸 총재 Joseph A. Califano Jr.가 인용한 내용. Cheryl Wetzstein, "Project Invites Families to Dinner", The Washington Times, 2003년 9월 4일자를 보라. 이 연구는 원래 노스캐롤라이나 대학교의 연구자 Kathleen Mullin Harris 박사가 실시하여 2003년 미국심리학협회 연차 총회에서

발표한 것이다.

23. 누가복음 14:16-24을 보라.

24. 요한복음 4:34을 보라.

25. Augustine, *Confessions*, Henry Chadwick 번역 (New York: Oxford University Press, 1991), p. 124. 「고백록」.

26. Louise Witt, "Why We're Losing the War Against Obesity", *American Demographics* (2004년 1월): p. 27.

27. 2003년에 미국인들은 기록된 역사상 처음으로 약간 날씬해졌다.

28. 다음 기사에 인용된 내용. "Letters to the Editors", *TLS: Times Literary Supplement* (2003년 11월 14일): p. 17.

29. 이 동시 발생 현상에 대한 더 자세한 내용은 내 책 *Carpe Mañana: Is Your Church Ready to Seize Tomorrow?* (Grand Rapids: Zondervan, 2001), pp. 125-136를 보기 바란다(「미래 크리스천」, 좋은 씨앗).

30. 일리노이 주 Schaumburg에 본부를 둔 리서치 회사 Market Facts의 한 서비스인 eNation에서 실시한 연구 조사에 따른 것으로, John Fetto, "Love Stinks", *American Demographics* 25 (2003년 2월): p. 10에 인용되어 있다.

31. John Fetto, "One Is the Loneliest Number", *American Demographics* 25 (2003년 2월): p. 12.

32. 혼자 사는 사람들의 수가 지난 20년 사이에 87% 증가한 것이다. 혼자 사는 사람들의 25%만이 이혼자들이다.

33. "미국의 최신 인구 조사에 따르면 2000년 현재 1인 가구가 약 2,720만인 반면 3인 가구는 약 1,660만으로 집계되었다. 미국의 1인 가구 비율 - 현재 26% - 은 적어도 30년 동안 꾸준히 증가 추세를 보였다." James Morrow, "A Place for One", *American Demographics* (2003년 11월): p. 25.

34. World of Quotes.com: Historic Quotes and Proverbs Archive, www.worldofquotes.com/autor/Lil-Tomlin/1/index.html.

35. Claire Booth Luce, "The 'Love Goddess' Who Never Found Any Love", *All the Available Light: A Marilyn Monroe Reader*, Yona Zeldis McDonough 편집

(New York: Simon & Schuster, 2002), pp. 83-102.
36. Joseph R. Myers, *The Search to Belong: Rethinking Intimacy, Community and Small Groups* (Grand Rapids: Zondervan, 2003), pp. 7, 36.
37. Chris Clarke and Isabelle Clarke, "The Primacy of Connectivity", *Network: The Scientific and Medical Network Review* 76 (2001년 8월): p. 4, www.scispirit.com/connectivity.htm.
38. Andrew Boyd, *The Agony of Being Connected to Everything in the Universe* (New York: Norton, 2002), p. 39.
39. *The Chronicle of Richard of Devizes of the Time of King Richard the First*, John T. Appleby 편집 (New York: Nelson, 1963), p. 65.
40. J. H. Jowett, *The Friend on the Road and Other Studies in the Gospels* (New York: Doran, 1922), pp. 116-118.
41. 에스겔 34:16.
42. J. R. R. Tolkien, *The Hobbit: or There and Back Again* (Boston: Houghton Mifflin, 1940), p. 62. 「호빗」(씨앗을 뿌리는 사람).
43. 고린도후서 5:19을 보라.
44. 마태복음 14:20.

10. 예수님과 밑바닥 인생들

1. 마태복음 25:40.
2. 누가복음 14:13을 보라.
3. 마태복음 25:40. 45절과 비교해 보라.
4. *Low-Wage America: How Employers Are Reshaping Opportunity in the Workplace*, Eileen Appelbaum 외 편집 (New York: Russell Sage Foundation, 2003)을 보라.
5. 욥기 29:15-16을 보라.
6. 다음 글에 인용된 말. Dolores Greeley, "Saint John Chrysostom: Prophet of Social Justice", *Studia Patristica*, vol. 17:3, Elizabeth Livingstone 편집 (New

York: Pergamon, 1982), p. 1164.
7. David Martin, "Signs of New Creation", *Christian Language in the Secular City* (Burlington, Vt.: Ashgate, 2002), p. 158.
8. Tommy Barnett도 *Multiplication: Unlock the Biblical Factor to Multiply Your Effectiveness in Leadership and Ministry* (Lake Mary, Fla.: Creation House, 1997), p. 145에서 Ayers와 같은 결론을 내렸다. Barnett는 "예수님의 친한 친구들 반경 내에 유다가 있었다니 흥미롭지 않은가?"라고 썼다.
9. 다음 기사에 인용된 말. Chrys McVey, "Befriending: The Heart of Mission", *Spirituality* 9 (2003년 5-6월): p. 188, www.sedos.org/english/mcvey_3.htm.
10. 마태복음 5:43-45을 보라.
11. McVey, "Befriending", p. 188.
12. 로마서 3:3-4.
13. 로마서 5:10.
14. Michael L. Lindvall, *The Christian Life: A Geography of God* (Louisville, Ky.: Geneva Press, 2001), p. 126. 나는 Rockefeller Chapel에서 John Buchanan의 설교를 듣던 중 이 책을 알게 되었다. 그에게 감사한다.
15. Gangster of Love, "Dear Gangster…": *Advice for the Lonelyhearted from the Gangster of Love* (New York: Penguin, 1996), p. 148.
16. 전도서 7:20.
17. John A. Huffman Jr., "Lenten Lessons from Peter", Saint Andrew's Presbyterian Church, Newport Beach, California, 2003년 3월 16일, www.standrewspres.org/sermons/SERM031603.htm.
18. 이 수치들은 Robert S. McNamara and James G. Blight, *Wilson's Ghost: Reducing the Risk of Conflict, Killing, and Catastrophe in the 21st Century* (New York: Public Affairs, 2001), p. 22에서 따온 것이다.
19. Denise Levertov, *The Mass for the Day of St. Thomas Didymus* (Concord, N. H.: Ewert, 1981), p. 109.
20. Austin Farrer, "A Christian's Dilemmas", in *Austin Farrer: The Essential*

Sermons, Leslie Houlden 편집 (Cambridge, Mass.: Cowley, 1991), p. 125.
21. Cornelius Plantinga, "Not the Way It's Supposed to Be: A Breviary of Sin," *Theology Today* 50 (1993): pp. 179-192(인용구는 p. 184).
22. Douglas John Hall, *The Cross in Our Context: Jesus and the Suffering World* (Minneapolis: Fortress, 2003), p. 104.
23. "죄에 대한 이런 관계적 이해야말로 오늘날 교회들이 반드시 터득해야 할 바이며, 교육 사역 쪽에서 십자가 신학에 조금이라도 진지하게 주목한다면 그런 터득은 가능한 일이다." Hall, *The Cross in Our Context*, p. 104.
24. Herbert McCabe, "The Prodigal Son", in *God Still Matters*, Brian Davies 편집 (New York: Continuum, 2002), p. 239.
25. 빌립보서 3:6.
26. Gerald W. Hughes, *God of Surprises* (London: Darton, Longman and Todd, 1985), pp. 68-69.
27. Hughes, *God of Surprises*, p. 73.
28. 누가복음 15:11-32을 보라.
29. John J. Shepherd, "The Essence of Christian Belief", *Religious Studies* 12 (1976년 6월): pp. 231-237, 특히 pp. 234-236.
30. McCabe, "The Prodigal Son", in *God Still Matters*, p. 239.
31. 요한복음 15:15-16을 보라.
32. 탕자의 비유에는 우리를 구원으로 이끄시기 위한 세상 속에서의 하나님의 선행적(先行的) 활동에 대한 인식이 충분히 나오지 않는데, 그 부분은 '상실'의 은유가 확장되어 나오는 누가복음 15장의 다른 두 비유 즉 잃은 동전의 비유와 잃은 양의 비유로 보충될 필요가 있다.
33. James Richardson, *Vectors* (Keene, N.Y.: Ausable Press, 2001), p. 63.
34. 마태복음 8:11.
35. Donald Miller, *Blue Like Jazz: Nonreligious Thoughts on Christian Spirituality* (Nashville: Nelson, 2003. 「재즈처럼 하나님은」(복 있는 사람).

11. 하나님의 작품과의 화해

1. William Temple, 다음 책에 인용된 말. R. V. C. Bodley, *In Search of Serenity* (Boston: Little Brown, 1955), p. 149.
2. 창세기 15:18을 보라.
3. 창세기 9:16.
4. 출애굽기 10:26.
5. 골로새서 1:18-20을 보라.
6. James B. Jordan은 그의 고전 *Through New Eyes: Developing a Biblical View of the World* (Eugene, Oreg.: Wipf and Stock, 1999), p. 84에서 나무를 "수목 속의 신의 현현"이라 표현했다.
7. Saint Bonaventurae, "Commentarius in Distinctionem", sent. xvi, 1.1, in his *Opera Omnia Commentaria in Quatuor Libros* (Quaracchi: Collegii S. Bonaventure, 1885), 2:395.
8. Treebeard가 묘사한 Saruman에 대해서는 J. R. R. Tolkien, *The Two Towers, Being the Second Part of The Lord of the Rings* (Boston: Houghton Mifflin, 1965), p. 76를 보라. 「반지의 제왕2 두 개의 탑」(씨앗을 뿌리는 사람).
9. 2003년 10월 Peter Schwartz와 Doug Randall이 "An Abrupt Climate Change Scenario and Its Implications for United States National Security"라는 펜타곤 연구를 www.environmentaldefense.org/documents/3566_AbruptClimate Change.pdf에서 찾아볼 수 있다. 한편 2004년도 작 The Day After Tomorrow는 지구 온난화로 인한 안보 위협을 다룬 영화다.
10. 쇠고기나 야채처럼 이제 생선도 야생이 아니라 양식장에서 기르고 있다. 연어의 경우 이미 90% 이상이 양식된 것이다.
11. 1873년 Alexandre Dumas의 표현으로, Anthony Browne, "Cod Almighty", *Observer*, 2001년 5월 13일, http://observer.guardian.co.uk/foodmonthly/story/0,9950,488334,00.html에 인용되었다.
12. Michael Greenberg, "Freelance", *TLS: Times Literary Supplement* (2003년 9월 26일): p. 16.

13. Evelyn Underhill, *Mysticism: A Study of the Nature and Development of Man's Spiritual Consciousness* (New York: E. P. Dutton, 1930), p. 262.
14. Daniel H. Janzen과 Paul W. Martin은 유명한 세미나 논문 "Neotropical Anachronisms: The Fruits the Gomphotheses Ate", *Science* 215 (1982): pp. 19-27에서 이를 난제의 답으로 제안했다. Connie Barlow, *The Ghosts of Evolution: Nonsensical Fruit, Missing Partners and Other Ecological Anachronisms* (New York: Basic, 2001), pp. 6-7에 인용되었다.
15. Brian McLaren, *The Church on the Other Side: Doing Ministry in the Postmodern Matrix* (Grand Rapids: Zondervan, 2000), p. 41. 「저 건너편의 교회」(낮은 울타리).
16. "Animal Doctors", *The Economist* (2002년 4월 20일): p. 77. 야생 동물들의 자기 치료 행동에 대한 더 자세한 내용은 Cindy Engel, *Wild Health* (London: Weidenfeld and Nicolson, 2002), 특히 pp. 12, 62-70를 보라. 동물들이 스스로 건강을 회복하는 법과 유지하는 법을 공히 알고 있다는 실증도 함께 소개되어 있다.
17. "Animal Doctors", *Economist*, p. 78.
18. Engel, *Wild Health*, p. 122를 보라.
19. "Animal Doctors", *Economist*, p. 78.
20. "Animal Doctors", *Economist*, pp. 77-78에 보고된, 야생생물보호회(Wildlife Conservation Society) 소속 William Karesh의 연구를 보라.
21. Abraham Joshua Heschel, *I Asked for Wonder: A Spiritual Anthology* (New York: Crossroads, 1984), pp. 3-5.
22. Charlene Spretnak, *The Resurgence of the Real: Body, Nature, and Place in a Hypermodern World* (New York: Routledge, 1999), p. 120.
23. Johann Wolfgang von Goethe, *The Sorrows of Young Werther*, Michael Hulse 번역 (New York: Viking, 1989, 원작 간행 1774. 「젊은 베르테르의 슬픔」.
24. 시편 19:1.
25. Fara Warner, "Qwest Finds Itself a Head", *Fast Company* (2003년 8월): p. 32, Qwest의 Chair 겸 CEO인 Richard Notebaert와의 인터뷰.

26. 시편 121편.
27. 자연 비디오 연구는 Texas A&M의 과학자 Roger Ulrich가 실시한 것이다. Roger S. Ulrich, "Biophilia, Biophobia, and Natural Landscapes", The Biophilia Hypothesis, Stephen R. Kellert and Edward O. Wilson 편집 (Washington, D.C.: Island Press, 1993), pp. 73-137를 보라. 또한 Richard Conniff, "The Natural History of Art: Beauty is not Just in the Eye of the Beholder: It's Embedded in Our Genes", Discover 20 (1999년 11월): p. 97도 보기 바란다.
28. 연구 결과 "고령자들일수록 덜 베풀고 사망률이 높을 가능성, 여자들일수록 더 베풀고 사망률이 낮을 가능성, 우울증이 있거나 건강 상태가 나쁜 사람들일수록 다른 사람들을 도울 능력도 적고 사망률도 높을 가능성이 배제되었다." 다음 기사에 보고된 미네소타 노인국 Stephanie Brown의 2003년 1월 논평을 보라. "Mortal Lessons: Givers Live Longer Than Receivers", *Spirituality & Health* (2003년 11-12월): p. 23. www.spiritualityhealth.com/newsh/items/article/item_6896.html.
29. Gregg Easterbrook, "Faith Healers: Is Religion Good for Your Health", *New Republic* (1999년 7월 19-26일): p. 20에 인용되고, Robert Pollack, *The Faith of Biology and The Biology of Faith: Order, Meaning, and Free Will in Modern Science* (New York: Columbia University Press, 2000), pp. 54-55에 논의된, Harold Koenig의 연구를 보라.
30. *The Home Planet*, Kevin W. Kelley 편집 (Reading, Mass.: Addison-Wesley, 1988), p. 76.
31. Robert Hughes, *A Jerk on One End: Reflections of a Mediocre Fisherman* (New York: Ballantine, 1999), pp. 110-111에 실린 1996년 수치들이다.
32. Scott Weidensaul, *The Ghost With Trembling Wings: Science, Wishful Thinking, and the Search for Lost Species* (New York: North Point, 2003), p. 34에 나오는 은유다. "생태학자들이 제6의 멸종(인류의 생태계 파괴로 인한 지구 생물의 대멸종—역주)이라 명명한 현상에 점점 가속도가 붙고 있거니와 우리는 그 현상의 증인이다. 게다가 이제 우리는 소행성이 되어 우리의 욕망과 서식지 파괴와

기후 변화로 세상을 해치고 있는데, 이 모두는 인구의 압도적 무게로 인한 것이다."

33. J. R. McNeill, *Something New Under the Sun: An Environmental History of the 21th-Century World* (New York; Norton, 2000), pp. 111-113, 인용구는 p. 111. Midgley는 1940년에 소아마비에 걸려 4년 후 자기 침대 위에 걸린 채 죽었다. 그는 침대에 드나들기 위해 자기가 직접 고안하여 사방으로 얽어 둔 밧줄에 끼여 있었다.

34. Richard H. Roberts, *Religion, Theology, and the Human Sciences* (New York: Cambridge University Press, 2002), p. 15.

35. Martin J. Rees, *Our Final Hour: A Scientist's Warning: How Terror, Error, and Environmental Disaster Threaten Humankind's Future in this Century on Earth and Beyond* (New York: Basic, 2003), pp. 8, 74.

36. 요한계시록 11:18을 보라.

37. 누가복음 12:24, 27.

38. Ralph A. Lewin, "Accommodation", *The Biology of Algae and Diverse Other Verses* (Pacific Grove, Calif.: Boxwood, 1987), p. 130.

39. 히브리서 2:1-4도 보라.

40. 에베소서 4:6.

41. 마가복음 16:15. 여기 사용된 헬라어 단어는 *ktisis* 즉 '피조물'이다.

42. 요한복음 12:32을 보라. 여기 사용된 헬라어 단어는 '모든 것들'을 뜻하는 *pantas* 또는 *pas*다.

43. 고린도후서 5:14-21을 보라.

44. 빌립보서 3:10; 로마서 8:17을 보라.

45. 빌립보서 4:8을 보라.

46. John Updike, "The Cold", in his *More Matter: Essays and Criticism* (New York: Knopf, 1999), p. 135.

47. Robert Hughes, *A Jerk on One End: Reflections of a Mediocre Fisherman* (New York: Ballantine, 1999).

48. "장막 만드는 자"(tentmaker)라는 말은 "피혁 노동자"(leather worker)의 완곡한

표현이다. 대부분의 장막이 가죽으로 만들어졌기 때문이다.
49. Gertrude Stein, "Identity a Poem", *What are Masterpieces* (New York: Pitman, 1970), p. 71.
50. 요한계시록 22장을 보라.
51. 나의 글 "Being Right or Being in Relationship", *REV.*, 2003년 9-10월, p. 17에 처음 실렸던 내용이다
52. 에베소서 2:14-15을 보라.

12. 우리를 하나님과 가까워지게 해주는 '사물'들

1. Joan Miro, 다음 책에 인용된 말, Loren Niemi and Elizabeth Ellis, *Inviting the Wolf In: Thinking About Difficult Stories* (Little Rock, Ark.: August House, 2001), p. 157.
2. *Lived Religion in America: Toward a History of Practice*, David D. Hall 편집 (Princeton, N. J.: Princeton University Press, 1997)을 보라.
3. Meredith B. McGuire, "Why Bodies Matter: A Sociological Reflection on Spirituality and Materiality", *Spiritus* 3 (2003년 봄): p. 15.
4. John Perry Barlow, "The Next Economy of Ideas: Will Copyright Survive the Napster Bomb? Nope, but Creativity Will", *Wired* (2000년 10월): p. 242에 나오는 말이다.
5. 출애굽기 31:2-6; 35:30, 34.
6. 시편 27:4.
7. Patrick Sherry, *Spirit and Beauty: An Introduction to Theological Aesthetics* (Oxford: Clarendon, 1992), p. v.
8. Daniel Taylor, "Soul Friends", *Image* 38 (2003년 봄): p. 33를 보라.
9. 나는 이 십자가에 대해서 따로 책 한 권을 쓴 바 있다. *Strong in the Broken Places* (Akron, Ohio: University of Akron Press, 1995).
10. Thomas R. Hawkins, *Faithful Leadership: Learning to Lead with Power* (Nashville: Discipleship Resources, 1999), pp. 100-101.

11. Sherry, *Spirit and Beauty*, p. 181.
12. *Notebooks of Simone Weil*, Arthur Wills 번역 (New York: Putnam, 1956), 1:206.
13. Simone Weil, *Gravity and Grace* (London: Routledge and Kegan Paul, 1952), pp. 136-137.
14. 사도행전 2:46-47.
15. 이사야 25:6.
16. Eutychius of Constantinople, Serm. Pasch. iii, PG 86, 2392.
17. Dennis E. Smith, *From Symposium to Eucharist* (Minneapolis: Fortress, 2003), p. 276.
18. Gijs van Hensbergen, *Gaud : The Biography* (San Francisco: HarperCollins, 2001).
19. Magen Broshi, "Bread, Wine, Walls, and Scrolls", *Journal for the Study of the Pseudopigrapha* (London: Sheffield, 2001), p. 130.
20. 민수기 11:5을 보라.
21. Magen Broshi, "Bread, Wine, Walls, and Scrolls", p. 130.
22. Samuel Johnson, *A Dictionary of the English Language* (Beirut: Librairie du Liban, 1978; London: Strahan, 1773), 2:1325.
23. John Wesley, "Minutes of Several Conversations Between the Rev. Mr. Wesley and Others from the Year 1744 to the Year 1789", *The Works of John Wesley*, 제5판 (London: John Mason, 1860), 8:315.
24. David McCullough, *John Adams* (New York: Simon & Schuster, 2001), p. 618.
25. Stephen Dobyns, "Bead Curtain", in his *Common Carnage* (Newcastle upon Tyne: Bloodaxe, 1998), p. 29.
26. Nicholas Murray, *Aldous Huxley: An English Intellectual* (London: Time Warner, 2002)의 논평으로, Stefan Collini, "The Blind Magpie", *TLS: Times Literary Supplement* (2002년 5월 10일): p. 3에 실려 있다.
27. Stephanie Russo, "ICA Promotes Automotive Affection", *Professional Carwashing and Detailing Magazine* (2003년 3월), www.carwash.com/

article.asp?IndexID=6633456.
28. Mike Godwin, "Cybergreeb: Bruce Sterling on Media, Design, Fiction and the Future", *Reason* 35 (2004년 1월): p. 46, www.reason.com/0401/fe.mg.cybergreen.shtml.
29. "Theologians of a Kind", Anne Foerst를 상대로 한 Douglas Hardy의 인터뷰, *Research News & Opportunities in Science and Theology* 2 (2001년 11월): p. 25. Foerst는 로봇 공학에 대한 자신의 연구를 바탕으로 '인간'과 '인격'을 구분한다.
30. 이 개념에 대한 더 자세한 내용은 나의 책 *Jesus Drives Me Crazy: Lose Your Mind, Find Your Soul* (Grand Rapids: Zondervan, 2003), pp. 101-121를 보라 (「나를 미치게 하는 예수」, IVP).
31. Andy Clark, *Natural-Born Cyborgs: Minds, Technologies, and the Future of Human Intelligence* (New York: Oxford University Press, 2003), p. 5. Clark는 이런 전개가 사실상 전혀 새로운 것이 아니라고 주장했다. "우리는 언제나 혼합된 존재, 즉 우리의 생물적 본성과 언어적, 문화적, 공학적 다층망의 복합물이었다." Clark, *Natural-Born Cyborgs*, p. 195도 보라.
32. Clark, *Natural-Born Cyborgs*, p. 190를 보라.
33. T. S. Eliot, *Four Quartets: Little Gidding* (London: Faber and Faber, 1943), p. 32.
34. Avishai Margalit, *The Ethics of Memory* (Cambridge, Mass.: Harvard University Press, 2002), pp. 111-117.
35. W. Gordon Lawrence, *Tongued with Fire: Groups in Experience* (New York: Karnac, 2000).
36. 안타깝게도 Zwicker(1612-1678)는 결국 소치니주의자가 되었다.
37. 히브리서 11:33-34.
38. 히브리서 11:35-38.
39. 기억 의식의 하나로 인간의 호흡이라는 무의식 행동이 있다. 우리는 매년 약 1천만 번씩 숨을 들이쉬고 내쉰다. 하버드 천문학자 Harlow Shapley의 계산에 따르면, 한번 숨쉴 때마다 우리는 아르곤이라는 비활성 기체 분자를 30,000,000,000,

000,000,000개쯤 흡입한다. Shalpley는 "당신의 다음번 호흡에는 간디가 긴 생애 동안 들이쉬었던 아르곤 분자들 중 400,000개 이상이 들어 있게 된다. 아르곤 분자들은 최후의 만찬 대화 현장에서부터, 얄타회담 외교관들의 논쟁 석상에서부터, 고전 시를 낭송하던 곳들에서부터 여기까지 와 있다"고 썼다. Harlow Shapley, *Beyond the Observatory* (New York: Scribner, 1967), pp. 45, 48. 기억으로서의 호흡 의식에 대한 더 자세한 내용은 내 책 *Quantum Spirituality: A Postmodern Apologetic* (Dayton, Ohio: Whaleprints, 1991), pp. 299-301를 보기 바란다.

40. 마태복음 19:30; 20:16을 보라.

41. Charles H. Spurgeon, "Commenting and Commentaries", *Lectures Addressed to the Students of the Pastors' College, Metropolitan Tabernacle* (New York: Sheldon, 1876), p. 11.

42. 마태복음 25:37-40을 보라.

43. Sheldon B. Kopp, *If You Meet the Buddha on the Road, Kill Him: The Pilgrimage of Psychotherapy Patients* (New York: Bantam, 1976), p. 22.

44. *Out of the Kitchen* (Succasunna, N.J.: Temple Shalom, 2001), p. 34. 이 자료를 알려 준 Sherri Van Houten에게 감사한다.

45. John Howard Yoder, *Body Politics: Five Practices of the Christian Community Before the Watching World* (Nashville: Discipleship Resources, 1992), p. 78.

46. 출애굽기 20:1-17을 보라.

47. 다음 책에 인용된 글. Austin Farrer, *Austin Farrer: The Essential Sermons*, Leslie Houlden 편집 (Cambridge, Mass.: Cowley, 1991), p. 154.

48. H. Tristram Engelhardt Jr., "Can Philosophy Save Christianity? Are the Roots of the Foundations of Christian Bioethics Ecumenical? Reflections on the Nature of a Christian Bioethics" in *Christian Bioethics* 5, no. 3 (1999): pp. 203-212 (인용문은 p. 207).

49. Kenneth Scott Latourette을 이은 에든버러 대학교 선교학자 Andrew Walls는 "그리스도인들은 자신들의 전통을 다른 종교와 대립시켜 읽을 것이 아니라 다른 종교와의 만남을 통하여 읽어야 한다"고 주장한다(조지아 주 애틀랜타 Candler School

of Theology의 2002 Foundation for Evangelism 수련회에서 발표한 미간행 강의안). 이 글에서 Walls는, 다른 문화권과의 접촉을 통하여 그리스도를 더 폭넓게 이해해야 할 필요성을 설득력 있게 개진하고 있다.
50. George M. Marsden, *Jonathan Edwards: A Life* (New Haven, Conn.: Yale University Press, 2003).
51. Geneen Roth, *When You Eat at the Refrigerator, Pull Up a Chair* (New York: Hyperion, 1998), pp. 128-131.

13. 보이지 않는 세계의 분명한 징후들

1. 1738년 5월 21일, 존 웨슬리가 회심한 다음날 부른 노래일 것이다. John and Charles Wesley, *Hymns and Sacred Poems* (1739)에 처음 실렸다. *The United Methodist Hymnal: Book of United Methodist Worship* (Nashville: United Methodist Publishing, 1989), p. 342를 보라.
2. Peter Weiss, "Getting Warped", *Science News* (2002년 12월 21일)에 인용된 말이다. 뉴욕 아인슈타인 전시회는 2003년 8월 10일까지 계속되었다.
3. 이 이야기가 담겨 있는 훌륭한 어린이 도서로는 Shulamith Levey Oppenheim, George Juhasz 그림, *Rescuing Einstein's Compass* (Northampton, Mass.: InterLink, 2003)를 보라.
4. 이런 계통의 더 자세한 내용은 나의 책 *Jesus Drives Me Crazy: Lose Your Mind, Find Your Soul* (Grand Rapids: Zondervan, 2003)을 보기 바란다(「나를 미치게 하는 예수」, IVP).
5. 다음 기사에 인용된 말. Malcolm W. Browne, "Where Does the Time Go? Forward, Physics Shows", *New York Times*, 1998년 12월 22일, www.jlab.org/news/internet/1998/time_physics.html.
6. 자세한 내용은 Charles Seife, *Alpha and Omega: The Search for the Beginning and End of the Universe* (New York: Viking Press, 2003)를 보라.
7. 다음 책 서문에 인용된 말. Amir D. Aczel, *Entanglement: The Greatest Mystery in Physics* (New York: Four Walls Eight Windows, 2002), p. ix.

8. "하나님의 생각을 따라 생각한다"는 표현은 Cornelius Van Til, *The Defense of the Faith* (Philadelphia: Presbyterian and Reformed, 1955), pp. 64-65에 나온다.
9. John Shelby Spong, *Here I Stand: My Struggle for a Christianity of Integrity, Love, and Equality* (San Francisco: HarperSanFrancisco, 2000), p. 387.
10. Gregory Wolfe, "Editorial Statement: Shaggy Dog Stories", *Image: A Journal of the Arts & Religion* 38 (2003년 봄): p. 4.
11. Bruce Ellis Benson, *Graven Ideologies: Nietzsche, Derrida, and Marion on Idolatry* (Downer's Grove, Ill.: InterVarsity, 2002)를 보라.
12. L. Robert Keck, *Sacred Quest: The Evolution and Future of the Human Soul* (West Chester, Pa.: Chrysalis Books, 2000), p. 128.
13. 요한복음 3:8을 보라.
14. 누가복음 7:1-10을 보라.
15. 요한복음 11:1-44을 보라.
16. 다음 책에 인용된 말. Jan Phillips, *God Is at Eye Level: Photography as a Healing Art* (Wheaton, Ill.: Quest, 2000), p. 59.
17. David Martin, "Resurrection: Singing and the Kingdom", in his *Christian Language in the Secular City* (Burlington, Vt.: Ashgate, 2002), p. 58.
18. "manywheres"라는 이 합성어는 Richard A. Shweder, *Why Do Men Barbecue?* (Cambridge, Mass.: Harvard University Press, 2003)에서 온 말이다. 거기서 그는 주장하기를, 알 수 있는 세상이란 "어떤 한 관점에서만 보면 불완전하고, 동시에 모든 관점에서 보면 조리가 서지 않으며, '딱히 아무데서도' 보지 않으면 무의미하다"고 했다. 그래서 그는 "많은 곳에서 본 시각"을 권한다.
19. 예레미야 1:5.
20. James L. Kugel, *The God of Old: Inside the Lost World of the Bible* (New York: Free Press, 2003), p. 36.
21. 약 6천 년 전에 살았던 단 하나의 아프리카인 아담. 유전학에 대한 자세한 내용은 Spencer Wells, *The Journey of Man: A Genetic Odyssey* (Princeton, N. J.: Princeton University Press, 2003)를 보라.

22. 방사선과 의사 Sister Rosalie Bertell는 어떻게 그들이 우리 몸 안에, 우리의 난소와 생식선(腺) 안에, 우리의 DNA 안에 존재하고 있는지 보여 준다. Joanna Macy, "All the Time in the World", *EarthLight* 12 (2002년 12월): p. 25에 인용된 내용이다.

23. Lyall Watson, *Lifetide: A Biology of the Unconscious* (London: Hodder and Stoughton, 1979), p. 30에 그렇게 추산되어 있다.

24. "양자역학(QM) 세계에서, 물리적 물체들이 보유하고 있는 것은 잘 규정된 속성들이 아니라 속성들을 보유할 개연성이다. 주어진 한 입자의 위치를 생각해 보라. 당신 체내의 약 1027개 분자 속에 있는 각 전자들이 현재 어디에 있는지 QM으로는 좀처럼 알 수 없다. 아마 전자들은 모두 대체로 당신이 생각하는 곳에 있겠지만, 지금 현재 당신의 전자들 중 최소한 하나가 당신의 육체 공간 바깥에 '존재할' 확률도 (극히 낮게나마) 실존한다." "Quantum Mechanics & the Creator: Physics Points to a World in Which Relationships Matter Most", *The Lutheran* (2002년 8월): pp. 12-15. 이 기사는 다음 기사를 다듬은 것이다. "The Strangely Relational World of Quantum Mechanics", *Re:Generation Quarterly* (2000년 봄): p. 25.

25. Dan Zahavi, "Michel Henry and the Phenomenology of the Invisible", *Continental Philosophy Review* 32 (1999): pp. 223-240.

26. 출애굽기 3:14-15 NIV 난외주.

27. 출애굽기 33:11.

28. 출애굽기 33:18-23를 보라.

29. 이 개념에 대한 더 자세한 내용은 나의 책 *Carpe Mañana: Is Your Church Ready to Seize Tomorrow?* (Grand Rapids: Zondervan, 2001)를 보라. 「미래 크리스천」 (좋은 씨앗).

30. Nicholas Wolterstorff, *Reason Within the Bound of Religion* (Grand Rapids: Eerdmans, 1976), p. 95. 이 참고 도서를 소개해 준 C. Stephen Evans에게 감사하고 싶다.

31. 디모데전서 3:16 NRSV.

32. 다음 책에 인용된 말. Cardinal Basil Hume, *The Mystery of the Incarnation* (Brewster, Mass.: Paraclete, 1999), p. 66.

33. Gary L. Thomas, *Seeking the Face of God* (Eugene, Ore.: Harvest House, 1994), p. 67를 보라. 「뿌리 깊은 영성은 흔들리지 않는다」(CUP).
34. 골로새서 2:3.
35. 에베소서 1:9-10.
36. 공공연한 비밀을 다룬 2004년 1월 4일의 내 설교 "Mystery"를 보라. www.preachingplus.com
37. 마태복음 11:25을 보라.
38. Gerard W. Hughes, *God of Surprises* (London: Darton, Longman and Todd, 1985), p. 150.
39. 골로새서 4:3.
40. 골로새서 1:26-27.
41. 로마서 8:11. 갈라디아서 2:20도 보라. Don Stone은 그 구절을 "나는 산다. 그러나 나는 살지 않는다. 그리스도가 내 안에 사신다. 너도 그리스도가 네 안에 사심을 알기 바란다"라고 풀어썼다.
42. 누가복음 17:21을 보라.
43. 요한복음 12:50.
44. 요한일서 4:4.
45. 요한복음 14:12을 보라.
46. 요한복음 14:9.
47. 요한복음 20:21.
48. 빌립보서 1:21.
49. 불어 번역을 알려 준 루터교 교목 Donna King에게 감사한다.
50. 요한일서 4:15.
51. 골로새서 2:13.
52. Evelyn Underhill, *The Mystic Way: A Psychological Study in Christian Origins* (London: Dent, 1913), p. 10.
53. "Fairest Lord Jesus" 1절 뒷부분. 17세기에 Schönster Herr Jesu라는 독일의 예수회 사제가 작사한 이 가사는 1677년 *Münster Gesangbuch*에 처음 수록되었고,

1873년 Joseph A. Seiss가 독일어를 영어로 번역했다(우리말 찬송가 48장—역주).

상호 작용: 개인 묵상과 그룹 대화를 위한 질문

1. Calvin Miller, *Into the Depths of God* (Minneapolis: Bethany, 2000), p. 83.
2. Jack Nelson-Pallmeyer, *Jesus Against Christianity: Reclaiming the Missing Jesus* (Harrisburg, Pa.: Trinity, 2001), pp. vii, 336.
3. Rupert Brooke는 Strachey 형제들에 대해 그렇게 말했다. 다음 기사에 인용된 말. Elizabeth Lowry, "Unreliable Man of Grantchester", *TLS: Times Literary Supplement* (1999년 12월 10일): p. 11.
4. Gary Wills, *Why I Am a Catholic* (Boston: Houghton Mifflin, 2002), p. 6. Wills는 "내 믿음의 진짜 대상은 신조다. 결국 그것이 내가 천주교 신자인 이유다"라고 덧붙였다, p. 7.
5. Leslie Houlden, *The Strange Story of The Gospels: Finding Doctrine Through Narrative* (London: SPCK, 2002), p. 7.
6. David W. Henderson, *Culture Shift: Communicating God's Truth to Our Changing World* (Grand Rapids: Baker, 1998, pp. 26-27.
7. Austin Farrer, "A Share in the Family", in *Austin Farrer: The Essential Sermons*, Leslie Houlden 편집 (London: SPCK, 1991), 175. 인용된 문장의 앞부분은 "예수님은 베드로, 야고보, 요한과 함께 계심으로써만 예수님일 수 있었다"이다. p. 145.
8. Tommy Barnett, *Multiplication: Unlock the Biblical Factor to Multiply Your Effectiveness in Leadership and Ministry* (Lake Mary, Fla.: Creation House, 1997), p. 145.
9. T. Ralph Morton, *Knowing Jesus* (Philadelphia: Westminster, 1974), pp. 129-130.
10. 다음 기사에 인용된 말. Jim McGuiggan, "Pretend You Know Me", *Heartlight* (인터넷 잡지), www.heartlight.org/articles/200001/20000118_pretend.html.
11. Søren Kierkegaard, *Works of Love*, Howard V. Hong and Edna H. Hong 번역 (Princeton, N.J.: Princeton University Press, 1995), p. 68.

12. Søren Kierkegaard, "The Thought of Thee", *The Prayers of Kierkegaard*, Perry D. LeFebre 편집 (Chicago: University of Chicago Press, 1956), p. 38.

옮긴이 **윤종석**은 서강대 영어영문학과를 졸업하였으며, 미국 Golden Gate Baptist Theological Seminary에서 교육학(MA)을, Trinity Evangelical Divinity School에서 상담학(MA)을 공부했다. 「놀라운 하나님의 은혜」, 「아담의 침묵」, 「모자람의 위안」, 「천년 동안 백만 마일」(이상 IVP), 「재즈처럼 하나님은」(복있는사람), 「영성 수업」(두란노) 등 다수의 책을 번역하였다.

관계의 영성

초판 발행_ 2007년 5월 11일
개정판 발행_ 2011년 1월 24일
개정2판 발행_ 2019년 4월 29일
개정2판 3쇄_ 2024년 2월 20일

지은이_ 레너드 스윗
옮긴이_ 윤종석
펴낸이_ 정모세

펴낸곳_ 한국기독학생회출판부
등록번호_ 제2001-000198호(1978.6.1)
주소_ 04031 서울시 마포구 동교로 156-10
대표 전화_ (02)337-2257 팩스_ (02)337-2258
영업 전화_ (02)338-2282 팩스_ 080-915-1515
홈페이지_ http://www.ivp.co.kr 이메일_ ivp@ivp.co.kr
ISBN 978-89-328-1704-0

ⓒ 한국기독학생회출판부 2007, 2011, 2019

책값은 뒤표지에 있습니다.
무단 전재와 복제를 금합니다.